Karin Jäckel

Der gebrauchte Mann

Abgeliebt und abgezockt –
Väter nach der Trennung

dtv
premium

Von Karin Jäckel ist im
Deutschen Taschenbuch Verlag erschienen:
Wer sind die Täter? (30528)

Für Gerd

Originalausgabe
Januar 1997
2. Auflage August 1997
© Deutscher Taschenbuch Verlag GmbH & Co. KG,
München
Umschlagkonzept: Balk & Brumshagen
Umschlagfoto: © THE IMAGE BANK
Satz, Gestaltung und Herstellung: Hartmut Czauderna
Gräfelfing, auf Apple Macintosh, Quark XPress
Druck und Bindung: Kösel, Kempten
Printed in Germany · ISBN 3-423-15103-X

Inhalt

Vorwort

Ich las einmal ein Inserat, fand es auf eine bittere Weise humorvoll und originell, schnitt es aus und hob es auf. Es lautete:

Secondhandman,
abgeliebt und abgezockt,
sucht Frau ohne Ansprüche
zum gemeinsamen Leben
von der Hand in den Mund.

Es fiel mir wieder ein und wurde in der Formulierung »Der gebrauchte Mann« zum Titel dieses Buches, als einer der Väter, mit denen ich eines meiner vielen Recherchegespräche führte, äußerte: »Ich bin ein Secondhandman, schon ein bißchen abgebraucht, aber ansonsten noch ganz gut drauf. Mir fehlt bloß eine Frau, die sich nichts daraus macht, daß ich schufte wie ein Stier, aber kein Geld habe; – daß ich liebend gern mit ihr zusammen wäre, aber keine Zeit habe; – daß ich rot sehe, wenn ein anderer in ihre Nähe kommt, weil ich ihr gern vertrauen möchte, aber nicht mehr vertrauen kann; – daß ich gern Kinder mit ihr hätte, aber keine haben werde, weil ich schon welche mit einer anderen habe und die Angst nicht ertrage, noch einmal meine Kinder zu verlieren; – daß ich sie gern heiraten würde, aber keinen Mut dazu habe, weil es mit einer anderen schon schief ging; – daß ich manchmal mörderische Ambitionen habe und mir ernsthaft vorstelle, eine bestimmte Frau abzuknallen und dafür bei freier Kost und Logis in den Knast zu gehen, weil das auch nicht schlimmer sein kann, als zum Sklaven geworden zu sein.«

›Der gebrauchte Mann‹ – ein tendenziöses, frauenfeindliches Anti-Emanzipations-Buch... Ich kann den Aufschrei schon jetzt vernehmen, der mir sicher vielstimmig entgegenschallen wird.

Aber ist es das wirklich?

Eines gebe ich gern und unumwunden zu, ›Der gebrauchte

Mann‹ ist ein tendenziöses Buch. Warum auch nicht? Tendenziöse Veröffentlichungen über Mann-Frau-Probleme sind ja nicht neu. Der Unterschied zwischen den meisten der meterlangen Reihen bereits viel beachteter Bücher und in keiner Gazette fehlender Betrachtungen über Ehe, Scheidung und deren Folgen und ›Der gebrauchte Mann‹ ist das Geschlecht der Hauptprotagonisten. Während die Mehrheit der bisherigen Publikationen sich tendenziös mit der Lage der Frau befaßt, stelle ich tendenziös Männer und Väter in den Mittelpunkt, die eine erste Ehe hinter sich gelassen haben und versuchen, auf den Ruinen ihres bisherigen Lebens eine neue Lebensbeziehung aufzubauen.

Ein frauenfeindliches Anti-Emanzipations-Buch ist ›Der gebrauchte Mann‹ hingegen nicht. Im Gegenteil, nur wer den Gedanken der Emanzipation nicht verstanden hat, kann dieses Buch für antiemanzipatorisch halten!

Emanzipation meint »Befreiung von Abhängigkeit und Bevormundung hin zu Gleichstellung und Selbständigkeit«. In diesem Sinne der Ausgewogenheit und Gleichwertigkeit ist Emanzipation ein außerordentlich erstrebenswertes Ziel.

Aber: Eine Frau, die einen Mann, den sie einmal geheiratet hat, mit Hilfe einer Scheidung und im Anschluß daran in jeder nur möglichen Weise ausbeutet und als Vater gemeinsamer Kinder voll böser Absicht und schadenfroher Rachsucht zum »Habenichts« herabwürdigt, indem sie permanent auf ihren eigenen Vorteil bedacht ist und ohne Rücksicht selbst die Gefühle ihrer Kinder mit Füßen tritt, ist nicht emanzipiert, sondern hemmungslos egoistisch.

Starke Frauen mit einem intakten Selbstwertgefühl wissen, daß Liebe und Partnerschaft mehr sind als Lust ohne Ende. Sie haben es nicht nötig, Männer als unfähige Väter und Faulenzer der Nation und die Ehe als Versorgungsinstitution zu diffamieren. Sie haben es nicht nötig, »böse« zu werden, anstatt »brav« zu sein, weil sie wissen, daß sie genau so ganz okay sind, wie sie nun einmal sind. Und schon gar nicht haben sie es nötig, ihren eigenen Frust auf dem Rücken ihrer Kinder auszutragen beziehungsweise ihre Kinder als Waffe in einer zum Kriegsschauplatz pervertierten Trennungssituation zu mißbrauchen.

Mit ›Der gebrauchte Mann‹ weiß ich mich einig mit den in keiner Statistik erfaßten starken Frauen in aller Welt. Ich denke, es ist an der Zeit, daß wir aufstehen, um das zu schützen, was Emanzipation meint, nämlich praktizierte Partnerschaft und Liebe jenseits von Ex-und-hopp.

Damit meine ich nicht, daß Scheidung oder Trennung generell falsch sind, eine Ehe auf immer und ewig halten muß und zugunsten dieser Ehe alles, selbst die schrecklichsten Demütigungen zu ertragen sind. Nein, es gibt Situationen, in denen eine Lebensbeziehung schnellstens aufgelöst werden muß. Ich denke an Gewalt in der Ehe, an seelische und körperliche Grausamkeiten und Mißhandlungen, an seelische und sexuelle Ausbeutung, an Vernachlässigung und Lieblosigkeiten und was der Grenzverletzungen mehr sind. Niemand kann erwarten, daß ein Mensch an einer solchen Bindung festhalten sollte, nur weil sie einmal geschlossen wurde. Eine Scheidung ist in einem solchen Fall die einzige wirklich rettende Lösung, denn Ausbeutung ist nicht zu entschuldigen, nicht zu beschönen, nicht zu vergessen. Jede Frau, jedes Kind, die darunter leiden, verdienen die ungeteilte Unterstützung der Gesellschaft.

Meine Anklage gilt nicht den Menschen, die ihre Ehe oder eheähnliche Beziehung auflösen. Ich prangere nur das Wie an. Ich prangere an, daß politisches und zwischenmenschliches Machtgerangel, Übersteigerung des Leistungs- und damit verbunden des Luxusgedankens sowie des Arbeits- und Geschlechterkampfes sowohl ein Familienleben als auch die vorbildgebende Erziehung von Kindern in einer Weise untergraben haben, daß die als Dauerberieselung aus allen Medien quellende Lebensphilosophie »Dem anderen die Pflichten, mir die Rechte« zum Klassenziel geworden ist.

Daß eine solche Form der Erziehung nicht zu stärkeren Persönlichkeiten sondern zu hemmungslosen Egoisten führt, die nicht mehr oder kaum bindungsfähig sind, zeigt sich in der Scheidungsquote.

Ich verkenne nicht, daß Trennung und Scheidung eine schwere Last bedeuten, die zumal in der ersten Phase des Schmerzes der Ablösung zu unkontrolliertem Handeln führen mag. Dennoch bin ich fest überzeugt, daß eine innerlich starke Frau in der Lage ist, eine Trennung auf menschenwürdige, faire Weise durchzusetzen, ohne ihren Partner zugrunde richten zu wollen und ihre Kinder als Mittel zum Zweck zu mißbrauchen. Auch wenn die Trennung schmerzt und Trauerarbeit zu leisten ist, gelingt es, eine zumindest gelassene, wenn nicht sogar freundschaftliche Umgangsform mit dem wichtigsten Mann im Leben gemeinsamer Kinder zu pflegen. Daß dies möglich ist, beweisen Frauen schon heute. Daß es selbstverständlich wird, möchte ›Der gebrauchte Mann‹ mitbewirken.

Ich wünsche mir, daß Sie dieses Buch lesen, als wären die Personen im Text eine Sie und Ihre Meinung miteinbeziehende Diskussionsrunde, in der ein Gedanke den anderen auslöst, aufgreift, fortführt, ergänzt, widerlegt oder vertieft und erhärtet. Der Wechsel zwischen Kinderstimmen, Erwachsenenstimmen und Sachbeiträgen möchte Sie persönlich dazu anregen, mitzudiskutieren und weiterzudiskutieren und dieses Buch mit dem Bewußtsein aus der Hand zu legen, daß es Ihnen einen guten Gedanken auf Ihren Lebensweg mitgegeben hat.

Einmal der Dumme, ewig der Gelackmeierte

Ein geschiedener Mann lehnte es ab, seiner Ex-Frau weiterhin Unterhalt zu zahlen, weil diese eine neue Beziehung eingegangen war. Laut Vorhalt des unterhaltspflichtigen Mannes habe der neue Partner seiner geschiedenen Frau ein gesichertes Einkommen und sei daher in der Lage, für den gemeinsamen Lebensunterhalt aufzukommen. Er wohne nur deshalb nicht mit seiner Ex-Frau zusammen und heirate sie auch nicht, damit deren eigenes Einkommen aus dem Unterhaltsanspruch nicht entfalle. Der zuständige Richter am Bundesgerichtshof beschied, die Unterhaltspflicht des geschiedenen Ehemannes bleibe trotz des neuen, eheähnlichen Verhältnisses seiner geschiedenen Frau unvermindert bestehen. Da ein eheähnliches Zusammenleben der Frau mit dem neuen Partner nicht gegeben sei, könne nicht von einer gefestigten Beziehung ausgegangen werden. Ein Recht auf Unterhaltsentzug bestehe daher nicht.

Ein weiteres Beispiel aus dem Oberlandesgericht Oldenburg führt aus, daß ein geschiedener Mann selbst dann mindestens drei Jahre lang weiterhin Unterhalt für seine geschiedene Frau zahlen muß, wenn diese bereits definitiv mit einem neuen Lebensgefährten zusammenlebt. Die neue Beziehung gilt nämlich erst nach Ablauf dieser Zeit als ausreichend gefestigt, um den Lebensunterhalt der geschiedenen Frau ohne die Unterstützung ihres geschiedenen Mannes zu gewährleisten.

Ist der Unterhaltsanspruch einer geschiedenen Frau erloschen, weil sie eine neue, als hinlänglich gefestigt anzusehende eheähnliche Bindung eingegangen ist, kann sich der geschiedene Mann dennoch nicht verbindlich mit den ihm nun reichlicher zur Verfügung stehenden Geldmitteln einrichten. Sollte die neue Beziehung seiner Ex-Frau nämlich in die Brüche gehen, wird automatisch der Ex-Ehemann wieder zur Kasse gebeten.

Eine weitere Unterhaltsregelung, die von unterhaltspflichtigen Männern und Vätern am heftigsten angeprangert wird, bezieht sich auf die eigene Erwerbstätigkeit der geschiedenen Frau und Mutter gemeinsamer Kinder. Sehr häufig gehen die voll unterhaltsberechtigten Frauen einer lukrativen Schwarzarbeit nach und bessern dadurch ihre Taschengeldkasse ganz erheblich auf, ohne den zahlenden Ex-Mann zu entlasten. Weit öfter aber nutzen Mütter ganz legal die Großzügigkeit des Gesetzgebers gegenüber geschiedenen Frauen aus: Das Gesetz sieht nämlich vor, daß eine Frau, die einer Erwerbstätigkeit nachgeht, obwohl sie dazu wegen der Betreuung ihrer Kinder nicht verpflichtet ist, entweder keinen Pfennig oder nur einen geringen Anteil ihres Einkommens auf die Unterhaltszahlung des geschiedenen Mannes und Vaters anrechnen lassen muß.

In den Augen der meisten Unterhaltspflichtigen ist dies eine doppelte Ungerechtigkeit: Einesteils leiden die Kinder unter der durch die Erwerbstätigkeit bedingten Abwesenheit sowie der körperlichen und nervlichen Zusatzbelastung der Mutter. Ausdrücklich wegen des zarten Alters und der unreifen Entwicklung der Kinder sollte die Mutter nach Meinung des Gerichts ja ständig zu Hause sein, so daß sie zum Zeitpunkt der Scheidung zu keiner Erwerbstätigkeit verpflichtet werden konnte. Anderenteils leiden die unterhaltspflichtigen Männer und Väter, weil der Druck der Abgabenlast trotz des eigenen, sogar teils erheblichen Einkommens der Frau nicht im geringsten verringert wird.

Ein geschiedener Vater mit drei von ihm getrennt und bei der alleinerziehungsberechtigten Mutter lebenden Töchtern schrieb mir: »Meine Frau hat heute weitaus mehr Geld zur Verfügung als zur Zeit unserer Ehe. Erstens bekommt sie vollen Unterhalt von mir. Zweitens arbeitet sie in ihrem Beruf als Masseurin. Offiziell halbtags, zusätzlich aber schwarz an drei Nachmittagen in der Woche. Die Höhe meines Unterhaltes wird davon aber nicht gemindert, so daß sie ihren Nettoverdienst aus der Vormittagsarbeit plus das Schwarzgeld aus der Nachmittagsarbeit komplett für sich behalten kann. Drittens hat sie einen gut verdienenden neuen Freund, der eine eigene Wohnung hat, damit nachzuweisen ist, daß er nicht mit ihr zusammenlebt, obwohl er das natürlich tut. Viertens wurde meiner Frau als alleinerziehender kinderreicher Mutter jetzt ein zinsgünstiges Baudarlehen bewilligt und ein preiswerter Bauplatz auf Gemeindegebiet zugeteilt, so daß sie demnächst ein eigenes Haus bauen wird und überdies eine darin vorgesehene Einliegerwohnung vermieten kann.

Ich selbst hause an einer Durchfahrtsstraße mit Schwerverkehr in einer teilmöblierten Einzimmerbude unter dem Dach, weil ich mir aufgrund der hohen Unterhaltsleistungen von meinem eher geringen Lohn nichts Besseres leisten kann. Meine neue Lebensgefährtin ist ebenfalls geschieden und bezieht Unterhalt von ihrem Mann. Obwohl wir im Prinzip gern zusammen in ihrer Wohnung leben würden, die groß genug für eine komplette Familie wäre, können wir dies nicht, weil meine Lebensgefährtin wegen meiner Finanzlage nicht auf den Unterhalt von ihrem Ex-Mann verzichten kann. Ich als armer Schlucker kann sie ja nicht ernähren. Im Gegenteil, ich muß mich von dieser Frau oft genug sogar durchfüttern lassen, weil ich trotz größter Sparsamkeit am Monatsende einfach nichts mehr zu beißen im Kühlschrank habe.

Da es für mich als zahlungspflichtigen Mann keine vergleichbaren Vergünstigungen gibt wie für meine geschiedene Frau, werde ich mir ein eigenes Haus niemals mehr leisten können, obwohl ich wöchentlich bis zu 48 Stunden arbeite und sogar den Urlaub in den Sand setze, um ein paar Mark zusätzlich zu bekommen. Am unerträglichsten aber ist mir der Gedanke, daß ich mir auch nicht leisten kann, noch einmal zu heiraten. Und daß ich nie wieder genug Geld haben werde, um eine zweite Familie zu ernähren. Wie schwer es für einen Mann ist, mit 35 Jahren zu akzeptieren, daß der Sahnetopf im Leben schon ausgeschleckt ist, kann ich niemandem klar machen, der das nicht selbst erfahren hat.«

Last, but not least empören sich immer mehr Unterhaltspflichtige darüber, daß der Staat geschiedene, Unterhalt zahlende Elternteile bei der Zuteilung der Lohnsteuerklasse wie Singles behandelt. Obwohl die richterlich festgelegte Unterhaltszahlung für den geschiedenen Partner und bei ihm lebende gemeinsame Kinder regelmäßig und in vorgeschriebener Höhe zu leisten ist, muß sich etwa ein Vater gefallen lassen, daß er versteuert wird, als habe er nur für sich selbst geradezustehen.

Für die meisten zahlungspflichtigen Väter zieht die Änderung der Lohnsteuerklasse nach der Scheidung eine Minderung des Nettogehaltes um mehrere hundert Mark – mindestens – nach sich. Angesichts der Tatsache, daß ein Durchschnittsverdienst im Normalfall selten für zwei Familien ausreicht und wenigstens einer der Geschiedenen zum Sozialhilfeempfänger herabgewürdigt wird, erscheint es absurd, wenn die staatlich-öffentliche Hand der Kuh, die sie melken will, auch noch das Futter nimmt.

Scheidung macht arm. Obwohl gute Gehälter und Löhne erzielt werden, fristet die Mehrheit der geschiedenen Durchschnittsverdiener ein kärgliches Dasein in einem Ein-Raum-Appartement und wird erdrückt von einem Schuldenberg aus Kosten für den Scheidungsanwalt, Unterhaltsforderungen und Rückständen daraus. Der soziale Abstieg ist vorprogrammiert. Wie bei einem monatlichen Nettoverdienst von durchschnittlich 3500 Mark in Zeiten wirtschaftlichen Niedergangs, hoher Lebenshaltungskosten und überteuerter Mieten zwei getrennte Haushalte nebst Kindern durchzubringen sein sollen, wissen selbst Finanzexperten nicht. Im Schnitt bleiben einer nicht erwerbstätigen unterhaltsberechtigten Mutter mit zwei Kindern monatlich 2500 Mark. Dem geschiedenen Partner knistern etwa 1500 Mark im Geldbeutel. Für beide Seiten zum Sterben zu viel und zum Leben zu wenig.

»Geschieden wird heute ohne Rücksicht auf Verluste«, sagte der Münchner Scheidungsanwalt Hermann Messmer in einem ›Focus‹-Interview 1994 und prophezeite eine Verelendung der Scheidungsgesellschaft. »Wir werden ein Volk von sich finanziell selbst amputierenden Ehekrüppeln.«

Auch Siegfried Willutzki vom Deutschen Familiengericht weiß: »Bei 85 Prozent der Geschiedenen liegt die Finanzmasse unter oder knapp über dem Existenzminimum.«

Edda Castello von der Verbraucherzentrale Hamburg führte in ›Focus‹ 40/1994 aus, daß Geschiedene zu allem Unglück auch noch durchschnittlich 15 000 Mark Schulden in die neue Freiheit hinausschleppten. Nur zu oft führe der Wechsel geradewegs in die Pleite.

Peter Eschweiler, ein Familienrichter aus Frankfurt, konnte in derselben Ausgabe des ›Focus‹ nur zustimmen: »Bislang funktionierende Familien landen an der Armutsgrenze. Ein Drittel aller Geschiedenen beantragt Prozeßkostenhilfe. 60 Prozent der Obdachlosen rutschten laut Statistik erst nach der Scheidung in die Gosse.«

Wenn der Steuerzahler nun glaubt, er zahle allenfalls für die eigene Scheidung und niemals auch nur einen Pfennig für die anderer, so irrt er. Durchschnittlich 20 Milliarden Mark pro Jahr kosten Scheidungen und deren Folgen den Staat und private Haushalte. Nicht zufällig steigen die Kosten für den Sozialstaat Jahr um Jahr in astronomische und letztlich nicht mehr tragbare Höhen. Der unmittelbare Zusammenhang zwischen der Anzahl der Ehescheidungen, damit einhergehender Arbeitslosigkeit nebst Steuereinbußen und der Schwindsucht in den Sozialkassen des Staates ist unübersehbar. Als logische Konsequenz werden die Abgabelasten für den Steuerzahler aller Einkommensgruppen immer erdrückender. Von den Kosten der Scheidungen im Lande bleibt also niemand verschont.

Wie zur Bestätigung heißt es in einem Leserbrief an die ›Frankfurter Rundschau‹ zu deren Bericht über ›Die Geldmacht des Mannes und der Frauen Rechte‹ vom 29. 5. 1995: »Wenn ein Ehepaar mit geringem oder mittlerem Einkommen vor einer Scheidung weder Sozialhilfe noch Wohngeld und sonstige staatliche Leistung erhält und nach der Scheidung mindestens einer der Ex-Partner nebst den aus der Ehe hervorgegangenen Kindern der Sozialhilfe anheimfällt und dadurch mehr Geld zur freien Verfügung hat, als der weniger verdienende Exgatte dem anderen je zu bieten in der Lage war, dann muß man sich nicht wundern, wenn die Zahl der Sozialhilfeempfänger ständig steigt und die Zahl der Scheidungen im gleichen Maße zunimmt.«

Der Wohlstand schwindet »dank« Scheidungen und Abgabelasten zusehends aus deutschen Haushalten. Doch nicht genug damit, denn dem steht auch noch ein trauriger Zuwachs gegenüber: ein hunderttausendfacher Zuwachs an Krankheiten wie Migräne, Allergien, Herz- und Kreislaufbeschwerden, Neurosen und anderen Belastungserscheinungen. Die Zeche zahlen abermals die ohnehin schon unter der Abgabenlast schwitzenden Bürger, indem sie per Beitragserhöhung von ihrer Krankenversicherung zur Kasse gebeten werden.

Für die Bestseller-Autorin Esther Vilar liegt der Grund für die Misere der Familien in der Institution Ehe selbst. Alles »Täuschung und Betrug« zürnt sie in ihrem neuen Buch ›Heiraten ist unmoralisch‹ und erklärt: »Die Menschen müßten wissen, daß ihre Gemeinschaft mit einer Wahrscheinlichkeit von bald 50 Prozent in Scheidung enden und eine brutale Schlacht um Kind, Haus und Alimente toben wird.« Ihr Rat: »Schafft den Handel mit der Liebe einfach ab.«

Wenn es nur der Handel mit der Liebe wäre, der Ehepaare entzweit, ließe sich dieser möglicherweise tatsächlich abschaffen. Weit höher an der Spitze der Scheidungsgründe steht allerdings das Geld, und zwar das nicht oder immer zu wenig vorhandene. Beständig führt die Diskrepanz zwischen materiellen Lebensansprüchen und erfüllbaren Wünschen zu Streitigkeiten der Ehepartner und oft genug auch zu Handgreiflichkeiten. »Ein Drittel aller Scheidungen sind die Folgen finanzieller Probleme«, resümiert Siegfried Willutzki vom Deutschen Familiengerichtstag in ›Focus‹ 40/1994.

Viel zu spät begreifen die meisten Scheidungsgegner, daß es nach der Scheidung auch nicht lauter in der Haushaltskasse klingelt, sondern statt dessen der Pleitegeier krächzt oder der Kuckuck Einzug hält.

Getreu dem Motto »Gefahr erkannt, Gefahr gebannt« würde Familienrichter Siegfried Willutzki aus diesem Grund am liebsten die Gesamtheit der Bürgerschaft in Form einer Scheidungshaftpflichtversicherung zur Kasse bitten.

In derselben Ausgabe des ›Focus‹ erklärt er, angesichts der derzeitigen Familienpolitik »manchmal voller Wut und Zorn« zu sein. Vor allem, um »die gesetzliche Benachteiligung der Zweitehe« abzuschaffen, könne er sich gut vorstellen, eine ähnliche wie die Pflegeversicherung gestaltete Vorsorge für den Scheidungsfall einzuführen. Im Ernstfall müsse dann die Sozialversicherung die anfallenden Kosten auffangen. Allerdings gibt er zu, das in Skandinavien bereits gescheiterte Modell einer allgemeinen Scheidungshaftpflichtversicherung in Deutschland allenfalls dann durchsetzen zu können, wenn 90 Prozent der Ehen von einer Scheidung betroffen wären.

Bis dahin aber sollten alle Paare vor der Scheidung gemeinsam einen Notar aufsuchen, um alle Folgekosten zu vereinbaren. Denn, so seine Erfahrung als Familienrichter, »mit der Zeit nimmt der Wille zur Fairneß ab und der Eifer zu, den anderen nervlich und wirtschaftlich kaputt zu machen.«

FRANK, 40 Jahre, und ANKE, 32 Jahre

FRANK: Meine Frau hat mich abgeliebt und abgezockt

Ich war elf Jahre verheiratet, als ich nach der Arbeit nach Hause kam und meine Wohnung fast leer vorfand. Auf der Spiegelablage im Bad stand ein Brief meiner Frau an mich. Sie teilte mir darin mit, daß sie sich scheiden lassen wolle, die Scheidung bei einem Anwalt eingereicht und unsere Kinder mitgenommen habe. Ich solle sie nicht suchen. Es sei zwecklos. Wenn Kollegen mir manchmal etwas von ihrer kaputten Ehe erzählt hatten, hatte ich immer nur den Kopf geschüttelt. Ich wäre nie auf die Idee gekommen, daß meine Frau davon träumte, mir wegzulaufen. Warum denn auch?

Wir hatten eine schöne Wohnung; nicht gerade Millionen, aber doch genug zum Leben. Wir hatten zwei tolle Kinder. Gut, im Bett stimmte es zwischen uns nicht besonders. Aber das hatte ich nie so ernst genommen und auch geglaubt, daß meine Frau das ähnlich sehen würde. Jedenfalls hatte sie sich nie beschwert. Und ich war der Meinung gewesen, daß ich als Mann sowieso naturbedingt die größeren Probleme haben müßte und daß, wenn ich damit umgehen könnte, meine Frau es erst recht können müßte.

Und jetzt das! Ich war wie vom Blitz getroffen. Erst habe ich bloß in der Wohnung rumgehangen. Das alles wollte irgendwie nicht in meinen Kopf. Dann habe ich alle Welt angerufen und nach meiner Frau gefragt. Sie war aber nirgends. Anschließend bin ich in eine Kneipe gegangen und habe mir einen angesoffen. Danach habe ich das, was mal unsere Wohnung war, auseinandergenommen. Aufgewacht bin ich dann in einer Ausnüchterungszelle der Polizei. Die Nachbarn hatten die Bullen gerufen, als ich angefangen hatte, Möbel aus dem Fenster zu werfen.

In den nächsten Tagen war ich wie einer, der Amok läuft. Ich habe meine Frau wie eine Stecknadel gesucht. Ich wollte wissen, warum sie das gemacht hatte. Vor allem wollte ich die Kinder. Die beiden waren immer das Wichtigste für mich gewesen. Ich vermißte sie unheimlich. Und außerdem hatte ich Angst. Man liest ja so oft in der Zeitung, daß Eltern ihre Kinder umbringen. Und meiner Frau traute ich mittlerweile alles zu. Ich hatte das Gefühl, die ganzen Jahre mit einer wildfremden Person zusammengelebt zu haben und überhaupt nichts von ihr zu wissen.

Ich fand später heraus, daß es wohl tatsächlich so war. Meine Frau hatte nämlich schon seit Jahren einen anderen, mit dem sie sich regelmäßig traf. Der war Franzose und auch verheiratet. Vor kurzem war seine Frau gestorben. Wo der Kerl wohnte, konnte ich allerdings nicht herauskriegen.

Ungefähr zwei Wochen, nachdem meine Frau abgehauen war, kam ein anwaltliches Schreiben, in dem mir offiziell mitgeteilt wurde, daß meine Frau unsere Ehe als zerrüttet ansehe und die Scheidung eingereicht habe. Mit dieser Eröffnung war eine Unterhaltsforderung für meine Frau und die Kinder verbunden. Ich mußte nun meinerseits einen Anwalt nehmen und *mich beraten lassen. Da wir nie getrennt gelebt hatten, verweigerte ich die Scheidung und bestand darauf, daß die Kinder zu mir zurückkamen. Ich wollte auch eine Familientherapie versuchen. Ich hätte überhaupt alles versucht, wenn das geholfen hätte. Es half aber nichts. Und zahlen mußte ich trotzdem.*

Ich gab unsere schöne große Wohnung auf. Ich konnte die Miete nicht mehr aufbringen. Das mir verbleibende Geld reichte gerade noch aus, eine Bude mit Kochecke und Duschklo zu finanzieren. Dies ist vor allem deshalb so deprimierend, weil ich einen guten Job habe und gutes Geld verdiene und mir letztendlich trotzdem weniger zur Verfügung bleibt als einem Hilfsarbeiter. Schließlich mußte ich einsehen, daß meine Frau nicht mehr zu mir zurückkommen würde, und willigte in die Scheidung ein. Weil ich ihr diesbezüglich Schwierigkeiten gemacht und um die Kinder gekämpft und über die Unterhaltszahlung gestritten hatte, verweigerte meine Frau mir ein gemeinsames Sorgerecht für die Kinder mit der Begründung: Wenn wir uns schon in Gelddingen nicht einigen könnten, dann erst recht nicht in puncto Erziehung. Es wurde also eine Besuchsregelung getroffen, die es mir erlaubte, meine Kinder alle acht Wochen am Wochenende und für drei Wochen in den Sommerferien zu sehen.

Für meinen Sohn war diese Regelung nicht zu ertragen. Wir beide hatten immer ein außerordentlich enges Verhältnis zueinander gehabt, jedenfalls ein weit engeres als meine Tochter und ich. Aus diesem Grund weigerte er sich nach dem ersten Wochenendbesuch bei mir, wieder zu seiner Mutter zurückzukehren. Er wollte bei mir bleiben, zumal er sich mit dem neuen Freund seiner Mutter nicht verstand, der täglich ins Haus kam und nur wegen meiner Unterhaltszahlung nicht mit ihr zusammenlebte.

Trotz langer, ausführlicher Gespräche mit meiner Frau und meiner Bitte, den Jungen bei mir leben zu lassen, weil er sich nun einmal bei mir glücklicher fühle, bestand meine Frau darauf, daß ich den Jungen zu ihr zurückbrachte. Gleichzeitig drohte sie mir mit rechtlichen Konsequenzen, falls sich »dieses Spielchen« wiederholen sollte.

Ich weiß nicht, wer an diesem Abend mehr geweint hat, mein Junge oder ich. Aber was sollten wir machen? Als Ex-Vater ist man heutzutage nun einmal der letzte Idiot und bloß noch dazu da, daß die Kohle stimmt. Und wenn du Kind bist, hast du sowieso keine Chance, etwas gegen Erwachsene auszurichten.

Daß sich mein Sohn mit seinem Leben nicht abfinden konnte und auf seine Weise zu kämpfen versuchte, zeigte sich ein paar Wochen später. Da stand er nämlich plötzlich vor meiner Wohnungstür und erklärte, daß er nie wieder zurückwolle. Der neue Macker der Mutter habe ihn geschlagen, weil er nicht gehorcht habe, und die Mutter habe diesem zugestimmt. Eine böse Vorahnung sagte mir, daß es nicht einfach werden würde, den Jungen bei mir zu behalten. Ich kochte ihm erst mal etwas zu essen und baute sein Bett, was in meiner Bude wirklich ein Kunststück ist. Dann rief ich meinen Anwalt an, um die Sache mit ihm zu besprechen. Während wir noch telefonierten, klingelte es Sturm an meiner Tür. Ich ahnte, wer draußen war, und wollte nicht öffnen. Aber meine Frau hatte einen Bekannten ihres neuen Freundes mitgebracht, der damit drohte, die Tür einzutreten. Ich sperrte also auf und mußte hilflos mit ansehen, wie mein Sohn im Beisein seiner Mutter von diesem Kerl aus dem Bett gezerrt und gewaltsam weggeschleppt wurde. Da der Junge rechtmäßig bei ihr lebt und sie das Aufenthaltsbestimmungsrecht für ihn hat, waren mir die Hände gebunden.

Was es für den Jungen und für mich bedeutete, daß ich ihm in dieser Not nicht helfen konnte, ist einfach unsäglich. Noch heute werde ich nachts von seinen verzweifelten Rufen nach mir wach und sehe ihn um sich treten und sich wehren, während dieser Kerl ihn im Schwitzkasten hat und wie einen Verbrecher abführt. Das sind Alpträume, einfach quälend. Wer das nicht selbst erlebt hat, der weiß nicht, wovon ich rede.

Aufgrund dieses Vorfalls hat meine Ex-Frau die bis dahin gültige Besuchsregelung widerrufen und mit Hilfe ihrer wirklich cleveren Anwältin durchgesetzt, daß ich mich den Kindern bei Androhung von Strafe nicht mehr nähern darf. Angeblich werden sie in ihrer Entwicklung behindert und seelisch belastet, wenn ich nicht aus ihrem Leben verschwinde.

Mit anderen Worten, ich bin aus dem Leben meiner Kinder ausradiert. Ich bin für sie tot. Eigentlich bin ich sogar noch unerreichbarer als tot, denn wäre ich tot, könnten sie mich wenigstens auf dem Friedhof besuchen, wohingegen sie mich als lebenden Vater nirgends besuchen dürfen.

Nur mein Geld ist weiterhin gefragt. Und zwar so gefragt, daß meine Ex-Frau ständig versucht, zusätzlich zu den altersabhängigen Mehrzahlungen für die Kinder weiteres Kapital aus mir herauszuschlagen. Soviel ich weiß, ist sie dabei, ein Haus zu bauen.

Ich weiß, daß sie zum Beispiel dem Finanzamt zugetragen hat, ich würde Schwarzgeld scheffeln. So was ist ziemlich einfach. Man muß ja nicht einmal seinen Namen nennen, sondern kann anonym anzeigen. Und dann schadenfroh grinsend mit ansehen, wie bei Nacht und Nebel plötzlich Steuerfahnder bei dem verleumdeten Mann auftauchen und seine Bude auf den Kopf stellen und seine Konten überprüfen und ihn überhaupt bis auf die Unterhose ausziehen. Stellt sich heraus, daß alles Fehlalarm war, daß es kein Schwarzgeld abzuzocken gibt, dann hat die Behörde aber nur ihre Pflicht getan, und das war's dann. Ob das eine Rufschädigung für den Mann bedeutet, spielt keine Rolle. Hauptsache, die Frau hat's mal wieder versucht und ihm so richtig schön gezeigt, daß immer noch mit ihr zu rechnen ist und er sie bloß nicht vergessen soll. Manchmal kriege ich so einen Haß auf diese Frau, daß ich sie wirklich umbringen könnte.

Wenn ich mich und mein Leben betrachte, stelle ich fest, daß ich nach allen Regeln der Kunst abgeliebt und abgezockt worden bin, und zwar von der Frau, die ich geliebt und der ich vertraut habe.

Das, was meine Frau mit mir gemacht hat, das war nicht bloß ein finanzielles Ausbeuten. Das war viel, viel mehr. Sie hat mein Vertrauen ausgebeutet. Sie hat in mir eine Lebensangst erzeugt, eine Angst, daß jede andere Frau mich genau wie sie ausbeuten wird. Mein Vertrauen hat einen derart tiefen Riß bekommen, daß er einfach nicht wieder zu kitten ist.

Wenn ich heute eine Frau kennenlerne, lasse ich sie an alles ran, was man mit Händen und Haut erreichen kann. Aber an mein Herz lasse ich sie nicht. Gefühl, so richtig echtes, warmes Gefühl, so aus der Mitte heraus, das kriegt sie von mir nicht. Ich gehe mit ihr ins Bett. Ich gehe mit ihr aus, sofern ich ein paar Kröten dafür zusammenscharren kann. Aber ich gehe mit ihr nicht mehr durch dick und dünn. Und das Schlimmste ist, daß ich es eigentlich gern tun würde, daß ich mich bloß nicht mehr traue. Weil ich nämlich so einen Schmerz, wie ihn mir meine Ex-Frau zugefügt hat, nie mehr spüren will.

Ich weiß nicht, was mit mir passieren würde, wenn ich so etwas noch einmal ertragen müßte. Und dabei ist meine größte Befürchtung eigentlich nicht, daß ich dabei krepieren könnte. Ich befürchte viel mehr, daß ich dann durchdrehe... Sollen meine Kinder einen Mörder zum Vater haben? Nee, das stelle ich mir lieber erst gar nicht vor.

Seit einiger Zeit bin ich wieder mit einer Frau zusammen. Sie ist lieb und gibt sich alle Mühe. Sie arbeitet mit. Sie stellt auch keine besonderen Ansprüche an mich. Außer, daß sie gern ein Kind will. Manchmal male ich mir aus, wie es mit so einem Knirps wäre. Dann kommen die Erinnerungen an meine Kinder hoch, als sie klein waren. Das tut verdammt weh. Es würde vielleicht weniger weh tun, wenn sie tot wären, wenn ich so richtig aus voller Seele um sie trauern könnte. Und immer, wenn ich soweit bin, merke ich, daß ich kein Kind mehr haben will. Ich kann es einfach nicht. Es geht nicht.

Vielleicht später mal, sage ich der Frau oft. Dabei denke ich daran, daß sie sowieso bald eine Fliege macht und sich einen anlacht, mit dem sie die Probleme nicht hat.

ANKE: Eine Frau hat schließlich eigene Ansprüche ans Leben

Meine Ehe war ein Fiasko. Ab dem ersten Tag nach den Flitterwochen und andeutungsweise auch schon während der Flitterwochen fing mein Mann an, mich auszubeuten.

Vor der Ehe war ich eine ziemlich ansehnliche, begehrens-

*werte, lebenslustige junge Frau, die mit beiden Beinen im Beruf
und mitten im Leben stand. Nach Feierabend hatte ich meine
Stöckel von den Füßen geschmissen, mich zuerst einmal in meinen Lieblingssessel geknautscht, einen Kaffee getrunken, ein
bißchen durch die Fernsehkanäle gezappt, mir etwas zu essen
gemacht oder auch nicht. Ich war ausgegangen, hatte Freunde
eingeladen. Und wenn ich nicht aufgeräumt hatte oder meine
Lieblingsbluse zwei Wochen lang ungebügelt im Wäschekorb
lag – na und? Frank hatte es in seiner Junggesellenbude nicht
anders gehalten. Und irgendwie hatte ich mir auch eingebildet,
daß es dabei bliebe, wenn wir unsere Siebensachen zusammen-
gewürfelt hatten.*

*Doch von wegen: Nach meiner erfolgreichen und gut bezahl-
ten Arbeit als Sekretärin eines höchst anspruchsvollen Chefs
in der Manager-Etage war ich auf einmal zur Putzfrau,
Bügelfrau, Küchenfrau fürs Grobe – denn die besseren Sachen
kochte der Chef persönlich –, Waschfrau, Einkauffrau, Knöpfe-
annähfrau, Sockenstopffrau und Was-weiß-ich-sonst-noch-
Frau degradiert. Für Frank allerdings war dies alles ein »Auf-
stieg«. Er war tatsächlich der Ansicht, es sei eine Ehre für mich,
alle diese Nebenjobs für ihn leisten zu dürfen.*

*Ich kann mich gut erinnern, daß er früher in der Lage war,
seine Bügelfalten selbst schnurgerade zu bügeln. Ich weiß auch,
daß er vor dem Zubettgehen selbst in heißesten Situationen seine Socken ordentlich auf dem Kleiderstuhl ablegte. Plötzlich
gab's das nicht mehr. Plötzlich ließ mein Mann bügeln und ordnen und mahnte jeden Hemdsknopf an, noch ehe er vollends ab-
gefallen war.*

*Als unser Sohn zwei Jahre nach der Hochzeit zur Welt kam,
wurde es noch besser. Ich mußte meinen Job im Büro aufgeben.
Büro, ein Baby und Haushalt, das kannst du vergessen. Also biß
ich in den sauren Apfel und wurde Hausfrau. Was meinem
Mann im übrigen lieb und recht war, da ich nun nicht mehr
nörgeln konnte, daß ich nicht nur im Haus, sondern schließlich
auch im Büro arbeiten mußte. Nur-Hausfrau zu sein, fiel mir
sehr schwer. Ich kam mir so ausgebootet vor, so weg vom Fenster. Wenn ich etwas erleben wollte, mußte ich auf Frank war-*

ten, damit er mir etwas vom Leben draußen erzählte. Und dann war es natürlich sein Leben und nicht meins.

Und dann war da natürlich der Kleine, der »Stammhalter«, für den mein Mann sich voll engagierte. Er wurde »aktiv Vater«, wie er das nannte. Allerdings hatte dieses Aktive einen ziemlichen Haken. Alles, was unangenehm war, zum Beispiel Windeln wechseln, nachts aufstehen, Fläschchen wärmen, Schnulli suchen, war nämlich meine Sache. Ebenfalls meine Sache war es, zu Hause zu bleiben und den Jungen zu hüten, wenn Freunde kamen und uns ins Kino einluden und wir keinen Babysitter fanden. Alles Angenehme hingegen, wie Fläschchengeben oder den Kleinen stolz den Großeltern oder Freunden vorführen, war seine Sache.

Neben all dem gab es in unserem Eheleben noch zwei weitere wunde Punkte, diese aber sozusagen unter Ausschluß der Öffentlichkeit. Das waren die Frage der Figur und vor allem die Frage des Sexuallebens.

Meine Figur erregte nach Meinung meines Ehegatten öffentlich Anstoß, da ich nach dem Kind etwas in die Breite gewachsen war. Daß er selbst zu meinen Rundungen paßte, war kein Thema. Schließlich ist ein Mann erst mit Bauch vollkommen, eine Frau hingegen nur ohne. Ich sollte also abnehmen und erlebte eines Tages die Überraschung der Überraschungen, weil nämlich der Kühlschrank ein Vorhängeschloß und nur mein Mann den Schlüssel hatte.

Die Sache mit unserem Sexualleben war etwas verzwickter. Mein Mann pflegte hier nach dem Lust-und-Laune-Prinzip zu verfahren. Und natürlich kommen Lust und Laune sehr schnell zu Schaden. Es ging also etwas gefrustet in unserem Ehebett zu, denn wenn der Kleine endlich schlief, die letzte Füllung der Waschmaschine auf der Leine hing und auch sonst noch allerhand erledigt war, war ich rechtschaffen müde und leider gar nicht mehr in der Laune, Lust zu haben. Hinzu kam, daß mein Mann mit Verhütung nichts im Sinn hatte und ich trotz aller Rechnerei fünf Jahre nach der Geburt des Jungen erneut schwanger war. Ich hatte schon von daher die Faxen echt dicke.

Mein zweites Kind, ein Mädchen, kam mit einer leichten Be-

hinderung zur Welt. Eine regelmäßige Ganzkörpermassage war nötig, um die Behinderung in den Griff zu bekommen. Um diese Methode zu erlernen, war ein Kursus nötig. Da mein Mann keine Zeit hatte, besuchte ich den Kurs allein. Hier lernte ich Olivier kennen. Er war Leiter des Kurses. Ich glaube, ich verliebte mich sofort in ihn. Jedenfalls funkte es zwischen uns.

Olivier ist Franzose. Als wir uns kennenlernten, war er ebenso wie ich verheiratet, seine Frau war jedoch schon seit einigen Jahren unheilbar krank. Kinder hat er aus Rücksicht auf seine Frau nicht. Da wir grenznah wohnen und Olivier ein kleines Sommerhäuschen an einem Angelsee besitzt, konnten wir uns häufig heimlich sehen, ohne daß es aufgefallen wäre.

Für mich war eigentlich immer klar, daß ich Frank wegen Olivier jederzeit verlassen würde. Ich blieb im Grunde nur noch bei ihm, weil Olivier sich aus moralischen Gründen nicht scheiden lassen konnte. Von dem Augenblick an, als seine Frau tot war, stand für uns fest, daß wir zusammenleben würden. Während der Tage bis nach der Beerdigung hatte ich Zeit, heimlich meinen Auszug zu planen. Dann schickte Olivier seinen Wagen, und ich fuhr mit den Kindern davon.

Meinem Mann hatte ich einen Brief hinterlassen. Ich rechnete damit, daß es ihn treffen würde, wenn ich einfach aus seinem Leben verschwand. Aber ich hatte auch gedacht, daß er selbst schon die ungute Stimmung zwischen uns gespürt und sich seinen Reim darauf gemacht hatte. Daß er sich groß aufregen würde, hatte ich eigentlich kaum erwartet.

Aber mein Mann regte sich furchtbar auf. Er wollte an der Ehe festhalten. Er wollte, daß wir eine Familientherapie machen. Er wollte alles, wenn ich nur bei ihm bliebe. Vor allem wegen der Kinder. Aber eine Frau ist doch nicht nur Mutter, sie ist doch auch ein Mensch mit eigenen Ansprüchen ans Leben. Sie muß doch das Recht haben, glücklich zu sein. Auch Olivier bestärkte mich in dieser Auffassung.

Nach langem Hin und Her wurden Frank und ich endlich geschieden. Da ich nicht die Absicht habe, mit Olivier in einem Haushalt zusammenzuleben, obwohl wir uns natürlich täglich sehen und auch fast jede Nacht miteinander verbringen, zahlt

Frank Unterhalt für die Kinder und für mich. Das ist nicht viel, aber wir kommen damit zurecht. Vor allem deshalb, weil meine Anwältin mich aus einer Kreditsache rausgepaukt hat, die Frank und ich laufen hatten, so daß nun er allein die Gelder abzahlen muß.

Da ich kurz vor meinem Abbruch der Ehe mit einer Umschulung zur Krankengymnastin begonnen hatte, um unsere Tochter besser betreuen und mich irgendwann beruflich selbständig machen zu können, muß Frank zusätzlich zu den Unterhaltszahlungen für meine Ausbildung aufkommen. Außerdem zahlt er das Geld für die Kinderbetreuung, die ich wegen meiner Ausbildung brauche. Da es eine Freundin ist, die auf die Kinder aufpaßt, während ich die Ausbildung mache, stellt sie mir die Rechnung höher aus. Sie bekommt 300 Mark monatlich, schreibt aber 580 Mark. So kann ich Frank die 280 Mark mehr abverlangen. Meine andere Freundin, in deren Einliegerwohnung ich wohne, trickst ein bißchen mit der Miete. Da kommen nochmals 300 Mark für mich rüber. Mit zwei Kindern brauchst du einfach jede Mark.

Wenn eine Frau nicht guckt, daß sie zu etwas kommt, schafft sie es doch nie. Oder glauben Sie, daß Frank mir einen Pfennig mehr zukommen lassen würde, als er muß? Nie im Leben! Also muß ich mir schon selbst helfen. Schließlich ziehe ich ihm dafür die Gören auf und halte ihm den Rücken frei, daß er sich um nichts kümmern muß außer um sein Geld. Dafür kann er gar nicht teuer genug bezahlen, finde ich. Und deshalb habe ich keine Probleme, wenn ich Frank abzocke, wo ich bloß kann. Obwohl er mir das natürlich massiv vorwirft.

Wenn ich tatsächlich mal ein schlechtes Gewissen habe, brauche ich nur an die Zeiten zu denken, wo er mich total ausgebeutet und keinen Finger zu meiner Unterstützung im Haushalt krumm gemacht hat. Dann ist alles, was ich jetzt mache, bloß die Retourkutsche.

Zum Glück habe ich nach der Scheidung etwas Geld von meinen Eltern geschenkt bekommen. Das ist ein solider Grundstock für ein Fertighaus. Sobald ich ein passendes Grundstück hinter der französischen Grenze gefunden habe, fange ich an zu bau-

en. Die unteren Räume vermiete ich an Olivier, damit er eine
Praxis für seine Krankengymnastik eröffnen kann. Die Miete
von ihm setze ich zusammen mit den Unterhaltszahlungen zur
Finanzierung des Hauses ein. Damit ich den Unterhaltsan-
spruch nicht verliere, werden Olivier und ich natürlich auch
weiterhin nicht zusammenleben. Er hat nach dem Tod seiner
Frau eine kleine Einzimmerwohnung bei seiner alleinstehen-
den Mutter im Haus gemietet. Wir heiraten wahrscheinlich erst,
wenn die Mutter gestorben ist und Olivier das Haus erbt und
verkaufen kann. Das kann aber noch ein paar Jahre dauern,
und wer weiß schon, was bis dahin alles passiert.

Mit Frank zusammen hätte ich wahrscheinlich nie ein Haus
bekommen. Zu so etwas war er doch gar nicht fähig. Er wohnt
übrigens mit einer Frau zusammen in einer richtigen Bruchbu-
de. Die Frau arbeitet mit, damit sie über die Runden kommen.
Neulich habe ich von jemandem gehört, daß die Frau ganz gern
ein Kind von Frank hätte, aber er will angeblich nicht, weil das
Geld nicht reicht. Tja, so ist das Leben.

Warum überhaupt heiraten? AXEL, THORSTEN, SAMMY

AXEL: So ein Quatsch!

9 Jahre. Seit drei Jahren Scheidungswaise. Lebt bei seiner Mutter
und deren Freund
Vater: alleinlebend
Scheidungsgrund: außereheliche Beziehung der Mutter und Trennung auf ihren Wunsch
kein gemeinsames Sorgerecht

In der Schule haben wir eine Religionslehrerin, die ist jetzt ver-
heiratet. Als sie geheiratet hat, hat sie unsere ganze Klasse zu
sich eingeladen. Aber zuerst war noch Kirche. Ich war noch
nicht bei einer Hochzeit mit dabei, denn als meine Eltern gehei-
ratet haben, war ich ja noch nicht auf der Welt. Da hat der Pa-
stor dann gesagt: Ihr seid jetzt Mann und Frau und sollt zu-

sammensein, bis der Tod euch scheidet. So ein Quatsch! Der, der scheidet, ist nicht Gott. Das ist der Richter. Und meine Eltern sind auch geschieden. Da muß ich es ja wohl wissen. Und darum finde ich das alles sowieso total bescheuert, weil so ein Fest ja doch was kostet. Und dann ist das alles umsonst gewesen, denn wenn die sich dann wieder scheiden lassen, dann kostet das auch wieder. Und da hätten sie sich das besser gleich gespart. Weil sie sich ja doch irgendwann scheiden lassen. Und dann haben sie den Salat. Und die Kinder sowieso. Die sind dann auch geschieden. Das ist echt ätzend!

THORSTEN: Liebe ist blöd

9 Jahre. Seit einem halben Jahr Scheidungswaise. Lebt bei seiner Mutter und deren Freund

Vater: alleinlebend

Scheidungsgrund: außereheliche Beziehung der Mutter und Trennung auf ihren Wunsch

kein gemeinsames Sorgerecht

Ich finde Liebe total blöd. Zuerst küßt man sich und grabscht sich überall ab und macht Kinder und so. Und wenn man dann fertig ist, küßt man eine andere und macht dann mit der munter weiter. Also, ich finde die Sitte total blöde.

SAMMY: So doof bin ich nicht

8 Jahre. Seit einem Jahr Scheidungswaise. Lebt bei ihrer Mutter und deren Freund

Vater: alleinlebend

Scheidungsgrund: Die Eltern erkannten, daß sie bildungsmäßig nicht zusammenpassen; Trennung auf Wunsch der Mutter.

kein gemeinsames Sorgerecht

Ich verliebe mich jedenfalls nie. So doof bin ich nicht. Für die Scheidung kriegst du ein total cooles Auto.

Sieger und Verlierer im Wandel des Scheidungsrechts

Erhebungen des Statistischen Bundesamts in Wiesbaden zufolge wurden zwischen 1955 und 1962 im Mittel jeweils rund 48 000 Ehen pro Jahr geschieden. Ab Ende der 60er steigerte sich die jährliche Rate von 72 300 geschiedenen Ehen bis Mitte der 70er Jahre auf knapp 100 000 Scheidungen. Mit 108 258 Scheidungen wurde im Jahr 1976 ein bis dahin einsamer Rekord erreicht.

Vor dem Hintergrund dieser familienpolitisch besorgniserregenden Entwicklung drückte die SPD gegen den ebenso erbitterten wie vergeblichen Widerstand weiter Kreise der CDU ein Jahr später, 1977, eine Reform des Eherechts durch. Diese sollte vor allem die traditionell schwächere soziale Stellung der Ehefrau und Mutter stärken – aufgrund weitreichender und folgenschwerer Veränderungen bezüglich der Unterhaltsleistungen des sozial Besserstehenden, meist des Mannes. Als noch im Jahr der Reform die Scheidungsquote um über 33 000 Scheidungen auf 74 658 getrennte Ehen absank, wurde die Eherechtsreform als Jahrhundertwerk gefeiert.

Bereits im Jahr 1981 hatte die Scheidungsrate den bis dahin höchsten Wert aus dem Jahr 1976 jedoch übertrumpft und eine neue Spitze von 109 520 Scheidungen erreicht. In den Jahren bis 1985 steigerte sich die Quote Jahr um Jahr um weitere nahezu 10 000 Scheidungen. Vor über einem Jahrzehnt, 1985, standen traurige 130 744 Scheidungen in der Bilanz. Mitbetroffen waren 96 991 Kinder.

Der Schrecken fuhr den Eherechtsreformern gewaltig in die Glieder. Seit Beginn der »Jahrhundertreform« waren erst acht Jahre vergangen, die Scheidungen aber waren – statt zurückzugehen – um nahezu das Doppelte gestiegen. Eine Reform der Reform schien unvermeidlich, um die offenbar ins Rollen gekommene Lawine aufzuhalten. Doch auch 1986, im

Jahr der kleinen Nachtragsreform der großen Jahrhundertreform, welche die 1977 gestärkten Rechte der scheidungswilligen Ehefrauen und Mütter wieder abschwächen und den allmählich zu Scheidungsopfern avancierten Männern und Vätern Schützenhilfe geben sollte, dezimierten sich die Scheidungen kaum. Im Gegenteil, sie stiegen und stiegen in üppigen Zehntausenderschritten, bis sie 1994 mit 166 052 Scheidungen den bisher statistisch ermittelten absoluten Höhepunkt erreichten.

Mitbetroffen waren in diesem Jahr 135 318 Kinder, die per Richterbeschluß und gegen ihren eigenen Willen zu Scheidungswaisen wurden und in knapp 90 Prozent der Fälle an einer Lebensgemeinschaft mit ihrem Vater gehindert wurden.

Vergleicht man die Scheidungsquoten, hat sich die Gesamtzahl der Scheidungen seit der Eherechtsreform von 1977 bis 1996 mehr als verdoppelt. Weiteren Mitteilungen des Statistischen Bundesamtes zufolge wird im Durchschnitt jede dritte Ehe auf dem Land und jede zweite in Großstädten und Ballungsgebieten geschieden. Mit einer überwältigenden Zweidrittelmehrheit von knapp 70 Prozent wird die Scheidung von ehemüden Frauen beantragt und durchgesetzt.

Speziell diese Tatsache steht im krassen Gegensatz zu Scheidungserfahrungen aus der Zeit vor 1977.

Damals wurde nach dem sogenannten Schuldprinzip geschieden, das den Beweis eines Ehebruchs erforderte. Die hieb- und stichfest nachzuweisende Geliebte oder der Liebhaber, mit dem die Ehefrau in flagranti von ihrem Ehemann ertappt wurde, galten als leibhaftiger Scheidungsgrund. Doch auch Fotos oder Augenzeugenberichte von einem der Ehepartner beim Austausch leidenschaftlicher Zungenküsse mit einer anderen als der verehelichten Person wurden als Beweis anerkannt. Detektive und Klatschmäuler waren ausgelastet. Und das Ausbreiten der ehelichen Intimitäten vor Gericht wurde nicht zu Unrecht als ein Schmutziges-Wäsche-Waschen gefürchtet.

Die letztendlich vom Gericht des Ehebruchs überführte Person hatte von ihrem geschiedenen Ehepartner keinerlei

Unterstützung zu erwarten. Der nachgewiesene Ehebruch fegte jedes Recht auf Unterhalt vom Verhandlungstisch.

In den 70er und 80er Jahren befanden sich nahezu alle Frauen in einer wirtschaftlich schwächeren Position als Männer und waren aus diesem Grund auf eine Versorgung durch den Ehemann und im Scheidungsfall auf dessen Unterhaltszahlungen angewiesen. Aus freien Stücken und eigener Entscheidung heraus die Scheidung einzureichen, weil »frau« sich neu verliebt und den eigenen Ehemann ganz einfach satt hatte oder sich lieber beruflich selbstverwirklichen wollte, als hinter dem Herd im Küchendunst Fett anzusetzen, war vor der Eherechtsreform von 1977 aufgrund der Unterhaltssituation allenfalls für sehr wohlhabende Erbinnen oder Großverdienerinnen wie Filmschauspielerinnen oder Operndiven denkbar.

Vor allem dieser der Gleichstellung der Geschlechter widersprechende Aspekt des alten Scheidungsrechts löste Revolten der Frauen im Land aus. Spätestens seit dem letzten Weltkrieg und allerspätestens seit der sexuellen Revolution der 60er Jahre waren die Frauenrechtlerinnen weder aus dem Alltag noch aus der Politik wegzudenken. Starke Frauen verschafften sich nun auch in der Diskussion um Scheidung und Ehe nachdrücklich das Wort und vertraten vehement das Recht auf sexuelle Freizügigkeit der Frau und im Fall des Ehebruchs die Abschaffung der frauenfeindlichen Sanktionen qua Unterhaltsentzug.

Hauptsächlich ihrem Engagement und ihrer Überzeugungskraft, aber auch der Handlungsbereitschaft der den Gleichstellungsgedanken mittragenden Männer ist es zu verdanken, daß es 1977 zu einer gesellschaftlich einschneidenden Umstrukturierung des Eherechts kam.

Das Hauptanliegen der Reformatoren galt der Abschaffung der als menschenunwürdig empfundenen Verpflichtung, vor Gericht die schmutzige Wäsche privatester Angelegenheiten an den Tag zu bringen. Zugleich ging es darum sicherzustellen, daß Männer, die mit einer knackig-jungen Geliebten liebäugelten, nicht mehr listenreich ihre gemeinsam mit ihnen gealterten Ehefrauen eines ehewidrigen Verhaltens bezichtigen und der Versorgung durch den Sozialstaat anheimgeben konnten. Daher führte der Gesetzgeber anstelle des bisher geltenden Schuldprinzips das bis heute angewandte Zerrüttungsprinzip als Scheidungsgrund ein. Dieses geht davon aus, daß an dem Zerfall einer Ehe immer beide Partner im gleichen Maße schuldig sind und daß keiner allein dafür verantwortlich gemacht werden kann, das Gefüge der Ehe nicht genügend geschützt zu haben. Wo eine Schuld fehlt, darf es konsequenterweise keine Strafe geben. Und da das Recht auf Unterhaltsverweigerung eine Strafmaßnahme für den Tatbestand des erwiesenen Ehebruchs darstellte, mußte dieses Recht gestrichen werden.

Die Ehe als wirtschaftliche Gemeinschaft wurde nun so ausgelegt, daß der sozial stärkere Partner über die Trennung hinaus dauerhaft und verbindlich für den sozial schwächeren zu sorgen hat, und zwar insbesondere dann, wenn gemeinsame Kinder vorhanden sind.

Vorbei war es nach 1977 mit der Illusion von der treuen Ehefrau, die um nichts in der Welt den vielleicht nicht ganz idealen, aber immerhin sicheren Liegeplatz im Hafen der Ehe aufgeben würde. Wie die statistischen Erhebungen und Meinungsumfragen über das Treueverhalten und den Männerverschleiß von Frauen zeigen, kam die Garantie auf Unterhalt einem Freibrief gleich.

Mit der Abschaffung des Schuldprinzips und der gleichzeitigen Garantie auf Unterhaltszahlungen für scheidungswillige Ehefrauen und Mütter geriet die Waage der Gleichstellung wieder aus der Balance: Hatte sie zunächst die Seite des Mannes bevorteilt, so senkte sie sich nun zugunsten der Frauen. In demselben Verhältnis, wie die Anzahl der Frauen stieg, die ohne Angabe von Gründen und im sicheren Bewußtsein, nach der Stunde Null nicht mit leeren Händen dazustehen, die Scheidung verlangten, sank die soziale Dominanz der Männer und Väter.

Ihnen wurde von einem Tag auf den anderen per Gesetzesbeschluß und ohne die geringste Chance zur Gegenwehr der

Teppich der Überlegenheit unter den Füßen weggezogen, denn anstatt die aufmüpfige, treulose Ehefrau wie bisher auf Nimmerwiedersehen in die Wüste schicken zu können, mußte jeder Ehemann hinnehmen, daß selbst die abgefeimteste Ehebrecherin plötzlich das Recht hatte, an jedem seiner Fleischtöpfe zu partizipieren.

Wie die statistischen Daten aus Wiesbaden beweisen, wurde durch diese Neuregelung ein Scheidungsboom geradezu herausgefordert. Bis heute kaum jemals so klar verbalisiert, aber faktisch eindeutig, eröffnete die Eherechtsreform von 1977 Frauen erstmals die Chance, endlich eine Art staatlich sanktioniertes Hausfrauen- und Muttergehalt zu bekommen. Voraussetzung dafür ist weiter nichts als die Scheidung.

Bestürzt über den als Folge der Eherechtsreform erkannten massenhaften Ausbruch der Frauen aus der Ehe und die jährlich rasant ansteigende Anzahl von Scheidungswaisen, versuchten die Gesetzgeber im Jahr 1986 die Notbremse zu ziehen. Sie führten eine Einschränkung der Unterhaltspflicht für den Fall ein, daß dem scheidungswilligen Ehepartner ein grob ehewidriges Verhalten wie etwa wiederholter Ehebruch, tätliche Angriffe gegen den Ehepartner oder Diebstahl von Eigentum des Ehepartners nachzuweisen wäre.

Diese Einschränkung der Unterhaltspflicht wurde bewußt in das Scheidungsverfahren eingeschleust, um der bequemen Ausbeutung des – zumeist männlichen – Unterhaltspflichtigen vorzubeugen. Da die Entscheidung darüber dem Gericht belassen bleibt und Richter in der Interpretation des Beweismaterials frei sind, greift die an sich wichtige Modifizierung des Gesetzes jedoch selten.

Tief in die Tasche greifen, um den Eheschrott zu bezahlen, müssen immer noch zu 95 Prozent die Männer und Väter.

De facto bewirken Gesetzesvorgaben wie die der Eherechtsreform von 1977 und entsprechende höchstrichterliche Entscheidungen, daß der Lust und Laune von geschiedenen Frauen völlig risikolos Tür und Tor geöffnet werden und der geschiedene Mann selbst dann gnadenlos geschröpft wird, wenn seine Unterhaltszahlungen als willkommenes Zubrot in einer neuen, aus purer Berechnung nicht per Trauschein legalisierten Partnerschaft der Frau mißbraucht werden.

Es sollte ein Gesetz geben … INGE, LISA, JANA

INGE: Ich finde, es sollte ein Gesetz geben

15 Jahre. Seit acht Jahren Scheidungswaise. Nach der Scheidung ihrer Eltern lebte sie zusammen mit ihren Geschwistern bei der Mutter. Als diese nach drei Jahren eine neue Ehe einging, entwickelte sich das Verhältnis zwischen Kindern und neuem Ehepartner der Mutter negativ. Die Mutter gab ihre Söhne in eine Pflegefamilie und Inge zu einer Schwester des Vaters.

Vater: arbeitslos, lebt in Spanien

Scheidungsgrund: Wunsch der Mutter wegen seelischer Vernachlässigung durch den Partner

kein gemeinsames Sorgerecht

Als meine Eltern mir gesagt haben, daß sie sich scheiden lassen, weil sie sich nicht mehr lieben, hatte ich in der Nacht einen Traum. Ich habe geträumt, daß mein Vater, meine Mutter, meine zwei Brüder und ich zusammen in Urlaub gefahren sind. Am Anfang war alles ganz schön. Aber auf einmal ist die Straße immer steiler und steiler geworden, und mein Vater ist immer schneller gefahren. Dabei hat er den rechten Arm auf der Lehne des Beifahrersitzes gehabt und nur die linke Hand am Lenkrad. Meine Mutter ist schon ganz aufgeregt gewesen und hat gesagt, er solle jetzt doch besser beide Hände zum Lenken nehmen. Aber mein Vater hat nur gegähnt und gar nicht auf meine Mutter gehört.

Wir sind einen Berg hinaufgebraust. Als wir oben angekommen sind, war die Straße plötzlich ein Eiskanal. So einer wie der, in dem die Bobfahrer immer fahren. Meine Mutter hat meinen Vater am Arm gepackt und ihn gerüttelt und gerufen, er solle bremsen. Aber da haben wir alle gemerkt, daß mein Vater ganz fest eingeschlafen war und keine Hand mehr am Lenkrad hatte. Unser Auto ist immer rasender in den Eiskanal hineingesaust. Meine Mutter hat sich angestrengt, mit einem Fuß zwi-

schen die Füße meines Vaters zu kommen und auf die Bremse zu treten. Aber sie hat es nicht geschafft. Auf einmal ist das Auto über den Rand hinausgeschleudert worden. Und wir waren alle darin. Ich habe so laut geschrien, daß ich davon aufgewacht bin. Da habe ich gemerkt, daß alles nur geträumt war. Ein paar Tage später habe ich mit meiner Tante über den Traum gesprochen. Da hat sie gesagt, im Traum hätte ich erkannt, daß mein Vater ein leichtsinniger Mensch ist, auf den man sich nicht verlassen kann. Meine Mutter hätte immer versucht, ihn zu ändern. Es hätte aber nichts genutzt. Mein Vater hätte sie eben nie richtig ernst genommen und ihr auch nie zugehört. Und daß sich meine Mutter genau deshalb von ihm scheiden lassen würde, weil er uns alle nämlich ins Unglück stürzen würde.

Damals war ich sieben Jahre alt. Heute bin ich fünfzehn. Ich habe meinen Vater seit acht Jahren nicht mehr gesehen. Ich weiß von im eigentlich nur, was ich in diesem Traum geträumt habe, und ein paar andere Sachen, daß er zum Beispiel mit mir als Kleine auf dem Rummelplatz war und eine Teepuppe für mich geschossen hat. Ich würde gern mit ihm über den Traum reden und darüber, wie es zwischen ihm und meiner Mutter war. Aber mein Vater ist für immer nach Spanien ausgewandert. Er hat keine feste Adresse, weil er keine Arbeit hat und mal hier und mal da lebt. Deshalb könnte ich ihn auch gar nicht finden und mit ihm reden.

Ich finde, es sollte ein Gesetz geben, das es Eltern verbietet, sich scheiden zu lassen. Leute, die Kinder haben, sollen mindestens so lange zusammenbleiben müssen, bis die Kinder groß sind. Ich finde, es gibt jetzt die Pille und alles. Da müssen Leute keine Kinder mehr kriegen wie früher vielleicht. Wer jetzt ein Kind bekommt, der muß auch dazu stehen. Und Kinder brauchen nicht nur eine Mutter oder einen Vater. Kinder brauchen beide. Weil sie nämlich beide lieben.

Weil das wie diese runde Scheibe mit der schwarzen und der weißen Hälfte ist, die sich so ineinanderbiegen.* Und nämlich

---

* Yin und Yang.

nur dann, wenn sie zusammen sind und sich ergänzen, können sie dir auch zeigen, wie das im Leben immer ist. Es gibt doch überall dieses Prinzip, daß zwei Gegensätze zusammengehören. Wenn meine Eltern das kapiert hätten, könnten wir alle noch immer zusammensein. Und mein Vater würde noch bei uns sein. Und ich könnte ihm das mit dem Traum erzählen. Und vielleicht würde er sagen, daß solche Träume bloß aus Angst gemacht sind und sonst gar nichts bedeuten. Das wäre schön.

LISA: Können Sie das regeln?

12 Jahre. Seit drei Jahren Trennungskind. Lebt bei ihrer Mutter und deren Freund

Vater: hat wechselnde Beziehungen

Trennungsgrund: außereheliche Beziehung der Mutter und Trennung auf ihren Wunsch

gemeinsames Sorgerecht

Meine Eltern haben sich nicht richtig scheiden lassen, weil das zu teuer wäre. Aber sie haben sich getrennt und wollen nichts mehr miteinander zu tun haben.

Meine Mutter hat einen Freund. Mein Vater hat eine Freundin. Damit sind sie beide ziemlich glücklich.

Ich finde den Freund meiner Mutter aber bekloppt. Der langt mich immer so komisch an und will immer, daß ich ihn küsse, und dann steckt er mir seine Zunge in den Mund und sagt, das machen alle Papas so. Aber das stimmt nicht. Mein Vater würde so was nie tun. Ich würde am liebsten alles meiner Mutter erzählen oder meinem Vater. Aber dann heult meine Mutter sich bestimmt die Augen aus, weil der Freund, den sie jetzt hat, der Mann fürs Leben ist. Und mein Vater schlägt ihn vielleicht tot. Dann muß er ins Gefängnis. Das will ich nicht.

Ich finde, es müßte ein Gesetz geben, daß eine Mutter keinen neuen Mann heiraten oder bei sich wohnen lassen darf, wenn ihr Kind den nicht leiden kann. Aber ein Kind muß sich alles bieten lassen und kann gar nichts machen. Das ist doch nicht fair. Können Sie das regeln?

JANA: Das ist riesig gemein

8 Jahre. Seit sechs Jahren Scheidungswaise. Lebt bei ihrer Mutter
Vater: wiederverheiratet. Lebt mit neuer Familie zusammen
Scheidungsgrund: außereheliche Beziehung des Vaters und Trennung auf Wunsch der Mutter
kein gemeinsames Sorgerecht

In meiner Klasse sind viele Kinder, die geschieden sind. Manche sehen ihren Vater und manche nicht. Das ist ganz verschieden. Ich sehe meinen Vater nicht. Er hat eine neue Familie. Ich habe auch einen Bruder. Der ist bei meinem Vater. Den sehe ich aber auch nicht. Das finde ich blöd.

Wenn wir uns mal kennenlernen und uns verlieben und zusammen Kinder machen, dann kriegen wir bekloppte Kinder, weil er ja mein Bruder ist und ich seine Schwester. Das ist dann verboten. Und dann müssen wir uns wieder verlassen. Auch wenn wir das gar nicht gewußt haben. Und das bricht uns bestimmt das Herz. Und dann sterben wir und liegen zusammen im Grab.

Das ist riesig gemein, weil das nur ist, weil unsere Eltern das mit uns gemacht haben. Eltern sollten immer zusammenbleiben und ihre Kinder nicht so behandeln.

Die Eherechtsreform von 1977 – menschenfeindlich und gesellschaftszersetzend

Daß bei Scheidungen in Deutschland *Recht* im Sinne von Gerechtigkeit und dem Rechtsverständnis der Bürgerschaft gesprochen wird, bezweifeln hierzulande nicht nur Scheidungsopfer. Auch immer mehr Singles heiraten lieber gar nicht erst, als sich irgendwann gegen teures Geld und unter Einmischung des Staates wieder scheiden zu lassen. Mittlerweile ist die böse Kunde sogar bis zu Politikern und zusehends mehr Juristen, ganz zu schweigen von Experten aus psychosozialen Berufen vorgedrungen, die in ihrer beruflichen Praxis täglich mit den Leiden der Scheidungsbetroffenen konfrontiert werden.

Hilfsmaßnahmen werden entwickelt, um entzweite Paare, wenn schon nicht zurück ins gemeinsame Bett, so doch wenigstens an einen gemeinsamen Verhandlungstisch zu bringen. Neue Berufszweige entstehen, um den Scherbenhaufen der Ehe zu sichten, zu ordnen und Ex-Ehepaare zu lehren, ihn mit Anstand unter den Tisch zu kehren. Nur eines passiert nicht. Nirgendwo macht sich ein intensiv an der Problemlösung arbeitendes, parteiübergreifendes Gremium stark, das die folgenschweren Auswirkungen der Eherechtsreform von 1977 summiert und die einzig mögliche Lehre daraus zieht, daß das, was gegenwärtig praktiziert wird, menschenfeindlich und gesellschaftszersetzend ist.

Nur ein Geheimpapier gäbe es, schrieb ›Focus‹ in der Ausgabe 40/1994, das in den Schubladen der FDP auf seine Enthüllung warte. Es enthalte Vorschläge zur Stärkung der Selbstverantwortlichkeit jedes Ehepartners nach der Scheidung und komme der Forderung etwa des Interessenverbandes der Unterhaltspflichtigen (ISUV) nach zeitlicher Begrenzung des Ehegattenunterhalts entgegen. Wie es scheint, ist jedoch auch 1997 die Stunde der Deflorierung trotz ständig wachsenden Bedarfs noch nicht gekommen.

Tatsache ist, daß die von ihren Erfindern hochgelobte Eherechtsreform von 1977 Mütter und Väter in den seltensten Fällen als einander respektierende Verbündete im Interesse gemeinsamer Kinder, sondern fast immer als Sieger und Verlierer auf dem Schlachtfeld der Scheidung zurückläßt.

Von mittlerweile über zweieinhalb Millionen alleinerziehenden Müttern und Vätern leben etwa 330 000 an oder unter der Armutsgrenze. Darüber hinaus leben auch zwei Millionen komplette Familien in ähnlichen Verhältnissen. Ein großer Anteil von ihnen setzt sich aus Partnern zusammen, von denen mindestens einer bereits geschieden und gegenüber der Erstfamilie unterhaltspflichtig ist. Die Zahl der auf Scheidungskosten zurückzuführenden Bankrotte kleiner und mittelständischer Familienbetriebe, deren Einnahmen zwar dazu ausreichten, den Lebensunterhalt für eine Familie zu erwirtschaften, nicht aber für zwei oder – bei erneuter Scheidung – sogar drei Familien, steigt rasant an. Mit diesen Bankrotten nimmt gleichzeitig die Zahl der Arbeitslosen sowie die der Arbeitslosengeld- und Sozialhilfeempfänger zu.

Da die Einkünfte eines allein erwerbstätigen und zu Unterhaltszahlungen verpflichteten Vaters im allgemeinen nicht oder mehr schlecht als recht für zwei Familien ausreichen, wachsen Hunderttausende von Kindern in beengten Wohnverhältnissen auf oder sind sogar wohnungslos. Jedes achte Kind im Westen und jedes fünfte im Osten lebt in Armut.

Die Folge des täglichen Frustes und der rasant ansteigenden Armutsentwicklung erleben wir am Beispiel eines dramatischen und so nie gekannten Ausmaßes der Kindergewalt und Jugendkriminalität, etwa Ladendiebstähle, Körperverletzung, Brandstiftung und Vandalismus aus reiner Zerstörungslust. Viele Eltern, die selbst aus zerbrochenen Familienbeziehungen stammen, sind nicht mehr in der Lage, ihren Kindern ein intaktes Familienleben vorzuleben. Daß Eltern 20 Jahre und länger Verantwortung für ihre Kinder und die Partnerschaft tragen wollen, wird zusehends seltener. Entsprechend geben sie ihren Kindern mit, daß eine geschiedene Ehe in jedem Fall besser sei, als eine schwierige bestehende zu meistern.

Die Leidtragenden sind immer die Kinder. 1993 wurden über 130 000 Minderjährige per Richterspruch gezwungen, auf einen Elternteil zu verzichten, den sie lieben und nicht aufgeben wollen. Überwiegend waren dies die Väter. Nicht nur die wertvolle Person Vater wird für diese Kinder zwangsweise aus dem Leben ausgegrenzt, sondern auch die wichtige Vorbildfigur, die zur gesellschaftlichen und geschlechtlichen Orientierung für Söhne und Töchter gleichermaßen unersetzlich ist.

Gut eintausend Kinder werden jährlich von diesen gewaltsam aus ihrem Leben gerissenen Vätern aus Liebe entführt, weil die Mütter per Richterspruch im Vollbesitz aller Bestimmungsrechte über das Kind sind, diese Rechte aber nicht im Interesse des Kindes, sondern willkürlich ausnutzen und in erpresserischer Weise gegen den Vater mißbrauchen.

Mehrere tausend Väter flüchten jährlich ins Ausland, weitere Tausend wechseln innerhalb Deutschlands immer wieder den Wohnort oder gehen als Obdachlose auf Trebe, um sich der richterlich festgesetzten und gesetzlich vorgeschriebenen Unterhaltszahlung an ihre geschiedene Frau zu entziehen. Viele von ihnen würden den Unterhaltszahlungen bereitwillig nachkommen, wenn man ihnen die Kinder nicht per Richterbeschluß genommen hätte.

In etwa 40 Prozent der Sorgerechtsstreitigkeiten wird von den Müttern der Vorwurf des sexuellen Kindermißbrauchs erhoben, um Väter aus dem Leben des Kindes auszulöschen. Fast 95 Prozent der Vorwürfe erweisen sich nach eingehender Überprüfung als haltlos und frei erfunden. Die Zahl der Selbstmorde bei Scheidungsvätern sowie Kindern und Jugendlichen ist neben dem Tod im Straßenverkehr die häufigste Todesart. Daß mindestens jedes fünfte Mordopfer einem Tötungsdelikt im Zusammenhang mit einer Trennung oder Scheidung zum Opfer gefallen ist, jagt einem Schauer des Entsetzens über die Haut.

Nicht zuletzt ernährt sich eine immer riesiger werdende Scheidungsindustrie von den Elendsfolgen der Ehekriege. Gutachter, Psychiater, Psychologen, Therapeuten und allen voran der Staat sahnen ab. Zwischen 3 000 und 10 000 Mark kostet durchschnittlich eine Scheidung. Wogt allerdings der Streit des von Haß und Rachsucht getriebenen Gegnerpaares jahrelang um selbst den letzten angeschlagenen Milchkrug, kann die Rechnung schnell um ein Drei- bis Vierfaches klettern. Nicht wenige Anwälte treiben die Kosten bewußt in die Höhe. Selbst Grundsatzurteile werden nur zu oft unberücksichtigt gelassen, um den geldbringenden Kampfgeist der Scheidungsgegner immer wieder hochzuschaukeln.

Obwohl niemandem daran gelegen sein kann, das alte Schuldprinzip und das Elend des Schmutzige-Wäsche-Waschens aus der Zeit vor der »Jahrhundertreform« des Scheidungsrechts zurückzuverlangen, wird sich niemand dem Eindruck verschließen können, daß es nicht mit rechten Dingen zugeht, wenn jede/r habgierige Ehebrecher/in sich vom anderen lebenslang versorgen lassen kann.

In 90 Prozent aller Scheidungsfälle, die heute in zweiter Instanz vor den Oberlandesgerichten landen, geht es – so Familienrichter Siegfried Willutzki vom Deutschen Familiengerichtstag in ›Focus‹ 47/1994 – um Geld und Besitz. Fairneß und der Wille zur einvernehmlichen Regelung schwinden parallel zu der Dauer und – damit ursächlich verknüpft – parallel zu den Kosten des Scheidungsprozesses.

Als hätte der nahende Pleitegeier sie aus dem Dornröschenschlaf der männlichen Eitelkeit geweckt, beginnen immer mehr Männer sich gegen ihre Degradierung zum bloßen Goldesel und zur Versorgungseinrichtung zur Wehr zu setzen. In Zeiten, in denen jedermann von Arbeitslosigkeit, Verschuldung und Inflation bedroht oder schon heftig gebeutelt wird, kann niemand sich den Luxus der Großzügigkeit leisten. Um jede Mark für Kindesunterhalt und insbesondere für Ehegattenunterhalt wird gefeilscht. Und immer öfter schauen die finanzielle Not und der soziale Abstieg den verfeindeten Ex-Partnern dabei über die Schulter.

Rund 1,7 Millionen geschiedenen Frauen und Müttern bleibt nach der Scheidung nur noch der stets als demütigend empfundene Gang zum Sozialamt. Unweigerlich begegnen sie dort den geschiedenen Männern und Vätern, denen dieser Weg genausowenig erspart bleibt. Auf dem Weg in den wirtschaftlichen Ruin sind alle geschiedenen Eheleute gleich.

Männer- und auch Frauenlobbys revoltieren seit einigen Jahren in seltener Eintracht gegen die seit knapp zwanzig Jahren nahezu unverändert bestehende Eherechtsreform. Männer und Väter klagen gegen ihre Entmündigung im Umgangsrecht mit ihren Kindern sowie gegen das uneingeschränkte Unterhaltsrecht der Ex-Familie. Eine kleine Schar Aufrechter zog bereits vor das Bundesverfassungsgericht, um dort endlich eine Reform des geltenden Unterhaltsrechts zu erzwingen. Weitere tatkräftige Unterstützung finden Männer- und Vätergruppen in zahlreichen Interessenverbänden. Nicht selten ist von dort zu erfahren, daß das gültige Eherecht männerfeindlich sei und in seiner »Weglauf-Frauen« unterstützenden Struktur die Gleichstellung der Geschlechter etwa so perfekt realisiere wie das Goldmachen.

Frauen und in erster Front Feministinnen aller politischen Couleur verlangen weniger finanzielle als vielmehr sozialpolitische Maßnahmen, die das Übel an der Wurzel packen. Das System Familie stimme nicht mehr, heißt es bei ihnen. Der Mann als Familienvater habe versagt. Nur eine gravierende Veränderung des Wesens Mann hin zu einer von Frauen geprägten und emotional vollkommen auf Familie abgestimmten neuen Typisierung könne Abhilfe schaffen. Am besten sei es, wenn frau das entwicklungsgeschichtlich archetypische Erbe des Matriarchats wiederbelebe und den Männern zeige, wer in Wahrheit das starke und wer das schwache Geschlecht sei.

Ein Vergleich mit dem Ausland zeigt, daß manche Nationen den Scheidungskampf längst entschärft haben. Am Vorbild Dänemarks ließe sich ein Scheidungsmodell für Deutschland konstruieren, das Zukunft hätte. Ohne monate- oder sogar jahrelange kraft- und geldraubende Auseinandersetzungen und ohne die juristischen Spitzfindigkeiten von Scheidungsanwälten bekunden dänische Paare ihre Scheidungsabsicht lediglich bei einer lokalen Meldebehörde. Sechs Monate nach der öffentlich bekanntgegebenen Trennungsabsicht wird die Ehe geschieden, sofern sich die Ehepartner in der Zwischenzeit nicht wieder versöhnt haben. Nur bei Uneinigkeiten von Mann und Frau zieht man vor Gericht.

Für Deutschland bleibt zu hoffen, daß den in zahlreichen Medienberichten ausgetragenen Wortscharmützeln endlich Taten folgen, die die Gleichstellung von Mann und Frau im Scheidungsverfahren sichern, ohne daß heute die männliche Waagschale und morgen die weibliche das Übergewicht erhält.

Schade nur, daß – wie so oft – auch für Maßnahmen gegen den Niedergang der Familie im Staatshaushalt das Geld fehlt. Vermutlich ist es genau in den Topf der Sozialhilfe geflossen, aus dem all die sozialhilfebedürftigen Scheidungsopfer zu versorgen sind.

Gesellschaftlich entwurzelt: TORE, OLLi, MASCHA

TORE: Ich stamme aus einer guten Familie

15 Jahre. Seit zehn Jahren Scheidungswaise. Lebt zur Zeit in einem Heim für obdachlose Jugendliche. Seine Mutter ist mehrfach geschieden und wiederverheiratet und lebt zur Zeit mit einem Freund zusammen.

Vater: lebt in der Türkei
Scheidungsgrund: außereheliche Beziehung der Mutter und Trennung auf Wunsch des Vaters
kein gemeinsames Sorgerecht

Ich stamme aus einer guten Familie. Vater, Mutter, sechs Kinder. Alle sauber und ordentlich. Kleines Reihenhaus, Auto. Gut bürgerlich leben. Bis meine Mutter auf den Dreh kam, daß sie fremdgehen muß, und mein Vater sie erwischt hat. Dann Scheidung, Haus weg, Auto weg, alles weg.

Mein Vater hat versucht, uns Kinder zu kriegen. Wir wollten auch alle zu ihm, weil wir das mit meiner Mutter irgendwie nicht so richtig verkraftet haben. Weil sie den Macker ja auch mit zu uns gebracht und mit dem dann im Wohnzimmer gepennt hat und mein Vater bei uns im Kinderzimmer gesessen und geflennt hat, weil er nichts mehr machen konnte und alles den Bach runterging, was er sich aufgebaut hatte.

Aber mein Vater hatte nie eine Chance, uns zu kriegen. Und auf uns hat damals keiner gehört. Uns hat man ja für unfähig gehalten. Da mußten ja andere für uns entscheiden, was gut für uns ist. Der Richter sagte bloß, daß Kinder zur Mutter gehören und mein Vater ja sowieso keine Zeit hätte, sich um uns zu kümmern, weil er ja die Brötchen verdienen muß. Außerdem hätte meine Mutter ihre Sache mit uns immer gut gemacht. Das könnte ja jeder deutlich sehen. Es gäbe also keinen Grund, daß sie das nicht auch weiterhin gut mit uns schafft. Das hat meinem Vater irgendwie das Herz gebrochen, glaube ich. Jedenfalls hat er in den Sack gehauen und ist in die Türkei oder sonstwohin, wo er keine Alimente zahlen muß.

Meine Mutter hat uns also alle am Hals gehabt, bloß keine Kohle. Das hat der gestunken zum Himmel hoch, weil sie sich das ja anders ausgerechnet hatte. Die hatte ja gedacht, der Alte kann zahlen, und sie macht sich einen schönen Lenz mit dem Neuen. Und jetzt war alles nichts.

Wir haben dann eine Wohnung in einem Sozialbau bekommen. In dem hat's im Hausflur nach vollgepinkelten Wänden gestunken und nach Schnaps und nach Sauerkraut. In den anderen Wohnungen waren auch Familien mit zu viel Kindern und zu wenig Geld. Da hat's jeden Tag Krach gegeben und Geschrei. Das war für uns zuerst ungewohnt. Aber das hatten wir dann schnell drauf. Vor allem auch deshalb, weil meine Mutter schließlich anfing, Liebhaber zu sich einzuladen und uns in der Zeit rauszuschmeißen. Egal, was für Wetter war. Sie wollte nicht, daß wir das mit ansehen, hat sie immer gesagt. Aber daß wir es gewußt haben, war genauso schlimm.

Weil wir jetzt in einem ganz anderen Stadtteil wohnen, mußten wir auch in eine andere Schule und meine kleinen Ge-

schwister in einen anderen Hort. Unsere Freunde von früher waren also auch weg. Ich denke, wir waren so richtig aus allem rausgerissen. Und wir bekamen auch irgendwie keine Boden mehr unter die Füße. Denn mein Vater war ja auch schon weg damals. Und meine Mutter war zwar da, aber nicht für uns.

In der Zeit fing ich an, mich rumzutreiben und zu klauen. Erst nur in Kaufhäusern, und ich klaute auch nur kleines Zeug: mal Bonbons oder anderes Süßes, Zigaretten. Nichts Tolles. Da haben sie mich ein paarmal erwischt und mich bei meiner Mutter verpetzt und ihr die Fürsorge ins Haus gehetzt. Und dann hat mich einer von ihren Mackern, der damals eigentlich dauernd bei uns zugange war, so richtig vermöbelt. Das hatte ich bis dahin nicht gekannt. Klar, ich hatte von meinem Vater schon manchmal eine gefangen. So mit der flachen Hand eins auf die Backe oder auch mal eins hinten drauf. Aber das jetzt, das ging schon zur Sache.

Der Typ, der hat den Ledergürtel genommen, da war ein Metallschloß dran, und dann ging's auf. Da hab ich die ersten Blutergüsse gehabt. Aber gebessert hat mich das nicht. Im Gegenteil. Jetzt erst recht, hab ich gedacht, du Schwein hast mir gar nichts zu sagen. Und dann bin ich mit so einer Jugendbande los und hab für die den Spitzel gemacht, hab Autos geknackt, Brieftaschen gezockt, Automaten ausgeräumt – was man eben so macht. Nachdem sie mich ein paarmal erwischt hatten, haben sie meiner Mutter gesagt, ich muß ins Heim, weil sie nicht mehr mit mir fertig wird. Meine Mutter war da, glaube ich, auch ganz froh, daß ein Fresser weniger da ist.

Ich hab aber nicht gewartet, bis sie mich abholen, sondern bin mit einem Freund nach Amsterdam. Das war so ziemlich der Anfang von allem. Und ich denke heute noch, daß das anders gelaufen wäre, wenn meine Eltern zusammengeblieben wären.

Nicht, daß ich jetzt sag, die haben mein Leben verpfuscht. Sag ich gar nicht. Ich geb keinem die Schuld für das, was ich selbst gemacht hab. Aber ich mach mir ja auch so meine Gedanken. Ich bin ja vielleicht blöd, aber nicht doof. Und da frag ich mich *dann schon manchmal, ob das bißchen Sex für meine Mutter das alles eigentlich wert war.*

Das heißt nicht, daß Sex Scheiße wäre. Gar nicht. Kann schon stark sein. Aber daß man dafür alles hinschmeißt? Für meine Mutter hatte das wohl den Stellenwert. Sechs Kinder hat sie ja auch nicht vom Samenflug gekriegt, denke ich mir mal. Aber für mich wär's das nicht.

Wenn ich mein Leben in die Reihe kriegen kann und die Schule schaffe und dann eine Lehre und wegkomme von der Straße und 'ne Braut finde, die ich echt gut finde, dann muß das mehr sein als bloß Sex. Und zwar hundertpro. Und wenn es das dann ist, dann will ich auch, daß das hält mit ihr und wir zusammen alt werden und vielleicht ein, zwei Kinder haben und eine richtige Familie sind. Das ist so ein Traum von mir. Den hab ich noch nicht aufgegeben.

OLLI: Ich hab eigentlich überhaupt keinen

13 Jahre. Seit vier Jahren Scheidungswaise. Lebt bei seiner Mutter
Vater: lebt mit einer Freundin und deren Kindern in nichtehelicher Gemeinschaft zusammen
Scheidungsgrund: gewalttätige Auseinandersetzungen der Eltern und Trennung auf Wunsch der Mutter
kein gemeinsames Sorgerecht

Ich hab eigentlich schon ziemlich früh mitgekriegt, daß meine Eltern sich scheiden lassen wollen. Die haben dauernd Krach gehabt. Die haben sich sogar geprügelt. Mal wollte meine Mutter meinem Vater mit einer Bierflasche den Schädel einschlagen. Hat sie dann ja nicht. Aber ich hab das trotzdem noch ziemlich oft so vor mir.

In der Zeit haben sie mich dauernd gefragt, bei wem ich denn wohnen wolle, wenn sie sich trennen. Das war für mich total schwer. Ich konnte mich da nie entscheiden. Ich hab auch viel geplärrt in der Zeit.

Irgendwie hatte ich eigentlich immer Angst. Ich weiß auch

nicht, wovor. Vor allem eigentlich. Das hat mich richtig ver-
rückt gemacht. Nee, nicht so mit Klinik und Gummizelle. Aber
so innen, so in mir drinnen. Da war alles irgendwie ... ja, ich
weiß eigentlich auch nicht. Komisch jedenfalls, anders.

Ich konnte auch nicht richtig schlafen. Dauernd hab ich ge-
horcht, ob meine Eltern sich schon wieder streiten. Und wenn
ich dann das Keifen und Schimpfen mitbekommen hab und wie
meine Mutter mit Geschirr geschmissen und mein Vater gebrüllt
hat, er haut ihr gleich eine rein, war das echt schlimm. Da hab
ich dann überhaupt nichts mehr gewußt. Da hab ich bloß im-
mer gedacht, daß ich am liebsten tot wär, um davon nichts
mehr mitzukriegen. Und daß sie sich vielleicht ja wieder ver-
tragen würden, wenn ich weg wäre.

Trotzdem war es fast schlimmer, wenn sie sich wieder mal ei-
ne Zeitlang vertragen haben. Da hab ich dann immer so eine
irre Hoffnung gehabt. Da hab ich denen auch alles verspro-
chen, daß ich jetzt immer total brav sein werde und so. Bloß,
damit sie sich nicht scheiden lassen.

Und dann haben sie sich zwei Tage später doch wieder ge-
kracht. Und ich hab dann immer so das Gefühl bekommen, daß
es wegen mir ist. Weil ich halt doch wieder genervt hab und ih-
nen auf den Geist gegangen bin. Das haben sie mir ja auch dau-
ernd gesagt. Daß meine Mutter wegen mir nicht mehr arbeiten
kann und sie nicht in Urlaub können und so.

Und da hab ich dann Schlaftabletten bei meiner Oma geklaut
und hab alle genommen. Die hab ich fast nicht runterbekom-
men, so bitter und eklig waren die. Und dann hab ich mich ins
Bett gelegt und hab darauf gewartet, daß ich sterbe.

Aber ich bin dann doch nicht gestorben. Sehen Sie ja! Ich hab
bloß Bauchweh bekommen und stundenlang gespuckt. Und als
meine Eltern das gemerkt haben, war noch mehr Zoff in der Bu-
de. Ich hab dann kaum noch Hausaufgaben gemacht, hab mich
draußen rumgekloppt und mit jedem Ärger gekriegt.

Dann haben sie mich zum Schulpsychologen geschickt. Und
der hat dann so eine Therapie mit mir gemacht. Da haben wir
mit Figuren Familienbilder aufgestellt und so ein Zeug. Na ja,
das war schon gut. Aber wenn wir dann über meinen Vater ge-

redet haben oder über meine Mutter und was die sich so bieten, da hab ich oft ein schlechtes Gewissen bekommen. Weil ich da ja schon Sachen gesagt habe, die eigentlich keinen was angehen.

Bei der Scheidung bin ich dann auch gefragt worden, zu wem ich eigentlich will. Da hab ich dann gesagt, zu meinem Vater und zu meiner Mutter, weil ich sie beide behalten will. Da hat die Richterin gesagt, daß das nicht geht, weil ein Kind ein richtiges Zuhause haben muß, und daß ich zu meiner Mutter muß, weil das Gericht findet, daß ein Kind bei seiner Mutter sein soll. Die haben dann auch gesagt, daß ich meinen Vater in den Ferien oder am Wochenende besuchen kann und er immer für mich da ist.

Meine Mutter hat da aber schon einen neuen Freund gehabt. Der hat in einer anderen Stadt gewohnt. Zu dem ist sie dann hin. Aber nicht in seine Bude. Sonst hätte mein Vater ja weniger Geld für sie bezahlen müssen, und das wollte sie nicht.

Weil die Stadt ziemlich weit weg war, konnte mein Vater mich nicht oft besuchen. Und wenn er dann kommen wollte, hat meine Mutter gesagt, daß sie an dem Wochenende etwas mit mir unternehmen will und er nicht kommen soll. Zu mir hat sie gesagt, daß er mich vergessen hätte und sich ja sowieso nicht um mich kümmert und daß sie will, daß er ganz wegbleibt. Da ist mein Vater dann überhaupt nicht mehr gekommen.

Meine Mutter hatte aber auch keine Zeit für mich, weil sie dauernd mit ihrem neuen Freund auf Achse war. Manchmal haben sie mich ja mitgenommen. Aber meistens sind sie allein irgendwohin gefahren und haben mich dann zu einer Tante von dem neuen Freund gebracht oder zu seinem alten Opa. Das war blöd.

Ich lebe heute immer noch bei meiner Mutter. Ihr geht's, glaub ich, ziemlich gut. Sie arbeitet wieder, kommt viel rum. Sie hat schon wieder einen neuen Freund.

Mein Vater hat auch eine andere. Er hat sogar wieder Kinder. Die von seiner Freundin. Manchmal ruft er mich an oder schreibt mal. Aber irgendwie ist das bescheuert.

Ich hab eigentlich überhaupt keinen.

MASCHA: Irgendwann war mein Vater plötzlich weg

16 Jahre. Seit fünf Jahren Scheidungswaise. Lebt bei ihrer Mutter

Vater: unbekannt verzogen

Scheidungsgrund: außereheliche Beziehungen der Mutter und Trennung auf ihren Wunsch

kein gemeinsames Sorgerecht

Meine Eltern haben sich vor fünf Jahren scheiden lassen, lebten aber schon zwei Jahre vorher getrennt. Anfangs hatte meine Mutter einen Freund, der auch sofort nach der Trennung meiner Eltern bei uns einzog. Als die Scheidung durch war und meine Mutter ihn heiraten wollte, ließ der Freund meine Mutter sitzen. Er sagte, er hätte keine Lust, fremder Leute Kinder großzuziehen.

Für mich war die Trennung meiner Eltern absolut furchtbar. Da meine Mutter als Fachverkäuferin immer ganztägig berufstätig war und mein Vater als Lehrer viel mehr Freizeit hatte als sie, war eigentlich er meine wichtigste Bezugsperson.

Ich hatte überhaupt nichts davon mitbekommen, daß meine Eltern sich trennen wollten. Irgendwann war mein Vater dann plötzlich weg. Meine Mutter sagte mir, daß er nicht zu uns zurückkäme. Und am gleichen Tag zog der Freund meiner Mutter bei uns ein. Ich verstand das alles nicht. Ich war ja noch ziemlich klein damals. Mein Vater schrieb mir dann einen Brief und erklärte mir, daß es besser für uns wäre, wenn wir uns nicht mehr sehen, weil er es anders nicht aushalten könne. Er würde mich sonst zu sehr vermissen.

Mit dem Freund meiner Mutter habe ich mich nicht verstanden. Er tat immer, als hätte er mir etwas zu sagen oder mich zu erziehen, und führte sich auf, als ob er der Größte wäre. Zuerst habe ich versucht, mit meiner Mutter zu reden. Aber sie wollte nichts wissen. Ich war ihr ziemlich wurst.

Ich bin dann ein paarmal ausgerissen und fing an, in Kaufhäusern zu klauen. In der Schule wurde ich ziemlich schlecht. Heute kann ich mir das nur so erklären, daß ich meinen Vater damit zwingen wollte zurückzukommen. Tat er aber nicht.

Dann kam die Scheidung, und der Freund meiner Mutter zog aus. Kurze Zeit später fing meine Mutter an zu trinken. Heute ist sie alkoholabhängig und benimmt sich, als ob sie das Kind und ich die Mutter wäre. Sie klammert sich regelrecht an mich und weint und bettelt, daß ich sie nicht verlassen soll. Sie tut mir wirklich leid. Aber ich habe auch eine Riesenwut auf sie, weil sie mich völlig überfordert und weil alles, was bei uns schiefgelaufen ist, im Grunde wegen ihr passiert ist. Von meinem Vater habe ich nie mehr etwas gehört.

Meine Mutter hat mir vor einiger Zeit erzählt, daß er in den zwei Jahren vor der Scheidung immer wieder gefragt hat, ob er mir schreiben oder mich besuchen oder zu sich einladen dürfe. Sie hat es ihm aber nie erlaubt. Sie hat ihm gesagt, daß sie mit ihrem Freund eine neue Familie aufbauen will und daß mein Vater auf mich verzichten müßte, sonst würde er mich unglücklich machen.

Ich habe mir vorgenommen, meinen Vater zu suchen, sobald ich volljährig bin. Dann kann meine Mutter mir nichts mehr verbieten. Ich weiß nicht, ob ich dann bei meinem Vater leben will. Aber ich will ihn fragen, warum er nie um mich gekämpft hat, warum ich ihm das nicht wert war.

Die Gesetzesnovelle von 1996 zum elterlichen Recht – eine vertane Chance?

Das Statistische Bundesamt in Wiesbaden gibt an, daß 1994 in Gesamtdeutschland 166 000 Ehen geschieden wurden. Bei Familien mit Kindern betrug die durchschnittliche Ehedauer sechs bis sieben Jahre. 31 Prozent der Geschiedenen hatten ein Kind, 18 Prozent zwei Kinder, vier Prozent hatten drei und ein Prozent vier und mehr Kinder. Insgesamt wurden 153 000 minderjährige Kinder durch die Trennung ihrer Eltern familiär teilentwurzelt und zu den Hauptleidtragenden eines Scheidungskrieges, den sie nicht gewollt haben. Die weitaus meisten von ihnen verloren durch Gerichtsbeschluß ihren Vater, den sie lieben und von dem sie wiedergeliebt werden.

Statistiken stellen immer eine Art Momentaufnahme dar. Sie erfassen nicht, wie viele Menschen wann und wie oft ihre Familienbeziehung und Lebensform vor dem Zeitpunkt der Erhebung verändert haben. Anhand statistischer Vergleiche zeigt sich jedoch, daß nicht nur definitiv geschiedene Frauen, sondern generell mindestens jede dritte bis vierte verheiratete Frau mit einem oder mehreren minderjährigen Kindern im Lauf ihres Lebens mindestens einmal über unterschiedlich lange Zeit alleinerziehend war.

Da die Tendenz zur Einelternfamilie steigt und der Drang dazu eindeutig von Frauen ausgeht, ist abzusehen, daß immer mehr Frauen und Mütter den Status der Alleinerziehenden in ihre persönliche Lebensplanung einkalkulieren. Zugleich aber können auch Männer und Väter ihre Augen nicht mehr vor dem hohen Risiko verschließen, daß die Frau, die sie geheiratet haben, ihnen eines Tages aus freien Stücken davonläuft und daß sie ihre Kinder mit großer Wahrscheinlichkeit irgendwann durch Scheidung und Gesetzesbeschluß verlieren.

An dieser Tatsache ändert auch der eine Reform des Kindschaftsrechts betreffende Beschluß des Bundeskabinetts vom 28. 2. 1996 nur wenig, welcher in seinen wichtigsten Punkten besagt:

– Bei Ehescheidungen bleibt das gemeinsame Sorgerecht der Eltern erhalten, solange kein Elternteil die alleinige Sorge beantragt. Darüber entscheidet dann wie bisher das Familiengericht im Sinne des Wohls des Kindes.

– Auch bei gemeinsamer Sorge erhält der Elternteil, bei dem das Kind lebt, eine Alleinentscheidungsbefugnis für alle Fragen des täglichen Lebens.

– Nichtverheiratete Eltern erhalten das gemeinsame Sorgerecht, wenn sie diese Absicht erklären. Gegen den Willen eines Elternteils ist dies jedoch nicht möglich. Dann hat die Mutter das Sorgerecht.

– Auch nichteheliche Väter sollen nach einer Trennung ein Umgangsrecht erhalten, das vom Gericht ausgestattet werden kann.

– Während oder kurz nach einer Scheidung geborene Kinder sollen rechtlich nicht mehr dem früheren Ehemann zugerechnet werden. Hierbei genügt es, wenn alle Beteiligten die Vaterschaft des neuen Partners der Mutter anerkennen.

Bedauerlicherweise konnte sich das deutsche Bundeskabinett auch bei dieser Reform des Kindschaftsrechts nicht dazu durchringen, jedes Kind als Träger eigenständiger Persönlichkeitsrechte zu definieren und das natürliche Recht eines jeden Kindes auf die lebenserhaltende Fürsorge, erzieherische Einflußnahme und Präsenz beider Elternteile festzuschreiben. Hätte man den Rechtsanspruch des Kindes auf beide Eltern gesichert, wäre dieses Recht nicht durch bloße Willenserklärung eines Elternteils zu brechen. Statt dessen wurden Kinder erneut als eine Art Besitz ihrer Eltern deklariert und wurde lediglich der grundsätzliche Rechtsanspruch von Mutter und Vater auf das Kind gesichert.

Nach wie vor kann ein Elternteil aus persönlichen Gründen, die nicht zwingend auch Gründe des Kindes sein müssen, ein Votum gegen eine gemeinsame Ausübung des Sorgerechts aussprechen und dadurch erreichen, daß ein alleiniges Sorgerecht gerichtlich festgelegt wird. Selbst die Klausel, daß im Fall des Widerspruchs eines Elternteils das Familiengericht im Sinne des Wohls des Kindes über die Vergabe des Sorgerechts entscheidet, ist derselbe Gummiparagraph geblieben. Das Wohl des Kindes ist nämlich ein weites Feld. In keinem Gesetz ist eindeutig definiert, was »Kindeswohl« bedeutet. Dies auszulegen bleibt den jeweiligen Experten überlassen. Ob das von ihnen als »Kindeswohl« erkannte Wohl des Kindes auch tatsächlich dem Kind zum Wohl gereicht, wird – wenn überhaupt – erst die Zukunft weisen.

Da die Reform des Kindschaftsrechts weder das natürliche Geburtsrecht des Kindes auf Mutter und Vater festschreibt noch das Auseinanderbrechen von Familien erschwert beziehungsweise verhindert, werden Ehescheidungen und nichteheliche Trennungen weiterhin in Massen vollzogen werden. Und es werden die aus diesen Beziehungen hervorgegangenen Kinder wie zuvor dem Willen der Eltern und Gesetzgeber untergeordnet und per Fremdbeschluß zu Scheidungswaisen gemacht werden, ob sie dies wünschen oder nicht.

Im Grunde besteht die einzige nachhaltige Neuerung der Kindschaftsrechtsreform darin, daß die Verantwortung für alle die Kinder betreffenden Folgen der Scheidung künftig nicht mehr ohne weiteres dem Gericht und damit dem Gesetzgeber angelastet werden kann, sondern daß sie ausdrücklich in die Hände beider Eltern gelegt wurde.

Keine Mutter hat nunmehr quasi automatisch das alleinige Sorgerecht. Wenn sie den Vater aus dem Leben ihrer Kinder ausklammern will, muß sie dies ausdrücklich sagen und begründen. Kein Vater kann sich mehr um die Verantwortung herummogeln, indem er behauptet, der Gesetzgeber habe es ja nicht anders gewollt oder zugelassen. Auch er muß gegebenenfalls aussprechen, daß er kein gemeinsames Sorgerecht ausüben will und warum nicht.

Eine Chance für Scheidungskinder, den nicht mehr mit ihnen zusammenlebenden Elternteil – zumeist den Vater – nicht vollends zu verlieren, liegt allenfalls in dem unangenehmen

Zwang zur offiziellen Erklärung der Eltern, daß und warum sie den anderen Elternteil ausgrenzen wollen. Die Scheu vor der Verantwortung und der Offenlegung persönlichster Gründe mag dazu führen, daß der Schachzug des Gesetzgebers tatsächlich Erleichterung für Kinder mit sich bringt.

Erst eine umfassende Rückbesinnung auf familiäre Werte würde wirklich dem Wohl des Kindes Rechnung tragen und seinem berechtigten Anspruch auf familiäre Geborgenheit im Zusammenleben mit Mutter und Vater Genüge leisten. Vorerst jedoch sickert es noch kaum in das Bewußtsein einer Gesellschaft im Scheidungsrausch, daß Elternschaft ohne Ehe beziehungsweise alleinerziehende Elternschaft alles andere als die seit Beginn der 70er Jahre hochgejubelte Befreiung vornehmlich der Frau zum unabhängigen Leben darstellt und auch alles andere als der schlüssige Beweis für Ehrlichkeit, Mut und wahre Liebe ist.

Ich liebe aber beide! YANNINA, LILLITH, MANUELA

YANNINA: Das ist schade

7 Jahre. Seit einem Jahr Scheidungswaise. Lebt bei ihrer Mutter und deren Freund

Vater: alleinlebend

Scheidungsgrund: außereheliche Beziehung der Mutter und Trennung auf ihren Wunsch

kein gemeinsames Sorgerecht

Meine Eltern haben sich scheiden lassen, weil sie sich nämlich nicht mehr lieben. Das ist schade. Weil ich sie nämlich immer noch liebe.

LILLITH: Am liebsten bei Oma und Opa

6 Jahre. Seit einem Jahr Scheidungswaise. Lebt bei ihrer Mutter und deren Freund

Vater: lebt mit einer Freundin zusammen

Scheidungsgrund: außereheliche Beziehungen beider Eltern und Trennung im Einvernehmen

gemeinsames Sorgerecht

Wenn ich bei meiner Mama bin, bin ich immer traurig, weil ich nicht bei meinem Papa sein kann. Wenn ich dann bei meinem Papa bin, bin ich immer traurig, weil ich nicht bei meiner Mama sein kann. Am liebsten bin ich bei meiner Oma und bei meinem Opa. Da brauche ich nicht traurig zu sein, weil meine Oma ja da ist, wo mein Opa ist. Und da bin ich ja dann auch. Da bin ich froh.

MANUELA: Das war schön

7 Jahre. Seit drei Jahren Scheidungswaise. Lebt bei ihrer Mutter und deren Freund

Vater: lebt mit einer Freundin und deren Kindern zusammen

Scheidungsgrund: außereheliche Beziehung der Mutter und Trennung auf ihren Wunsch

kein gemeinsames Sorgerecht

Ich würde am liebsten in einem Hochhaus wohnen. Dann hätte Mama eine Wohnung und Papa eine andere. Ich könnte immer bei ihnen sein. Aber Mama will das nicht. Als Mama und Papa noch nicht geschieden waren, haben wir alle in einem Haus gewohnt. Da konnte ich immer mal schnell zu Papa runterrennen und wieder hoch zu Mama. Das war schön.

Der Mutter die Kinder, dem Vater die Sorge

Jahrzehntelang haben vornehmlich Väter um die Chance eines gemeinsamen Sorgerechts für ihre durch Scheidung von ihnen getrennten Kinder gestritten und haben diese Chance durch die Gesetzesnovelle vom Februar 1996 zumindest formal erhalten.

Viel mehr als eine Chance bietet der Rechtsanspruch des Vaters auf eine gemeinsame elterliche Sorge jedoch nicht. Denn wie es um ihre Erfüllbarkeit steht, hängt von vielen Faktoren ab, die nicht dadurch automatisch günstig stehen, daß die gemeinsame Sorge per Gesetz beschlossen wurde.

Ein sehr wichtiger, fast alles entscheidender Faktor bleibt nach wie vor die Mutter. Von ihrem dauerhaften Willen, ihrer Einsichtsfähigkeit, ihrer Bereitschaft zu einer gemeinsamen Erziehungslinie, ihrer seelischen Verfassung und Laune, ihrem jeweiligen Lebenspartner und dessen Interessen oder Plänen hängt es ab, ob die vor Gericht vereinbarte gemeinsame elterliche Sorge im Alltag zu leben ist oder nicht.

Sehr häufig nutzt die Mutter ihre Machtposition dem mitsorgeberechtigten Vater gegenüber jedoch in erpresserischer Manier aus.

Falco aus Siegburg zum Beispiel berichtete mir, daß seine geschiedene Frau ganz ungeniert zusammen mit ihrem neuen Freund Hotelwochenenden gebucht und seine Adresse als Zahlstelle angegeben hatte. Als er sich weigerte, die Rechnungen zu zahlen, drohte sie ihm, daß seine Tochter künftig immer krank oder verhindert sein werde, wenn er sie besuchen wolle.

Henning aus Balingen hatte erlebt, daß seine Ex-Frau bei großen Versandhäusern per Abbuchungsauftrag bestellt und sein Konto angegeben hatte. Als er nicht zahlte, fuhr sie wochenlang immer dann mit seinem Sohn zu Freunden oder Bekannten, wenn er sich zu Besuch angekündigt hatte oder den Jungen zu sich nach Hause abholen wollte.

Karl aus Jena erzählte mir, daß seine Frau ihn nie benachrichtigt habe, wenn für seine Kinder ein Elternabend stattfand. Nun habe sie dem Jugendamt gemeldet, daß er niemals Interesse für derartige Anlässe zeige, und beantragt, ihm das Sorgerecht zu entziehen. Der Hintergrund für das Verhalten seiner geschiedenen Frau war jedoch, daß der neue Lebenspartner immer zu den Elternabenden mitgegangen war und auf diese Weise bei den Lehrern der Eindruck entstehen sollte, daß er als Stiefvater sehr engagiert sei.

Gegenwehr können sich die Väter im allgemeinen nicht leisten, weil der Streit der Eltern das Familiengericht zu dem Schluß veranlassen könnte, daß das Paarverhältnis der Eltern zu zerrüttet sei und es dem Wohl des Kindes schade, zwischen den Eltern hin- und hergeschoben zu werden. Der Verlust des Sorgerechts für den Vater wäre in einem solchen Fall fast unvermeidlich.

Die Machtposition der Mutter und die Versuchung, damit Mißbrauch zu treiben, wird auch durch die Gesetzesnovelle zum elterlichen Sorgerecht nicht beschnitten. Solange die Mutter einem gemeinsamen Sorgerecht widersprechen und dieses damit aufheben kann, bleibt der Vater ihrem Wohlwollen ausgeliefert. Ähnlich abhängig bleibt der Vater durch das Aufenthaltsbestimmungsrecht der Mutter für das in ihrem Haushalt lebende Kind.

So könnte es ihr zum Beispiel mißfallen, daß der Vater das Kind zu sich nach Hause zu seiner neuen Familie einlädt oder es an einen bestimmten Ort mit in Urlaub nehmen möchte. In diesem Fall müßte der Vater den Wünschen der Mutter entsprechen und nach einer Kompromißlösung suchen. Möglicherweise müßte er einen neutralen Besuchsort finden oder seine Urlaubspläne ändern. Die damit verbundenen äußeren Umstände, wie beispielsweise ein finanzieller Mehraufwand, würden selbstverständlich vom Vater zu tragen sein.

Gesetzt den Fall, es liegt im privaten oder beruflichen Interesse der Mutter, in einer vom Wohnsitz des Vaters Hunderte von Kilometern entfernten Stadt zu leben, kann der Vater nichts dagegen einwenden. Sollte ihn die Entfernung stören, mag er umziehen oder einen Teilzeitjob annehmen, der ihm mehr Freizeit läßt. Angesichts der Arbeitsmarktlage und der Unterhaltsleistungspflicht des Vaters ein selten mögliches Unterfangen.

Im Gegensatz zu der Mutter, die jederzeit an ihrem Wohnort und in der Bequemlichkeit der eigenen Wohnung verbleiben, auch jederzeit mit ihrem neuen Lebenspartner zusammensein und ihre Kinder sehen kann, ist der Vater gezwungen, dafür Umstände in Kauf zu nehmen. Wenn eine gemeinsame elterliche Sorge überhaupt Sinn machen und wirksam sein soll, wird er in seiner Freizeit in vergleichsweise kurzen Abständen regelmäßig zu seinen Kindern fahren müssen, um mit ihnen Feierabendstunden und Wochenenden zu verbringen.

Die mit solchen Fahrten verbundenen Anstrengungen und Risiken gehen allein zu Lasten des Vaters. Zusätzlich und wiederum zu seinem alleinigen Nachteil schlägt der Kostenaufwand zu Buche. Da der unterhaltspflichtige Vater ohnehin nur ein schmales Budget zu seiner privaten Verfügung hat, sind Kosten für Fahrt und Fahrzeug, Übernachtungen und Verpflegung, für kleine Mitbringsel für seine Kinder und für alles, was an diesen Tagen finanziert werden muß, um gemeinsam mit den Kindern etwas unternehmen zu können, oft nur unter größten persönlichen Abstrichen aufzubringen.

Wiederum zu Lasten des Vaters fällt ins Gewicht, daß er an den Wochenenden, Feierabenden oder Urlaubstagen, die er mit seinen Kindern verbringt, in der Regel keine Zeit für (s)eine neue Partnerin hat. Diese hat oft selbst Kinder, die sie versorgen muß, so daß sie nicht nach Belieben verreisen kann. Meist aber begleitet sie den Vater nicht, weil sie zwischen ihm und seinen Kindern nicht stören will.

Der Verzicht, den ein frischverliebtes Paar damit erbringt, wiegt um so schwerer, als die meisten unterhaltspflichtigen Väter aufgrund ihrer prekären Finanzlage Überstunden ableisten und Zusatzaufgaben übernehmen, so daß schon von daher die Feierabende und Wochenenden zeitlich zusammenschrumpfen.

Für viele Ex-Frauen liegt im Bewußtsein dieser Belastung der neuen Beziehung des Ex-Mannes ein eigener Reiz, der voll Schadenfreude genossen und nach Möglichkeit durch eine Erschwerung der elterlichen Sorge verstärkt wird.

Damit nicht genug, erleben mitsorgeberechtigte Väter immer wieder, daß ihr persönlicher Einsatz für ihre Kinder trotz aller Anstrengungen niemals so sein wird und kann wie der eines Vaters, der bei seinen Kindern lebt. Auch ein mitsorgeberechtigter Vater kann auf weitere Entfernungen nur Besuchsvater sein. Und leider läßt sich an noch so vielen Besuchstagen nun einmal selten etwas vom Alltag der Kinder hautnah miterleben.

Wo es für die Mutter selbstverständlich ist, die Kinder mit ihren Freunden zu erleben, sie aus der Schule kommen zu sehen, ihre Freude und ihren Kummer aus erster Hand zu erfahren, leben Väter quasi aus der Konserve. Bestenfalls können sie täglich ein paar Minuten mit ihren Kindern telefonieren, um auf diese Weise die Illusion von Nähe zu erzeugen. Doch seine Kinder leibhaftig und unmittelbar um sich zu haben, ist auch für einen mitsorgeberechtigten Vater eine Ausnahmesituation und etwas Besonderes, höchstens stundenweise selbstverständlicher Alltag.

Weder Vater noch Kinder leisten sich in diesen Stunden schlechte Laune oder gar Äger. Freunde der Kinder werden auf die Zeiten verwiesen, an denen der Vater nicht da ist, weil kaum ein Kind auch nur eine Minute der kostbaren Vaterzeit mit anderen teilen will. Ein ›normales‹ Vater-Kind-Verhältnis entsteht in den seltensten Fällen.

Werden die Kinder älter, drängt sich als Last für die Seele des Vaters die Angst und eines Tages wohl auch die Realität auf, daß sie irgendwann ganz einfach keine Lust mehr haben, an mindestens jedem zweiten Wochenende Zeit für ihn zu erübrigen. Spätestens in der fortgeschrittenen Pubertät werden die Verabredung mit Freunden, der Discobesuch, die Party, die Freundin wichtiger als der Vater. Selbst wenn der Vater dies respektiert und versteht, ist er abermals der Leidtragende der Trennung.

Für die Mutter ist dies alles kein Problem. Sie erlebt die Kinder im Alltag. Auf ein paar Stunden am Wochenende kann sie leicht verzichten. Wahrscheinlich wird sie es sogar genießen, ein paar Stunden Ruhe zu haben. Für den Vater bedeutet das Wegfallen einiger Wochenenden zumindest ein Mehr an Distanz, häufig sogar das Aus.

Als Fazit seines Kampfes, trotz der räumlichen Trennung von seinen Kindern eine lebendige seelische Nähe zu ihnen zu erhalten und immer wieder neu zu schaffen, sah Rainer aus Mannheim, daß »ich als Vater in so einer ähnlichen Lage bin wie ein Lebenslänglicher im Knast. Du liegst da in deiner Zelle und stellst dir was vor und malst dir was aus, bist eifersüchtig und voller Angst, machst dir Hoffnungen und nimmst dir für die Minute X, wenn du sie endlich wieder siehst und in den Armen halten kannst, unheimlich viel vor. Aber wenn die Situation dann kommt, wenn du die paar Besuchsminuten hast, dann ist alles anders, als du es dir vorgestellt hast, und die Kinder sind andere, und du selbst bist auch anders. Und dann drückt dir allein die Vorstellung, daß es bloß ein paar Stunden gut ist, die Kehle zu und das Herz irgendwie ab. Und wenn du dann nicht gut drauf bist, dann haben die Kinder auch noch das blöde Gefühl, daß der Papa ja eigentlich genau so ist, wie die Mutter es ihnen immer sagt.

Und dann ist das Wochenende vorbei, und die Warterei geht von vorne los. Ich denke oft, daß die Mutter das alles ja gar nicht wahrnimmt. Für die ist das alles so verdammt selbstverständlich. Die kann das gar nicht würdigen. Die erlebt es ja auch nie, wie es ist, seine Kinder zu verlieren, obwohl sie leben und bei dir sein könnten. Wenn ich dann mitkriege, daß sie sich mit ihrem neuen Freund abseilt, wann sie nur kann, könnte ich vor Schmerz und weil es so ungerecht ist, in die Luft gehen.

Aber ihr ins Gesicht sagen, daß ich es nicht gut finde, wie sie es macht, daß sie mehr Zeit haben müßte für die Kinder, das darf ich nie. Wenn ich es sagen würde, würde sie mir gleich wieder damit kommen, daß ich ja die Konsequenzen ziehen und endlich aus ihrem Leben verschwinden könnte. Sie käme auch ohne mich mit den Kindern zurecht. Schließlich müßte sie das ja alle Tage. Ich bräuchte mir nichts darauf einzubilden, daß ich mir als Vater ein Bein ausreißen würde. Wenn ich dagewesen wäre, hätte sie hinterher tagelang Zirkus, bis die Kinder wieder auf der Reihe wären. Am liebsten hätte sie, ich bliebe ganz weg. Wenn ich jetzt auch noch an ihr rumzumäkeln hätte, würde sie doch gleich den Schlußstrich unter dieses Kapitel ziehen. Dann hätten wenigstens alle endlich Ruhe.

Daß ich da nichts mehr sagen kann, ist wohl klar. Sie sitzt ganz einfach am längeren Hebel. Und ob sie das nun macht, weil ich ein Besuchsrecht oder weil ich ein gemeinsames Sorgerecht habe, bleibt vom Prinzip her völlig gleich«.

BEN, 44 Jahre, und seine Freundin MARIE, 27 Jahre

BEN: Mein Leben im Spagat gemeinsamen Sorgerechts

Ich heiße Ben. Ich bin geschieden und Vater von vier Kindern, für die ich mit meiner Ex-Frau das gemeinsame Sorgerecht habe. Sowohl für meine Ex-Frau als auch für meine Kinder zahle ich Unterhalt. Bereits vor der Trennung von meiner Frau wohnten meine Freundin Marie und ich in demselben Haus. Unsere Wohnungen lagen genau Wand an Wand.

Seit meiner Scheidung lebe ich mit Marie in ihrer Wohnung zusammen. Meine geschiedene Frau ist mit meinen Kindern in eine Großstadt in einem anderen Bundesland umgezogen. Auch Marie ist geschieden und Mutter von drei Kindern. Diese leben bei ihr. Auf Unterhalt für sich von ihrem geschiedenen Mann hat Marie verzichtet. Er zahlt also nur für seine Kinder.

Während der ersten Monate nach meiner Scheidung, als aber meine Ex-Frau mit unseren Kindern noch nicht zu ihrem neuen Freund – unserem Scheidungsgrund – gezogen war, lebte Ma-

rie zwar ebenfalls getrennt von ihrem Mann, war aber noch nicht geschieden. Dennoch waren wir bereits offiziell in ihrer früheren Ehewohnung zusammen.

Maries Noch-Mann, der beruflich am anderen Ende Deutschlands tätig und seit langer Zeit nur an den Wochenenden nach Hause gekommen war, wollte sich zu dieser Zeit noch nicht mit der Tatsache, daß seine Frau einen anderen liebt, und mit der von ihr gewünschten Scheidung abfinden. Er kam regelmäßig von Freitag bis Sonntag nach Hause. Dabei gab er vor, seine Kinder sehen zu wollen. In Wahrheit aber ging es um Marie.

Weil die innere Ablösung der beiden voneinander damals noch nicht abgeschlossen war, stritten Marie und ihr Noch-Mann sich sehr heftig und hatten sehr große emotionale Schwierigkeiten miteinander.

Teils aus Eifersucht, teils um mir eins auszuwischen, teils um Marie zu zeigen, wer der Herr im Haus ist, bestand ihr Noch-Mann damals darauf, mich an den Wochenenden seines Besuches nicht sehen zu wollen. Wenn er auch nur das Geringste von mir sehen würde – sei es im gemeinsam bewohnten Haus oder in Maries Wohnung, die ich ja mit ihr teilte –, sei er nicht bereit, mit Marie überhaupt nur zu reden, geschweige denn wegen der Scheidung und der Kinder zu verhandeln. Daraufhin hatte Marie ihm versprochen, daß ich ihm nicht über den Weg laufen würde und daß dieses Versprechen auch eingehalten werden sollte, obwohl ich bereits mit ihr zusammenlebte. Mit anderen Worten, ich hatte für diese Tage zu verschwinden.

Über diese Zeit steht in meinem Tagebuch:

»Ich habe Probleme mit mir, wenn Maries Noch-Mann ins Haus kommt, weil Marie vorher das ganze Haus schrubbt, meine Bilder von den Wänden nimmt und alles versucht, den Wohnraum so neutral wie möglich zu gestalten. Daß auch heute die Bilder abgenommen wurden, hat mich zutiefst verletzt. Weil nämlich Marie noch vor drei Tagen beteuerte, daß sie diesmal da hängenblieben, und wenn sie störten: Na und? Dann störten sie eben.

Meine ehemalige Wohnung nebenan kann ich zwar noch betreten. Meine Ex-Frau wohnt ja dort mit ihrem neuen Freund.

Und da ist auch das Gästezimmer, in dem ich sein kann. Aber wenn Maries Noch-Mann hier ist, sehe ich Marie das ganze Wochenende nicht. Es ist sogar abgemacht, daß ich sie nicht einmal begrüßen darf. Nur, da wir Tür an Tür wohnen, kann ich natürlich alle Geräusche von nebenan hören. Das heißt, ich höre in meinem Gästezimmer, was zwischen meiner Ex-Frau und ihrem neuen Freund passiert, und höre nebenan Marie und ihren Noch-Mann.

In meinem Übergangsquartier in unserer alten Wohnung sind häufig meine Kinder und laufen zugleich auch zwischen ihrer Mutter und deren Freund herum. Nebenan sind Maries Kinder, die zwischen ihren Eltern hin und her laufen. Manchmal, wenn Streitigkeiten aufflammen, höre ich von dort Türen knallen und laute Stimmen. Allerdings höre ich auch, wenn sich einer duscht und wenn gekocht wird. Ich komme mir ausgeschlossen und mehr als überflüssig vor!«

Ja, so war die Situation, als wir begannen, zusammenzuleben und uns von den anderen abzunabeln, die bisher zu unserem Leben gehört hatten. Es war eine schwere Zeit.

Marie und ich hatten viel miteinander zu reden. Und wir haben immer wieder von einer Woche zur anderen neue Regelungen getroffen und ausprobiert, ob wir damit umgehen können. Vor allem war aber auch immer wieder die Angst da, wie wir dem gesamten Umfeld gegenübertreten.

Es mußte ja unsere ganze neue Situation allen verständlich gemacht werden. Alle mußten mitverstehen, was eigentlich um uns herum geschah: sowohl meine Eltern wie auch die meiner geschiedenen Frau, die Eltern von Marie und ihrem Noch-Mann, die von dem neuen Freund meiner geschiedenen Frau, später dann auch die Eltern der neuen Freundin von Maries geschiedenem Mann. Auch die verschiedensten Arbeitgeber und Kollegen. Alle diese Leute mußten möglichst in unser neues Leben miteinbezogen werden, und zwar so, daß wir sie nicht verloren.

Das hat bedeutet, daß nicht nur Marie und ich miteinander diskutierten, sondern daß wir uns eigentlich mit ganz vielen Leuten auseinandersetzen mußten. Manchmal waren wir so leer geredet und müde erklärt, daß wir nicht mal mehr Kraft hatten, miteinander zu reden. Statt dessen gab es dann manchmal Streit, was in unserer noch sehr neuen, so stark von außen belasteten Beziehung immer irgendwie existentiell und sehr bedrohlich war. Wir kannten einander eigentlich noch gar nicht gut genug, um uns des anderen sicher zu fühlen. Wir liebten uns. Das wußten wir. Aber wir hatten ja schließlich gerade eben erst gelernt, daß Liebe nicht unbedingt alles aushält und nicht unbedingt ewig dauert. Von daher war jeder Streit immer irgendwie von der Angst behaftet, der andere gehe jetzt wieder zu seinem Ex-Partner zurück.

Zusätzlich gab es schwerwiegende Veränderungen sowohl in meinem beruflichen Bereich, als auch in dem von Maries Noch-Mann. Wir hatten also Trouble genug.

Für mich besonders belastend war in dieser Übergangszeit bis zu Maries Scheidung, wenn ich übers Wochenende zu meinen Kindern fuhr und sie gleichzeitig ihren Noch-Mann bei sich hatte, der seine Kinder besuchte.

Ich fuhr jedesmal schon freitags nach der Arbeit los, um möglichst früh bei meinen Kindern zu sein. Maries Noch-Mann machte es ebenso. Sobald ich freitags weg war, kam er also an.

Für mich war dies eine gräßliche Vorstellung, weil ich wußte, daß die Kinder bereits schliefen, wenn Maries Noch-Mann eintraf. Marie und ihr Noch-Mann würden den Abend also allein miteinander verbringen. Wie, das war meiner Phantasie überlassen. Marie und ihr Noch-Mann könnten streiten, sie könnten aber auch nicht streiten. Ihr Noch-Mann könnte Marie in einem Wutanfall vergewaltigen oder sie zusammenschlagen. Marie könnte mich auch mit ihrem Noch-Mann ganz freiwillig betrügen, und sie würde dabei gegen kein Gesetz der Welt verstoßen. Schließlich waren die beiden damals ja noch verheiratet. Und vielleicht würden sie während meiner Abwesenheit ja entdecken, daß alles ohne mich viel einfacher wäre. Oder die Kinder würden sie wieder zusammenbringen ...

Ganz genau so erging es aber auch Marie. Wenn ich zu meinen Kindern fuhr, konnte ich Marie letztendlich viel erzählen, was ich dort gemacht hatte. Wenn meine Ex-Frau im Haus ge-

blieben war und mich hereinbitten würde und ich das Wochenende mit ihr im Bett verbringen würde, wäre das die gleiche Situation wie die, an die ich dachte oder auch nicht dachte, wenn Maries Noch-Mann kam.

Es gab aber auch immer einen Bereich außerhalb von uns Erwachsenen, nämlich den der Kinder.

Wenn Maries Noch-Mann kam und Marie auch da war, dann hatten ihre Kinder das Gefühl, es ist eitel Sonnenschein und die Familie wieder zusammen. Marie und ihr Noch-Mann gaben sich auch Mühe, nicht unbedingt zu streiten.

Gleiches traf bei mir zu, wenn ich meine Kinder besuchte und meine Ex-Frau mich zu einem Kaffee einlud, weil ihr neuer Freund gerade nicht in der Nähe war.

Daß die Kinder dann fragten: »Warum seid ihr nicht wieder zusammen? Ihr versteht euch doch wieder. Ihr zankt ja nicht mehr«, ist doch sehr verständlich, zumal es ja auch das war, was sie sich am meisten von uns Eltern wünschten. Und ich oder Marie mußten dann sagen: »Nein, ich will nicht, weil wir uns nur jetzt nicht zanken, sonst aber immer. Habt ihr ja auch erlebt.« Das leuchtet den Kindern dann nicht so richtig ein.

Nun komme ich am Sonntagabend, wenn der Besuch bei meinen Kindern rum ist, wieder zu Marie zurück. Wenn ich komme, ist ihr Noch-Mann gerade weggefahren. Seine Kinder sind meistens noch traurig, haben vielleicht gerade geweint. Ich tauche da wie ein Bösewicht auf.

Auch für Marie ist die Situation nun schlagartig verändert: Sie ist das ganze Wochenende mit ihrem Noch-Mann zusammen gewesen, sie war Gastgeberin, Köchin, Putzfrau und Haushälterin und all so was. Sie hat Small talk gemacht und eigentlich die ganze Zeit auf sich aufgepaßt und sich unter Kontrolle gehabt und sich beobachtet, daß sie aus lauter Höflichkeit nicht zu nett ist und die Kinder sich keine Hoffnungen machen und der Mann schon gar nicht. Und dann komme ich wieder. Jetzt soll sie das ganze blöde Wochenende von einer Sekunde zur anderen ablegen und vergessen und meine Liebste sein, die mich zärtlich begrüßt und mich verwöhnt und ganz und gar für mich da ist.

All das zusammen kann schon zu Spannungen zwischen uns führen. Im Extremfall so stark, daß wir uns spätestens am Montag voll in der Wolle haben.

Dann bekommen die Kinder mit, wie wir uns streiten, und sagen dann: »Ja, Mensch, Mama, mit dem Papi zankst du dich gar nicht; aber jetzt mit Ben. Bleib doch lieber wieder mit dem Papi zusammen!« Und die gleiche Geschichte passiert meiner Ex-Frau.

Kein Wunder, daß die beiden Frauen oft die Nase voll von uns Ex-Männern haben, die sie ja am liebsten für immer und ewig aus ihrem Leben verschwinden lassen würden und die nun trotz der Scheidung immer noch die Störenfriede in ihrem neuen Leben sind. Und kein Wunder, daß wir neuen Männer mindestens ebenso oft die Nase voll von den Ex-Männern haben.

Gleichzeitig erwartet aber jeder Ex-Mann sowohl von der Ex-Frau als auch vom anderen Ex-Mann Verständnis für sich und seine Lage. Und den Frauen geht es nicht anders. Da ist das Gefühlschaos oft so perfekt, daß man diesen ganzen Scheidungskrieg manchmal am allerliebsten hinknallen und mit dem jeweiligen Ex-Partner wieder zusammengehen würde, nur um bloß einen einzigen Kriegsschauplatz zu haben.

Meine eigene Scheidung lag bei meinem Einzug in Maries Wohnung erst ein paar Wochen zurück. Für mich war klar, daß meine Ex-Frau demnächst wegziehen und mir die Kinder nehmen würde. Gefühlsmäßig ging ich an diesem bevorstehenden Verlust fast kaputt. Aber das war nicht alles. Auch finanziell ging ich schon seit Beginn unseres Getrenntlebens auf dem Zahnfleisch.

Mein Anwalt hatte mir mitgeteilt, daß ich alle Kosten für sämtliche während der Ehe übernommenen Kredite allein abzustottern hatte, da meine Frau die jeweiligen Kreditanträge bei den Banken damals nicht mitunterschrieben hatte – obwohl sie die Entscheidung mitgetragen hatte und auch davon profitierte. Außerdem mußte ich meiner Frau die komplette Miete bezahlen, ihr ein Auto finanzieren und die Kosten für ihr während unserer letzten zwei Ehejahre aufgenommenes Studium nebst anfallenden Hotelkosten für damit verbundene Auslandsauf-

enthalte tragen. Überdies mußte ich ihr monatlich 1 400 Mark Lebenshaltungskosten anweisen.

Für mich selbst bedeutete das, daß ich im Höchstfall 450 Mark für mich selbst zurückbehalten konnte.

Von diesem Betrag hatte ich etwa 250 Mark Benzinkosten für die Fahrt zu meinem Arbeitsplatz in einem Nachbarort zu bezahlen sowie einen Mietanteil von 100 Mark für die Wohnung, die ich nun mit Marie bewohnte.

Vom Rest mußte ich sehen, daß ich manchmal eine Kleinigkeit für meine Kinder aufbringen konnte und selbst etwas in die Suppe zu brocken hatte. Um das überhaupt realisieren zu können und finanziell nicht völlig am Ende zu sein, habe ich damals begonnen, nicht nur Überstunden zu machen, sondern auch an den Wochenenden zu arbeiten.

Auch ein Jahr nach der Scheidung habe ich immer noch nur 450 Mark zur Verfügung. Hinzu kommt, daß sich meine Benzinausgaben drastisch gesteigert haben. Wenn ich meine Kinder besuchen fahre, ist das eine Strecke von etwa 270 Kilometern. Fahre ich in der Stadt nochmals rund 30 Kilometer, habe ich an einem Wochenende locker 600 Kilometer verfahren.

Wenn ich schon Freitagnacht hinfahre, weil ich die Kinder mit zu mir nach Hause nehmen möchte, muß ich die Nacht im Auto verbringen. Ein Hotel kann ich mir nicht leisten. Und in ihrer Wohnung duldet meine Ex-Frau mich nicht. Ausgenommen an Tagen, an denen sie mit ihrem Freund verreist ist. Dann darf ich im Bett meines Sohnes mitschlafen. Für alle anderen Tage nehme ich mir also einen Schlafsack und Decken mit. Neuerdings paßt das meiner Ex-Frau jedoch auch nicht mehr, weil die Nachbarn wohl schon gelästert haben, daß ich im Auto schlafen müsse. Also kann ich jetzt nicht einmal mehr vor dem Haus parken. Samstagfrüh nehme ich nach einer solchen Autocampingnacht die Kinder in Empfang und fahre mit ihnen zu mir nach Hause. Wenn alles gut geht auf der Autobahn, kommen wir mittags an. Sonntagnachmittag muß ich sie spätestens zurückbringen. Anschließend rase ich wieder zu mir zurück und gehe dann am Montag nach drei, vier Stunden Schlaf zur Arbeit.

Mit sehr viel Glück brauche ich für 300 Kilometer pro Strecke drei Stunden. Ich habe aber auch schon sechs und sieben gebraucht.

Einmal zum Beispiel, als meine Tochter Geburtstag hatte. Da bin ich um neun Uhr früh losgefahren und um fünfzehn Uhr angekommen. Es war absolutes Schneetreiben, Glatteis. Die Straßen waren tückisch. Aber ich mußte zu ihr, denn ich hätte es mir nie verziehen, wenn meine Kleine an ihrem Geburtstag allein gewesen wäre. Ihre Mutter war zu dieser Zeit nämlich wegen ihres Studiums mehrere Wochen lang weg.

Die Kinder wurden dann – da zwei ja schon schulpflichtig sind – zeitweilig von meinen Schwiegereltern und zeitweilig von ihren neuen Großeltern oder auch von netten Nachbarn betreut. Für einige Zeit wurden sie auch auf Schul- und Kindergartenfreunde aufgeteilt. Da ist ihre Mutter nicht wählerisch. Muß sie ja auch nicht sein. Es schaut ihr niemand mehr auf die Finger. Und Angst, daß man ihr die Kinder wegnehmen könnte, weil ich als Vater bei Gericht gegen die bestehende Sorgerechtsregelung klagen könnte, muß sie auch nicht haben. Erstens hätte ich keinen Erfolg, und zweitens würde dann sie den Spieß umdrehen, und zwar mit Erfolg.

Wie gesagt, wenn ich die Kinder besuche, bin ich bei günstigster Fahrtzeit zwölf Stunden im Auto, davon sechs Stunden mit, sechs Stunden ohne Kinder. Wohlgemerkt ohne weitere erwachsene Person neben mir, die sich um die Kinder kümmern könnte, wenn etwas geschähe. Etwas so Alltägliches wie Durst im Auto und ein Fläschchen oder einen Keks gegen den Hunger gibt es für meine Kinder daher nicht. Ich habe Angst, sie könnten sich verschlucken. Und was dann? Etwa rechts ran auf der Autobahn? Also müssen sie brav durchhalten, wie lange es auch immer dauert, bis wir endlich zu Hause sind.

Nur mit diesem zeitlichen und nervlichen Aufwand und dem damit verbundenen Unfallrisiko auf unseren verstopften Autobahnen kann ich es einrichten, ein ganzes Wochenende mit meinen Kindern zu verbringen, wozu ich laut gemeinsamem Sorgerecht nicht nur berechtigt, sondern auch verpflichtet bin.

Bei dem Geld, das ich für mich zur Verfügung habe, sind die-

se Fahrten zugleich aber auch eine unglaubliche finanzielle Belastung. Ich muß ja nicht nur tanken, sondern die vier Kinder auch hier bei mir verköstigen. Und dann, wenn sie schon so lange im Auto gesessen haben, dann möchten und sollen sie ja ein bißchen etwas mit mir erleben. Das heißt, sie möchten vielleicht mal ins Schwimmbad mit mir oder in den Zirkus oder zu Mc Donalds. Für andere Väter ist das nicht unerschwinglich viel Geld. Aber wenn ich zehn Mark pro Person los bin, bin ich für den Rest des Monats nicht mehr lebensfähig. Und manchmal kann ich dann an den folgenden Tagen des Monats, so leid es mir tut, die Kinder nur ganz kurz anrufen oder auch mal ein Wochenende gar nicht zu ihnen kommen, weil ich einfach pleite bin. Das tut unglaublich weh!

Durch meine familiäre Situation bin ich mittlerweile in eine Lage gekommen, in der mein Chef mich arbeitsmäßig erpreßt. Er weiß ganz genau, daß ich nicht kündigen kann und das Geld, das ich bei ihm verdiene, bitter nötig habe. Insofern geht er nicht das geringste Risiko ein, wenn er mir das Leben schwermacht und von mir deutlich mehr Leistung fordert, als er fordern könnte, wenn ich meinen speziellen Familienkram nicht hätte. So aber weiß er ganz genau, daß meine Duldungsgrenze viel höher liegt als bei irgendeinem anderen.

Auch jetzt, wo die Unterhaltzahlungen definitiv geklärt sind, ist das so geblieben. Meine Ex-Frau bekommt nun von mir monatlich

– 600 Mark frei,
– 520 Mark feste Bezüge,
– 1 000 Mark Nettogehalt,
– 550 Mark Mietzuschuß,
– 275 Mark für ein Auto,
– 200 Mark für Steuern und Versicherung,
– 300 Mark Schulunterstützung,
– 150 Mark für eine Lebensversicherung,
– 500 Mark für eine Kinderfrau.

Das sind zusammen 3 495 Mark. Zum Leben hat sie davon 1 520 Mark. Da meine Ex-Frau wegen der vier Kinder nicht gezwungen ist zu arbeiten, dies aber freiwillig halbtags und an einigen Tagen auch ganztags tut, kann sie ihren gesamten eigenen Verdienst zusätzlich zu den Zahlungen von mir behalten, ohne daß auch nur ein Pfennig zu meinen Gunsten angerechnet würde.

Aus diesem Grunde und weil es in ihrem Bundesland günstige Kredite für alleinerziehende Mütter gibt, ist sie mittlerweile in der Lage, sich ein eigenes Haus zu bauen, in dem sie mit ihrem Freund wohnen wird. Offiziell wird er eine Einliegerwohnung im Haus mieten, so daß sie keinen gemeinsamen Haushalt führen und also auch kein eheähnliches Verhältnis haben, das zur Grundlage einer Neuberechnung des Unterhalts und für mich kostengünstiger werden würde.

Von dergleichen Luxus kann ich nur träumen. Was den auf mich entfallenden Anteil meines Gehaltes betrifft, so wurde berechnet, daß ich 820 Mark Festbezüge erhalte. Dazu wurden 150 Mark für eine Lebensversicherung angerechnet, als hätte ich diese und könnte sie mir noch leisten. Das sind dann zusammen 970 Mark. Davon gehen bei mir 300 Mark für die Miete ab und 250 Mark für Benzin. Zum Leben habe ich also 420 Mark.

Tja, ich will ja wirklich nicht mäkeln, wenn ich das so aufliste. Aber vieles paßt mir an unseren Scheidungsgesetzen wirklich nicht. Wenn ich etwa an die Unterhalte der Kinder denke. Unterhalte werden gezahlt, damit Kinder gekleidet und ernährt werden und so weiter. In der Zeit, in der die Kinder bei mir sind und von mir zumindest auch ernährt werden, bin ich aber gleichwohl verpflichtet, den vollen Unterhalt für die Kinder an die Mutter zu leisten. Ich kann nicht den geringsten Kostenanteil abziehen, zahle also doppelt. Das ist nicht gerecht. Aber so sind nun mal die Gesetze.

Jetzt, wo sich unser Lebensalltag allmählich einzupendeln beginnt, versuchen wir auch, die Ferienaufenthalte der Kinder möglichst frühzeitig zu klären. Das ist eine schwierige Puzzlearbeit. Marie und ich haben neulich einen Abend bis spät in die Nacht mit Telefonaten, Rechnereien und Absprachen zugebracht, um zwanzig Tage Ferien mit den Kindern zu planen. Wobei Ferien nicht etwa heißt, daß wir uns einen Urlaub leisten *und wie die meisten anderen Leute einfach mal so irgendwohin verreisen können.*

Für diese zwanzig gemeinsamen Tage müssen wir die Ferienpläne von drei verschiedenen Bundesländern berücksichtigen. Wir müssen die Arbeitssituation von uns vier Erwachsenen berücksichtigen, aber auch die der jeweiligen Betriebe mit ihren Urlaubsbesetzungen und den Urlaubsplänen der anderen Mitarbeiter. Wenn da eine Einigung erzielt ist, bleibt zu klären, wer wann welche Kinder wo und wie abholt beziehungsweise zwischenfährt und zurückbringt. Hat man das alles endlich unter einem Hut, hängt darüber immer noch das Damoklesschwert, daß irgendeinem irgendein Termin platzt. Und schon geht alles in die Hose.

Das ist die eine Geschichte.

Aber da gibt es ja auch noch die diversen Großeltern und anderen Verwandten. Jedes Kind hat nun mal leibliche Großeltern zu jeweils zwei Paaren, zusätzlich nun aber auch die Eltern und ehemaligen Schwiegereltern von Marie und die Eltern von dem neuen Freund meiner Ex-Frau sowie die Eltern von der neuen Freundin von Maries Ex-Mann. Zu denen ist der Kontakt durch die Scheidungen ja nicht abgebrochen, oft hat er sich im Laufe der Zeit, die die neuen Paare miteinander verbringen, sogar erst richtig aufgebaut.

Alle diese Großeltern erheben irgendwann Anspruch darauf, die Kinder zu sehen. Und da wir diesem Anspruch nicht immer gerecht werden können, gibt es immer wieder Spannungen. Zum Beispiel sind Ostern und Weihnachten in den Augen der nicht mehr erwerbstätigen Großelternpaare so lange Zeiträume, daß sie oft ganz vergessen, daß es für Berufstätige nur zwei Feiertage sind. Und da kommt es durchaus vor, daß Marie und ich beziehungsweise auch die anderen neuen Paare mit unseren Kindern in diesen zwei Tagen ganz fürchterlichen Streß haben, weil wir versuchen, wenigstens die einen oder anderen Verwandten zu sehen. Mit dem Erfolg, daß es Eifersuchtsszenen gibt, weil wir zwar da, aber nicht dort waren. Das sind jedesmal ganz schrecklich komplizierte Planungen, die sich jemand, der »nur« eine Familie hat, gar nicht vorstellen kann.

Die für mich schlimmste Auswirkung der Scheidung ist je-
doch eine Situation, die sich viele Frauen, die die Scheidung ein-
reichen, gar nicht bewußtmachen. Ich meine die Situation, daß
die Frau, die sich von ihrem Mann trennt, sich wirklich nur von
diesem Mann trennt. Dem Mann aber wird zugemutet, daß er
*sich von der Frau trennen muß **und** von seinen Kindern. Die Ge-*
setze sehen nicht vor, daß der Mann seine Kinder bekommt, und
es gibt auch keine verbindliche Regelung dafür, daß die zer-
strittenen und geschiedenen Eltern in kindgerecht kurzen Ent-
fernungen zueinander wohnen müssen.

Wie schlimm das ist, könnte ich in unendlich vielen Beispielen
aufzeigen. Aber nur eins jetzt.

In der Zeit, als meine Ex-Frau und meine Kinder noch in un-
serer ehemaligen Wohnung nebenan lebten, kam vor allem
mein Sohn oft mit dem Kissen unter dem Arm, um bei mir im
Bett zu schlafen. Das war für mich ein schönes Gefühl, seine Lie-
be, seine Sehnsucht und sein Vertrauen zu spüren. Aber es war
und ist auch schmerzlich, weil er ja nicht bei mir bleiben darf.
Er bliebe gern bei mir! Er sagt es oft. Sagt es ganz ausdrücklich.
Auch zu seiner Mutter. Er hat sogar schon so weit gedacht, daß
er zu ihr sagte: »Wenn ich bei Papa bleibe, hast du ja immer
noch die anderen drei. Die Mädchen hast du sowieso am lieb-
sten.«

Aber es ist nicht nur mein Sohn. Auch die Mädchen hängen
sehr stark an mir. An einem Tag, als ich meine Kinder zum Kin-
dergarten gebracht habe, schrieb ich in mein Tagebuch, daß
meine älteste Tochter zu mir gesagt hatte: »'Papa, ich habe dich
so lieb, daß mein ganzes Herz platzt!' Ich war so gerührt, daß
ich hätte heulen können.«

Aber bei der Mutter meiner Kinder kommt das alles nicht an.

Ich selbst habe sie oft darauf angesprochen, ob sie nicht viel-
leicht wenigstens den Jungen oder die beiden ältesten Kinder zu
mir lassen wolle. Jedesmal schnaubte sie sofort vor Groll, daß
ich es nicht auf einen Krieg anlegen solle, wenn mir die Nähe zu
meinen Kindern lieb sei. Ein Sorgerecht könne man wandeln.
Sie säße am längeren Hebel.

So habe ich Angst, daß die Kinder noch mehr Leid erdulden

müssen, wenn ich keine Ruhe gebe. Ich hätte meine vier immer gern um mich.

Schwer fällt mir, in solchen Gesprächen mit den Kindern Gründe zu finden, warum sie nicht bei mir leben können. Es fällt mir ja selbst oft so schwer einzusehen, warum meine Kinder bei der Mutter bleiben müssen. Ich muß ihnen immer wieder erklären, daß der Gesetzgeber es so vorschreibt. Und das können sie überhaupt nicht verstehen. Also muß ich Gründe finden, die letztendlich zwar Ausreden, aber zugleich so sind, daß ich nicht lüge. Ich will meine Kinder niemals belügen. Doch der Weg dazwischen, der fällt mir halt schwer.

Mittlerweile hat sich zwischen meiner Ex-Frau und ihrem Freund eine normale Beziehung entwickelt. Meine Kinder berichten übereinstimmend, daß beide oft streiten und zanken oder vor dem Fernseher schlafen und die Mutter den neuen Freund schon öfter rausgeschmissen und sich doch wieder mit ihm versöhnt hat. Alltag also. Für meine Kinder ist es jedoch immer noch schwierig, sich mit diesem neuen Mann zu arrangieren. Da er selbst keine Kinder und auch keinerlei Erfahrung im Umgang mit Kindern hat, versucht er, Autorität mit Strenge und Strafen zu erzwingen. Vor allem zu meinem Sohn ist er sehr streng. Er läßt ihn zum Beispiel als Strafe in der Ecke sitzen oder drückt ihm den Kopf hinunter.

Trotzdem versucht mein Sohn, sich mit ihm zu verstehen. Zu mir sagte er neulich: »Ich kann den echt nicht leiden. Aber ich küsse ihn sogar, damit es keiner merkt!« Auf meine Frage, warum es denn keiner merken dürfe, antwortete er: »Weil Mutti dann merkt, daß sie noch einen größeren Fehler gemacht hat.« Meine Töchter, die dieses Gespräch mitangehört hatten, nickten. »Er schimpft auch oft mit uns. Dann schreit er ganz laut los.« – »Was sagt Mutti dazu?« fragte ich. »Hau ab!« sagte meine mittlere Tochter. »Dann knallt er mit der Tür. Weißt du, er geht dann so: Bum! Bum! Bum!« Und dabei stampfte sie wie mit schweren Füßen.

»Wenn ich abends Hunger habe und noch etwas essen will und dann noch mal aufstehe, haut er mich«, sagte meine jüngste Tochter. »Was sagt Mutti dann?« wollte ich wissen. »Er haut mich nur, wenn sie nicht da ist«, sagte meine Tochter. »Wenn ich dann weine und traurig bin, dann rufe ich dich immer im Bett. Dann kommst du, und wir können ganz lange reden. Nur morgens bist du immer weg.«

»Weißt du, Papa«, sagte mein Sohn, »ich muß auch immer Handball spielen. Aber am liebsten würde ich nicht mehr Handball spielen.« – »Warum tust du es dann noch?« fragte ich. »Weil Mutti und Opa sagen, daß ich Handball spielen muß. Weil alle in der Familie Handball gespielt haben. Die Mädchen müssen auch bald spielen.« – »Ja«, sagte meine mittlere Tochter. »Aber ich möchte viel lieber ins Ballett. Aber da sagt Mutti, daß sie kein Geld dafür hat.«

Wir saßen danach lange beisammen und hielten uns fest.

Ich finde das alles unmöglich. Meine Kinder leiden, weil sie den Druck auf ihrer Seele spüren und die Demütigung. Sie sind zu jung, um sich wirksam wehren zu können. Ich aber als ihr Vater, der sie schützen sollte und auch schützen will, kann dies nicht, weil ich nicht bei ihnen bin.

»Eigentlich«, sagte meine älteste Tochter, »haben wir jetzt gar keinen mehr. Du darfst nicht bei uns sein, weil die Mutti dich nicht will. Und die Mutti ist nicht bei uns, weil ihr neuer Freund uns nicht will.« »Genau«, sagte meine jüngste Tochter sehr nachdenklich, »die Mama brauche ich eigentlich wirklich nicht. Sie ist ja sowieso immer nur bei ihrem Freund.«

Daß meine Ex-Frau die Kinder tatsächlich unbesorgt sich selbst überläßt und eigener Wege geht, war schon früher so. Ich mußte oft von der Arbeit nach Hause fahren, weil eine Nachbarin angerufen und gesagt hatte, die Kinder seien seit Stunden allein und würden weinend durch die Türritze rufen. Und oft, wenn ich jetzt meine Kinder von einem Besuchswochenende bei mir nach Hause bringe, ist die Mutter nicht einmal da. Sie ist dann, wie ich von Nachbarn erfahre, bei ihrem Freund.

Für mich ist es schwer zu verkraften, mit welcher Selbstverständlichkeit sie die Kinder sieht und bei sich hat und wie oft sie sie abschiebt oder aus Bequemlichkeit sich selbst überläßt. Meist spielen die Kinder ohne jede Aufsicht draußen auf den Großstadtstraßen. Mein Sohn fährt auf seinem Kinderfahrrad *so weit allein spazieren, daß keiner weiß, wo er steckt. Man liest so oft von Verbrechen an Kindern; da wird mir aus Sorge um meine Kinder immer sehr, sehr weh ums Herz.*

Womit ich auch Schwierigkeiten habe, sind Erziehungsmaß-nahmen, die meine Ex-Frau jetzt bei den Kindern einführt und die auch von ihrem neuen Freund mitgetragen werden. Zum Beispiel, daß ein Kind zur Strafe für alle Personen in der Woh-nung die Schuhe putzen muß. Oder daß die Kinder, wenn ihr Spielzeug kaputt ist, ihr Taschengeld dafür hergeben müssen. Mein Sohn bekommt in der Woche zwei Mark Taschengeld, meine älteste und meine mittlere Tochter je eine Mark fünfzig und die jüngste eine Mark. Ich bin der Meinung, von dem Geld können sie nun wirklich keine großen Sprünge machen. Und wenn ein Matchboxauto oder eine Barbie kaputt geht, dann ist das, meine ich, sowieso schon das Leid der Kinder, daß es ka-putt ist und weg. Aber es muß nicht das Taschengeld eingezo-gen werden, um dann ein neues zu kaufen. Da es eh für eine oder zwei Mark nicht zu haben ist, müssen die Kinder wochen-lang auf ihr Taschengeld verzichten. Und da ist der Leidens-druck schon hoch. Davon kann ich selbst ein Lied singen!

Gerade dann empfinde ich es als fürchterlich, so weit weg zu sein und niemals, absolut niemals in Kürze etwas unternehmen zu können. Meistens geschehen während eines Telefonats mit meinen Kindern Dinge oder erfahre ich Dinge, so daß ich ei-gentlich Trost spenden möchte, nicht nur mit Worten, sondern auch mit einer einfachen Umarmung, oder ich möchte – viel-leicht aus Egoismus – einmal selbst in den Arm genommen wer-den – aber so etwas geht eben nicht. Tja.

Oft gäbe es ziemlich einfache Lösungen für ganz alltägliche Probleme der Kinder, könnte ich bei ihnen sein. Zum Beispiel lädt die Mutter der Kinder oftmals das Kind einer Freundin ein. Dieses geht dann einfach ins Zimmer meiner Töchter und zer-stört dort Dinge, die ihnen lieb und viel wert sind. Zum Beispiel solche, die sie von mir geschenkt bekamen. Die Mutter duldet aber nicht, daß meine Kinder sich gegen das Kind ihrer Freun-din zur Wehr setzen.

Es ist für mich schwer auszuhalten, wenn ich am Telefon er-

*fahre, was so läuft, und gleichzeitig auch noch versuchen muß,
um des lieben Friedens mit der Mutter willen irgendwelche
plausiblen Erklärungen für ihre Anweisung zu finden. Ich kann
den Kindern doch nicht mit ihren bornierten Vorstellungen von
Gesetzen und Prinzipien kommen. Sie sind einfach noch zu
klein, um damit belastet zu werden*

*Es rührt mich dann oft zu Tränen, wenn etwa meine Tochter
in einer solchen Gesprächssituation spürt, wie gern ich bei ihr
wäre und nur nicht kommen kann, weil ich wieder mal kein
Geld habe, und dann sagt: »Papa, ich schenke dir mein Spar-
schwein mit allem Geld, wenn es dir schlecht geht.« Oder wenn
mein Sohn sagt: »Selbst wenn ich Opa bin, werde ich dich noch
besuchen, Papa. Ganz egal, wie weit du weg bist.« Es gibt so viele Äußerungen der Kinder, die mir zu Herzen gehen.*

*Ich merke immer wieder, wie hilflos ich auf die Entfernung
hin und auch dadurch bin, daß die Mutter mich am liebsten
ganz ausklammern würde. Ich will meine Kinder doch als Vater nicht verlieren. Ich will doch ein Vertrauensverhältnis zu ihnen haben und erhalten. Aber gerade das wird mir so schwer
gemacht.*

*Häufig erzählen die Kinder mir von ihren Problemen. Ich
würde manches sehr gern mit ihrer Mutter besprechen und zu
klären versuchen. Nur weiß ich nicht, wie ich dabei am besten
verfahre. Immer wenn ich solche Dinge angesprochen habe,
stellt sie – wie eine hohe Richterin – die Kinder vor versammel-
ter Familie zur Rede. Sind sie dann eingeschüchtert und können
ihr Anliegen nicht mehr entsprechend hervorbringen, sagt sie
triumphierend: »Siehst du, das passiert, wenn man lügt!« Das
ist jetzt schon ein paarmal so gegangen. Die Mutter weiß ganz
genau, daß sie mir damit sehr wirkungsvoll jegliche Chance
zur Kritik an ihrer Erziehungsart nimmt. Und genauso weiß
sie, daß sie mir damit die Hände bindet und ich die Kinder ent-
täuschen muß, die ja doch Hilfe von mir erwarten.*

*Auf die Kinder hat das alles natürlich auch seine Auswirkun-
gen. Meine kleine Tochter hatte immer so ein wunderschönes
helles Kinderlachen. Sie war immer so eine kleine, fedrige Tanz-
maus und wird nun sehr leicht melancholisch und lacht nicht*

mehr ihr so herzhaft erfrischendes Lachen. Ich würde ihr ihr Lachen so gern zurückschenken. Aber über den Weg zu ihrer Mutter zurück geht das nicht. Ich glaube, wenn ich alt bin, werde ich weinen, wenn ich dieses Lachen auf einer unserer Toncassetten wieder höre. So wird es mich anrühren. Und trotzdem kann ich nichts tun, um dieses Lachen zurückzuholen.

Vieles läßt sich verdrängen mit der Zeit. Ich rufe fast jeden Abend bei den Kindern an. Wir führen ein kurzes Gespräch. Ein paar Minuten nur. Trotz aller widriger Umstände sind wir uns dann nah und bleiben in Kontakt. Es kann sogar sein, daß die Kinder mal keine Lust haben, ans Telefon zu kommen. Das ist in Ordnung. Ich möchte den Kindern ja nur zeigen, daß ich Interesse an ihnen habe und für sie da bin, auch wenn ich weit weg sein muß. Es geht mir gar nicht darum, sie von irgend etwas wegzuholen, bloß damit sie mir erzählen, was sie erlebt haben. Das würde ich ja auch nicht tun, wenn ich noch mit ihnen zusammenleben würde. Sie sollen nur immer wissen, wie wichtig sie mir sind und daß ich immer gegenwärtig sein will. Das ist so wichtig.

Oft habe ich die Sorge, daß meine Kinder von ihrer Mutter nicht ganz ernstgenommen werden. Mir und anderen erzählte zum Beispiel mein Sohn immer wieder, daß er einen Schulkameraden habe, der ihn immer wieder dazu zwingen wolle, an seinem Penis zu nuckeln. Das habe diesem der große Bruder gezeigt. Einmal, sagte mein Sohn, habe der große Bruder dies nun auch bei ihm getan. Das habe aber so weh getan, daß er nicht mehr zu diesem Freund hingehen wolle.

Ich besprach das alles mit meiner Ex-Frau in einem Brief, in dem ich ihr meine Sorgen schilderte. Sie aber tat alles als Phantasiegebilde ab. Und das, obwohl sie zugeben mußte, daß sie unlängst wegen genau dieser Sache Ärger mit Freunden bekommen hatte, weil mein Sohn wiederum von deren kleiner Tochter verlangt habe, an seinem Penis zu nuckeln. In ihrer Wut schrieb meine Ex-Frau mir sogar einen Brief zurück. Darin stand, daß mein Sohn sich noch Ärger einhandeln werde mit seinen Lügengeschichten über Penisnuckelei. Es gebe bei ihnen keinen, der das mit ihm anstelle. Und dann der krönende Abschluß:

»Wenn du mein Freund sein willst, quäle mich bitte nicht mehr mit solchen Vermutungen beziehungsweise deinem Mißtrauen. Nochmals: Hier bei uns passiert in der Richtung gar nichts.«

Meine Ex-Frau hatte nicht einmal bemerkt, daß es mir gar nicht um sie ging. Daß ich gar keinen Verdacht gegen sie aussprechen wollte oder gegen etwas, das in ihrer neuen Familie passierte. Sie hatte absolut nicht begriffen, daß ich mir lediglich große Sorgen um meinen Sohn machte.

Ihr scheint überhaupt nicht klar zu sein, daß gemeinsames Sorgerecht nicht nur bedeutet, daß wir finanziell gemeinsam **für** die Kinder sorgen, sondern daß auch ich mich **um** die Kinder sorge, mir Gedanken um sie mache. Daß mit dem richterlichen Beschluß auch das Recht auf solche Sorgen und Gespräche gemeint sein könnte, ist ihr anscheinend überhaupt nicht klar.

Daß sie statt dessen meine Sorge um die Kinder auf sich selbst und ihre Qualität als Frau und Mutter bezieht und in böswillige Unterstellungen umwandelt, macht mir Probleme. Ich kenne sie ja. Wenn ihr noch öfter etwas nicht paßt, wird sie ihre Drohung wahr machen, daß man ein Sorgerecht auch wandeln könne. Ich fühle mich oft so in die Enge getrieben. Auf andere Weise in die Enge getrieben fühle ich mich manchmal im Umgang mit Maries drei Kindern.

Zwar baue ich ganz bewußt ein freundschaftlich geprägtes Verhältnis zu ihnen auf, indem ich niemals versuche, wie ein Vater zu ihnen zu sein, und mir auch niemals anmaße, ihren Vater ersetzen zu wollen. Aber ich bin doch der Mann im Haus, an dem die Kinder sich in gewisser Weise messen und reiben, der sie mehr oder weniger miterzieht und prägt und mit dem so gut wie möglich auszukommen sie versuchen müssen.

Dennoch erkennen Marie und ich immer wieder, daß wir in manchen Erziehungssituationen die eigenen Kinder anders sehen als die nicht eigenen. Ich bin gegebenenfalls zu Maries Kindern strenger als zu meinen eigenen oder auch umgekehrt.

Wir stellen auch immer wieder fest, daß wir die eigenen Kinder viel unkritischer, viel selbstverständlicher, viel gedankenloser annehmen als die Kinder, mit denen wir ja im Grunde nur zusammen sind, weil sie die Kinder des Erwachsenen sind, den *wir lieben. So gern ich Maries Kinder auch mag, so sehr ich sie auch akzeptiere und so selbstverständlich ich auch für sie da bin – so ganz anders mag und liebe ich meine Kinder. Auch wenn ich mich noch so bemühe, keine Vergleiche anzustellen, vergleiche ich doch. Vor allem auch dann, wenn ich Sehnsucht nach meinen Kindern habe. Oder wenn sie gerade erst bei mir waren und der Trennungsschmerz noch sehr brennt. In solchen Momenten dauert es, bis ich Maries Kinder innerlich wieder annehmen kann. Da leide ich dann darunter, daß es nicht das Lachen meiner Kinder ist, wenn ich Kinderlachen aus dem Kinderzimmer höre.*

Umgekehrt, wenn ich mit Maries Kindern spiele oder mit ihnen für die Schule lerne oder ihnen Dinge beibringe, die ich gern meinen Kindern beibringen würde, schmerzt es mich, daß mit meinen Kindern niemand Diktate übt und niemand all das mit ihnen tut, was in meinen Augen so wichtig fürs Leben ist und was ich ihnen liebend gern mit auf den Lebensweg geben würde. Das macht mich dann manchmal bitter. Und dann fällt es mir schwer, für Maries Kinder offen zu bleiben.

Entsprechend geht es auch Marie mit meinen Kindern.

Wenn wir mit unseren sieben Kindern Urlaub machen und wenn alle zusammen sind, geht es meistens sehr harmonisch zu. Unsere Kinder mögen sich glücklicherweise gern. Vor allem die älteren waren ja schon befreundet, als wir noch alle im selben Haus wohnten. Das macht es uns leicht, als eine gemeinsame Familie zu leben. Auch wenn die Leute uns manchmal wie Marsungeheuer anstarren, wenn wir alle zusammen durch die Stadt flanieren. Mal hat Marie in einer solchen Situation laut gesagt: »*Alle selbst gemacht!*« *Da guckten die Gaffer verlegen weg.*

Trotzdem gibt es immer auch Differenzen. Vielleicht, weil ich über eines von Maries Kindern etwas gesagt habe, das Maries Mutterstolz trifft oder in ihren Augen eine ungerechtfertigte Kränkung für ihr Kind bedeutet. Oder weil sie den Eindruck hat, daß ich irgendwann eines meiner Kinder den ihren vorgezogen habe. Oder vielleicht auch, weil ich solche Beobachtungen bei Marie gegenüber meinen Kindern gemacht habe.

In solchen Stunden bin ich immer sehr, sehr glücklich, daß Marie und ich aus unseren kaputten Ehen gelernt haben. Daß wir beide offen sind für den anderen, ihn anhören und ausreden lassen, ihn immer ernst nehmen und unsere eigenen Kränkungen nicht zu Schweigemauern zwischen uns werden lassen. Wir bemühen uns zumindest, über alles zu reden, was uns wichtig ist oder was sich zwischen uns zu schieben droht. Und wir können dann alles miteinander anschauen und prüfen und müssen uns nicht sofort angegriffen und beleidigt fühlen und versuchen, einer den anderen zu übertrumpfen. Das ist zwischen Marie und mir ein sehr schönes Verhältnis, das entstanden ist und bestehen bleiben kann, weil wir von Anfang an ehrlich miteinander waren und immer zu sein versuchen. Das gefällt mir. Das macht mich glücklich. Das macht mein Leben auch in den allerschlimmsten Tiefen reich und lebenswert.

In vielen Stunden frage ich mich trotz meiner Liebe zu Marie, ob und wie ich die Scheidung überhaupt verteidigen kann.

Auch dazu habe ich in meinem Tagebuch etwas aufgeschrieben. Da steht: »Ich wollte verhindern, daß meine Kinder eine Elternehe erleben, die ihnen nur ein Nebeneinander der Eltern zeigt. Ich denke, daß meine Kinder auch erleben sollen, wie eine intakte Liebesbeziehung aussieht und gelebt wird. Wenn sie hätten sehen müssen, wie ihre Mutter und ich miteinander umgehen, dann wäre Liebe als monogames Glück für sie kein erstrebenswertes Ziel gewesen. Ihre Mutter und ich hätten im besten Fall eine höfliche, kühle Freundschaft erreicht. Im emotionalen, sexuellen und basisvertrauten Bereich hatten wir keine Gemeinsamkeit mehr. An meinem Leben mit meiner Freundin können meine Kinder sehen, daß es anders geht.

Ich bin ein besserer Vater, wenn ich immer ehrlich und aufrichtig meine Meinung und auch meine Gefühle zeigen darf. Ich wünsche mir, daß ich für meine Kinder eine wahrhafte Vertrauensperson bleiben darf. Sie sind mir das Wichtigste in meinem Leben. Ich leide darunter, sie nicht beständig um mich zu haben, und weiß trotzdem, daß ihre Entwicklung bei der Trennung ihrer Eltern am harmonischsten verlaufen wird. Mit den Werten und Gedanken ihrer Mutter kann und will ich nicht mehr gleichziehen. Meine Kinder sollen Liebe und Vertrauen kennenlernen, nicht Neid und Unehrlichkeit. Da die ersten Lebensjahre für die emotionale Entwicklung sehr wichtig sind, hoffe ich, daß meine Entscheidung im Interesse der Kinder und daher auch für sie richtig war. Ich habe immer ein großes Glück im Herzen gespürt, daß meine Kinder gesund und intelligent sind. Für solche Kinder lohnt es sich, hart zu arbeiten und auch die erwirtschafteten Zahlungen an die Mutter zu leisten.

Manchmal stelle ich mir das Leben wie einen Wald vor, der durch manchen Sturm verwüstet wurde und doch nur dadurch zu einem interessanten Spielplatz der Abenteuer werden konnte. Keine Strecke ist so langweilig wie eine gerade, ebene Piste. Darum möchte ich meinen Kindern viele Kurven und Löcher bieten.

Ich wünsche mir, daß meine Kinder später ihre Jugend und das Leben und Arbeiten ihrer Eltern kritisch beurteilen. Ich wünsche mir lange Debatten darüber. Und wenn der Sturm die Wolken auseinandertreibt und große Monster über den Himmel jagt, dann ist das immer noch besser als der Himmel, der immer nur blau und heiß niederbrennt.«

MARIE: Ich habe auf Unterhalt verzichtet

Wenn ich erzähle, daß ich auf Unterhalt und alle anderen finanziellen Leistungen von meinem geschiedenen Mann für mich verzichtet habe, halten mich alle für blöd. Keiner versteht das. Von seinem Mann bezahlt zu werden, damit man seine Kinder erzieht, das ist so wie die Tasse Kaffee am Morgen, über die keiner mehr nachdenkt. Wenn eine wie ich, die zur Zeit der Scheidung nicht einmal einen Job hatte, dann wirklich sagt, ich will nichts von ihm, da fassen sich die Leute bloß an den Kopf.

Selbst zwischen Ben, meinem neuen Lebensgefährten, und mir hatte es da Diskussionen gegeben. Er hatte mich zwar nicht überreden wollen, mich anders zu entscheiden. Aber er hat schon sehr direkt dafür plädiert, daß ich das beanspruche, was mir vom Gesetz her zusteht. Aus seiner Sicht ist das verständ-

lich, weil er ja von seiner Ex-Frau rücksichtslos ausgenommen
wird und zahlen muß und da auch ein Gleichheitsprinzip ver-
letzt sieht, wenn ich es anders mache. Aber ich konnte das nicht.
Es mag ja sein, daß andere meine Sehweise der Dinge als ver-
rückt ansehen, aber für mich ist diese Sehweise richtig. Und
darum lebe ich auch danach.

Ich war bei uns diejenige, die aus der Ehe ausgestiegen ist.
Mein Ex-Mann wollte sich nicht scheiden lassen. Er hat mich
während der Ehe, glaube ich, kein einziges Mal betrogen. Er
hat immer anständig für die Kinder und mich gesorgt. Und das
würde er auch heute noch tun, wenn ich es nicht anders gewollt
hätte. Ich war diejenige, die es mit ihm einfach nicht mehr er-
tragen hat und sich in einen anderen verliebte. Vor allem aber
war ich es, die ihm die Kinder genommen und den Kindern
auch den Vater genommen hat. Da würde ich es absolut unfair
finden, wenn ich jetzt von ihm auch noch Geld beanspruchen
würde.

Ich meine, wenn ich mich entscheide, ohne einen bestimmten
Menschen leben zu wollen, dann will ich das mit allen Konse-
quenzen. Und dann will ich vor allem nicht die geringste
Abhängigkeit von ihm, schon gar nicht in puncto Geld. Von
meinem Ex-Mann Unterhalt zu fordern und zu erhalten wäre
so eine Abhängigkeit. Wenn es ein Gesetz gäbe, das mich dazu
verpflichten würde, von meinem Ex-Mann Geld anzunehmen,
dann würde ich den Betrag niemals anrühren. Ich würde bei je-
dem Pfennig ein schlechtes Gewissen haben. Und außerdem bin
ich nicht käuflich. Ich kann für mich selber sorgen.

Ben und ich haben sehr oft und stundenlang darüber disku-
tiert. Es hat mir viel geholfen, seine Argumente zu hören und ge-
gen meine eigenen zu halten und alles abzuwägen. Ich rechne
es ihm hoch an, daß er niemals gesagt hat, daß wir ohne den
Unterhalt für mich nichts in die Suppe zu brocken hätten, ob-
wohl uns beiden absolut klar war, daß dies so sein würde. Wenn
Ben sein Bißchen und ich mein Bißchen zusammenlegen,
kommt immer nur ein bißchen mehr dabei heraus. Der Unter-
halt von meinem Ex-Mann hätte mich zwar nicht reich, aber
doch vergleichsweise sorgenfreier gemacht.

Es war ein schwerer Entscheidungsprozeß. *Ganz gleich, wie ich mich entschied, ergaben sich ja langfristige und schwerwiegende Konsequenzen: Wenn ich auf meinem Unterhaltsrecht bestehen würde, würde mein Ex-Mann viele Jahre lang zahlen müssen. Die Kinder sind ja noch jung. Wenn ich darauf verzichten würde, würden meine Kinder und ich vielleicht am Existenzminimum herumkrebsen, und ich würde in jedem Fall zusehen müssen, eine Arbeit zu bekommen. Das heißt, ich würde nicht den Luxus genießen können, zu Hause zu bleiben und mich ausschließlich der Erziehung meiner Kinder zu widmen. Außerdem mußte ich bedenken, wie wir abgesichert wären, falls mir etwas zustoßen sollte, so daß ich arbeitsunfähig würde. Das waren alles sehr reale Probleme und auch Ängste. Gemischt mit den Gewissenskonflikten, in die mich die Fragen der Kinder nach ihrem Papa immer wieder stürzten, war es eine sehr harte Zeit.*

Ich muß zugeben, daß ich in meinem Entschluß immer wieder schwankend wurde; vor allem, wenn ich darüber nachdachte, daß ein Verzicht auf Unterhalt für mich ganz konkrete Auswirkungen auf meine Kinder haben würde. Je weniger Geld wir zur Verfügung hatten, desto geringer würde auch unser Lebensstandard sein. Ich malte mir aus, wie es sein würde, wenn mein Ex-Mann meinen Kindern künftig sehr viel mehr bieten könnte als ich. Würden die Kinder sich von dem Geld blenden lassen und sich von mir abwenden? Würden sie mir eines Tages vorwerfen, daß wir immer zu wenig Geld gehabt hatten, um Urlaub zu machen oder schöne Kleider zu kaufen? Wie würde ich damit umgehen, wenn sie mir sagten, daß sie lieber bei ihrem Vater leben möchten, weil dieser ihnen ein schöneres Leben bieten kann? Und wie würde ich es verkraften, wenn sie mir eines Tages vorhielten, daß ich ihnen nicht nur den Vater, sondern auch ein Leben in einer bestimmten gesellschaftlichen Schicht genommen hatte?

Dadurch, daß ich mit dieser Entscheidung gegen den Strom schwamm, wurde alles nur noch schwerer. Ich hatte ja keinen, der mir Mut zusprach, diesen Weg zu gehen. Alle – außer Ben – waren im Gegenteil bestrebt, mir meinen Mut zu nehmen und neue Ängste in mir zu wecken. Allen voran natürlich mein Anwalt. Trotzdem habe ich es geschafft, mir selber treu zu bleiben. Das ist ein gutes Gefühl. Es macht mich stark und gibt mir Selbstachtung. Und das ist etwas, das ich ganz dringend brauche, weil es immer wieder Momente gibt, in denen ich mir schlecht vorkomme, weil ich meine Ehe aufgegeben habe. Das hat nichts mit Reue oder mit Bedauern zu tun. Ich meine, es tut mir nicht leid, meinen Ex-Mann nicht mehr zu haben. Ich will ihn nicht zurück. Unter keinen Umständen.

Es hat auch gar nichts mit meinem Ex-Mann zu tun. Es ist eher so ein Gefühl, in einer Prüfung versagt zu haben, es nicht gepackt zu haben, gescheitert zu sein. Weil dir ja auch jeder sagt, daß dir eine glückliche Ehe nicht in den Schoß fällt, daß du daran arbeiten mußt. Wenn du es dann nicht bringst und deine Ehe kaputt geht, dann ist das irgendwie ja auch der Beweis, daß du eine schlechte Leistung erbracht hast. Du bist dann praktisch durch die wichtigste Prüfung deines Lebens durchgefallen.

Die Potenzierung dieses Versagens kam dann durch meine Kinder. Es belastete mich in der ersten Phase unserer Trennung ganz ungemein, daß sie unter dem Verlust litten, den ich verursacht hatte. Und es belastete mich fast ebenso stark, daß mein Ex-Mann unter der Trennung litt und mir dies auch immer wieder klar zu verstehen gab.

An manchen Tagen war ich innerlich vor Gewissensbissen so mürbe, daß ich alles aufgegeben hätte und zu meinem Mann zurückgegangen wäre, wenn ich Ben nicht so über alles geliebt hätte. Nur die Liebe zu ihm gab mir die Kraft, immer wieder durchzuhalten und für uns beide zu kämpfen. Aber ich spürte doch, daß ich die Last meines schlechten Gewissens kleiner machen mußte, wenn ich mit ihm glücklich und frei sein wollte.

Je länger ich darüber nachdachte, desto deutlicher wurde mir, daß dies nur gelingen würde, indem ich den Anlaß meines schlechten Gewissens kleiner machte. Da ich weder zu meinem Ex-Mann zurückgehen wollte noch auf die Kinder noch auf Ben verzichten konnte, konnte ich nur auf das Geld verzichten. Und das tat ich.

Gleichzeitig schwor ich mir, daß mein Ex-Mann nie so wegen seiner Kinder leiden sollte, wie Ben dies tut. Meine Kinder sollten ihren Vater sehen können, sooft beide Seiten Lust hatten. Ich war auch bereit, diese Begegnungen in meiner oder in Bens und meiner Wohnung zu ermöglichen. Sogar unter dem Aspekt, daß mein Ex-Mann bei uns übernachten und manchmal mit uns essen würde. Als ich innerlich ganz fest in dieser Entscheidung war, trug Ben sie mit mir mit. Auch dafür liebe ich ihn.

Manchmal denke ich darüber nach, wie anders Ben und ich mit unserer Verliebtheit umgehen als Single-Pärchen. Wenn wir beide keine Kinder hätten und Ben nicht sechs Personen finanzieren müßte, wären wir sicher unbeschwerter, unbekümmerter und würden viel mehr in den Tag hinein leben. Wir könnten uns treffen, wann wir wollten. Wir müßten uns mit niemandem abstimmen und wegen keinem auf etwas verzichten. Ganz sicher hätten wir auch mehr Geld und könnten uns sehr viel mehr leisten als jetzt. Urlaub im Zweimannzelt oder auf der Ladefläche im Kombi würden wir dann vermutlich nicht machen.

Trotzdem stelle ich immer wieder fest, daß gerade die Geldknappheit auch ihre Vorzüge hat. Wir können uns oft so intensiv über Kleinigkeiten freuen und materiell fast wertlose Dinge als Geschenk genießen, wenn wir einer für den anderen etwas gebastelt oder auf einem Flohmarkt erstanden oder wirklich auch sehr lange für etwas gespart und deswegen auf etwas anderes verzichtet haben. Dadurch ist in vielen Bereichen unseres Lebens die Liebe zwischen uns richtig anfaßbar.

Unbeschwert verliebt sind wir beide eigentlich nur manchmal im Urlaub, wenn wir unsere Kinder bei den jeweiligen anderen Elternteilen untergebracht haben und uns nur auf uns selbst konzentrieren können. Dann kommt irgendwie ein ganz anderes Paar aus uns heraus. Manchmal tut mir Ben dann leid, weil er wegen mir und meinen Kindern so eingeschränkt ist. Denn eigentlich will man so etwas nur wegen seiner eigenen Kinder hinnehmen. Ich selbst tu mir in dieser Hinsicht nicht leid. Da meine Kinder bei mir leben, weiß ich, daß ich – ganz egal mit welchem Mann – immer eine andere Beziehung haben werde, als wenn keine Kinder da wären. Man ist nun mal, wenn man Kinder hat, nicht nur für sich selbst, sondern auch für andere da.

Ich kann von mir sagen, daß ich die unbeschwerte Verliebtheit im Urlaub immer ganz bewußt und intensiv genieße. Ich tanke da so richtig auf und speichere alles in mir ab, so daß ich die Erinnerung wieder hervorziehen kann, wenn es mal wieder dick kommt. Jedenfalls steht fest, daß ich mit Ben trotz der Einschränkungen durch die Kinder und die Geldsituation immer noch viel, viel glücklicher bin, als ich es mit meinem Ex-Mann jemals war. Meine Identifizierung mit Ben ist so viel intensiver und emotional größer, als ich das je aus meinen Ehejahren kannte. Aus diesem Grund würde ich mich immer wieder für Ben entscheiden; auch wenn ich weiß, welcher Berg von Problemen mit einer Scheidung und einem anschließenden Neubeginn verbunden ist. Denn in gewisser Weise machen uns die Probleme nur stärker und aufnahmebereiter füreinander.

Obwohl Ben und ich nun schon einige Zeit zusammenleben, ist eines meiner Hauptprobleme immer noch mein unterschwellig schlechtes Gewissen den Kindern gegenüber.

Neulich sagte zum Beispiel meine Tochter: »Später, wenn ich wählen kann, zu wem ich möchte, dann werde ich mir in der Mitte zwischen dir und Papa eine Wohnung suchen. Dann habe ich zu jedem von euch die gleiche Entfernung, weil ich nicht weiß, zu wem ich ziehen soll. Weil ich genau weiß, wenn ich bei Papa wohne, dann fehlst du mir; und wenn ich bei dir wohne, dann fehlt mir Papa. Also werde ich irgendwo in der Mitte zwischen euren Städten wohnen, dann kann ich euch beide immer gleich besuchen.«

Mich rührt es jedesmal sehr, wenn meine Kinder nach Kompromissen suchen. So etwas merke ich bei Bens Kindern eigentlich nie. Bei ihnen ist viel klarer der Wunsch da, ganz bei ihrem Vater leben zu wollen. Ich glaube, dieser Unterschied kommt vielleicht auch ein bißchen daher, daß ich meinem Ex-Mann gegenüber sensibler reagiere, was die Kinder betrifft. Ich erlebe ja durch Ben wirklich hautnah mit, wie er die vielen Erschwernisse durch seine Ex-Frau empfindet und unter der Trennung von seinen Kindern leidet. Dadurch merke ich auch, wie schwer *es ein Vater hat. Bens Ex-Frau bekommt das ja nie mit. Wie auch? Ihr neuer Freund hat keine Kinder. Er hat also auch nie einen Entzug von den Kindern erlebt. Im Gegenteil, er ist bloß erleichtert, wenn er sie vom Hals hat.*

Aber weil ich das nun bei Ben so mitempfinde, versuche ich mich immer in meinen Ex-Mann hineinzuversetzen, wenn er zum Beispiel mal nicht kommen kann oder die Kinder auch mal unerwartet sehen möchte. Ich würde mich mit ihm nie um Stunden streiten. Ich habe ihm auch immer gesagt, wenn er will und die Kinder sich das auch wünschen, werde ich ihm selbst zu Weihnachten oder zu Ostern nichts in den Weg legen. Weil er die drei sowieso nur so selten hat.

Andererseits bemerke ich wegen dieser Sensibilisierung auch sehr deutlich die Unterschiede zwischen den beiden Vätern im Umgang mit ihren Kindern. Wo Ben sich unwahrscheinlich viel Zeit für seine Kinder nimmt und ganz intensiv mit ihnen zusammen ist, bleibt bei meinem Ex-Mann alles oberflächlich und sehr selbstverständlich. Einmal wollte ich ihm die Kinder in seine Stadt bringen – was Bens Ex-Frau niemals tun würde –, damit er mehr Zeit für sie hätte, da sagte er zu mir, ach, er wüßte gar nicht, ob er Lust hätte, sie zu sehen; vielleicht würde er doch lieber etwas mit seiner neuen Freundin unternehmen. Und dabei war der Besuch der Kinder geplant, und die Kinder freuten sich auf den Papa. Das war ihm alles egal. Ich glaube, er bemerkt nicht einmal, wie bequem er es dadurch hat, daß ich ihm die Kinder oft bringe. Für ihn ist das selbstverständlich. Auch, daß die Kinder ihm verzeihen, wenn er so unzuverlässig ist. So etwas würde bei Ben niemals vorkommen.

Ich ertappe mich in letzter Zeit immer öfter, daß ich bestimmte Erwartungen an meinen Ex-Mann habe, was seinen Umgang mit den Kindern betrifft. Ben steht mir da immer mehr als Vorbild vor Augen. Und ich merke, daß es den Kindern ganz ähnlich geht. Wenn ihr Vater ein paar Wochen nicht gekommen ist, fragen sie überhaupt nicht mehr nach ihm. Sie wollen nicht mal mehr wissen, wann er anruft.

Meine Schwierigkeiten mit meinen Vorstellungen, wie ein Vater mit seinen Kindern umgehen sollte, werden immer dann be-

sonders kraß, wenn mein Ex-Mann hier bei uns ist. Meistens ist das so geregelt, daß er kommt, wenn Ben zu seinen Kindern unterwegs ist. Ich bin schon im Vorfeld immer hin- und hergerissen, weil ich nicht weiß, ob es gut ist, wenn ich dann auch in der Wohnung bleibe. Irgendwie ist es ja nicht so toll, wenn die Kinder uns ein ganzes Wochenende wieder als Familie erleben. Aber ich weiß andererseits auch immer nicht, wohin.

Meine innere Zerrissenheit in diesem Punkt geht dahin, daß ich den Kindern ihren Wunsch, beide Eltern zu erleben, schon gern erfüllen würde, daß ich gleichzeitig aber auch denke, es wäre besser, wenn die drei immer nur einen von uns um sich haben. Der Wunsch nach der heilen Familie soll in ihnen gar nicht wieder hochkommen. Sie sollen uns als einzelne, vollkommen getrennte Personen betrachten. Dann denke ich wieder, daß ich mir viel zu viele Gedanken mache und die Kinder vom Verstand her wissen, daß wir getrennt sind. Gleichzeitig habe ich Sorge, daß sich die Gefühle der Kinder wieder hochschaukeln könnten, wenn mein Ex-Mann und ich mit ihnen zusammen sind. Ich weiß also nie, was wirklich gut für die Kinder ist, was sie verkraften, was schlecht ist. Soll ich ihnen gemeinsame Stunden bieten? Soll ich nicht? Ich bin so hilflos in dieser Frage.

Neulich haben die Kinder ihren Vater gefragt, ob er die Trennung und das alles eigentlich überhaupt möchte. Er hatte da so eine zweideutige Bemerkung gemacht. Und als die Kinder ihn so konkret fragten, da sagte er, daß es ja wohl schon nicht schlecht wäre. Da haben die Kinder es ganz genau wissen wollen und noch einmal gefragt. Und wieder hat er gesagt, daß er es wohl schon wollen würde, wieder für immer mit ihnen und mir zusammenzusein. Ich habe dann ganz schnell gesagt, daß ich das aber nicht will, weil da immer zwei dazugehören. Und zu den Kindern habe ich gesagt, daß sie ja auch nicht mit einem anderen spielen, wenn sie nicht wollen, sondern daß da immer zwei einverstanden sein müssen.

So etwas muß ich den Kindern nach solchen Situationen immer wieder erklären. Alle paar Tage kommen sie dann mit der gleichen Frage an: »Warum geht das nicht? Ihr versteht euch doch. Ihr zankt doch gar nicht mehr.«

Und ich versuche immer und immer wieder zu erklären, daß wir uns sofort wieder dauernd streiten würden, wenn wir zusammensein müßten, und alles jetzt viel besser ist. Oder ich gebe auch zu, daß ich es bin, die nicht mehr mit ihrem Vater zusammensein will, weil ich jetzt eben Ben liebe. Ich nehme mir wirklich viel Zeit für diese Fragen und Gespräche. Auch wenn ich merke, daß eine Frage ständig wiederholt wird. Manchmal scheinen sie es auch zu begreifen. Aber ein paar Tage später sind sie schon wieder damit da. Irgendwie muß das Problem ja wohl doch nie ganz verstanden sein, denke ich. Obwohl mir das im Grunde nicht einleuchtet. Die Kinder merken doch auch, daß ich zu ihrem Vater viel reservierter bin als zu Ben. Ja, daß ich mich sogar in meiner Sprache Ben gegenüber ganz anders verhalte. Ich weiß auch, daß die Kinder sich darüber freuen, wenn Ben und ich uns im Arm halten. Das machen wir ganz so, wie wir das ohne die Kinder machen würden. Manchmal kommen sie dazwischen und wollen auch gedrückt werden. Und manchmal gehen sie ganz still aus dem Zimmer, so richtig diskret. Ganz unterschiedlich, wie ihnen eben zumute ist. Aber auf jeden Fall merken sie ganz deutlich die Unterschiede in der Art, wie wir Erwachsenen miteinander umgehen.

Vor einiger Zeit sagte mein Ex-Mann an so einem Wochenende, ich hätte jetzt so viel gekocht und bedient, daß er uns zum Essen einladen würde. Sofort versuchte ich das abzubiegen, weil ich nun mal dieses Mutter-Vater-Kinder-Bild nicht schaffen will. Und gleichzeitig hatte ich ein schlechtes Gewissen, weil man eine solche Einladung von einem anderen Besuch schließlich auch nicht unhöflich ausschlagen würde.

Einmal bin ich dann also auch zu einem Essen mitgegangen. Mein ältester Sohn hatte es sich so gewünscht. Aber es war einfach schrecklich. Wenn mein Ex-Mann dabei ist, blamieren sich meine Kinder beim Essen so fürchterlich, daß ich vor Scham unter dem Tisch versinken könnte. Sie hören auch nicht und nehmen nicht die geringste Weisung an. Ihr Verhalten ist wirklich peinlich. Und der Ton untereinander! Aber so ist mein Ex-Mann, so war er immer schon. Er setzt den Kindern keinerlei Grenzen.

Da er die Kinder immer schon nur selten gesehen hat, wollte er, daß seine Anwesenheit völlig ungetrübt genossen wurde. Die Kinder können sich einfach alles mit ihm erlauben; und das wissen sie auch. Vor allem mein jüngerer Sohn, der ein ganz besonders enges Verhältnis zu ihm hat, weil sein Vater es eigentlich war, der ihn in den ersten Lebensmonaten betreut hat. Er war damals nämlich arbeitslos, und ich verdiente für uns alle das Geld.

Früher war ich übrigens ganz ähnlich lax mit den Kindern wie mein Ex-Mann. Da merkte ich zwar, daß die Kinder sich unmöglich benahmen, aber ich dachte immer, na ja, so sind sie nun mal, hast eben Fehler in der Erziehung gemacht, kannst jetzt nichts mehr ändern. Nur jetzt, wo ich mit Ben zusammen bin, fällt mir das alles viel stärker auf als früher. Und jetzt halte ich es einfach nicht mehr aus. Das habe ich den Kindern anschließend nach diesem schrecklichen Essen im Lokal auch gesagt. Und jetzt wissen sie, daß ich nicht mehr mit ihnen zum Essen gehe, wenn ihr Vater da ist.

Mein jüngerer Sohn versucht es natürlich trotzdem immer wieder mal, mich zu etwas Gemeinsamem zu überreden. Einmal, als meine Tochter in meinem Arm saß und mit einem Seufzer sagte, sie würde so gern mal wieder in Urlaub fahren und ob wir das nicht zusammen mit ihrem Vater machen könnten, sagte der Kleine, das hätten wir doch schon mal getan. Das könnten wir doch wieder tun. Ja, sagte meine Tochter, aber da seien Mama und Papa ja noch verheiratet gewesen. Da ist mir so richtig klar geworden, daß meine Tochter solche Zusammenhänge schon erkennt, ihre Brüder aber nicht.

Aber ein gemeinsamer Urlaub mit meinem Ex-Mann, das ist auch so eine Sache, die die Kinder vergessen müssen. Da wäre ich erstens mir untreu, weil das etwas ist, das ich vor mir nicht vertreten könnte. Da wäre ich zweitens Ben untreu, weil ich weg wäre von ihm. Und drittens hätte ich absolut keine Lust, wochenlang mit meinem Ex-Mann zusammenzusein. Es gäbe nur Reibereien. Schon wegen der Kinder, weil wir jetzt so unterschiedlich über Erziehung denken und ich selbst mich auch verändert habe. Ich könnte meinen Ex-Mann einfach nicht mehr ertragen. Selbst dann nicht, wenn Ben nicht mehr für mich da wäre. Nie mehr könnte ich das! Ganz egal, ob das egoistisch ist, aber das kann ich nun mal nicht. Und ich will es auch nicht. Das müssen die Kinder akzeptieren.

Ich glaube, das können sie auch. Ich erlebe ja immer wieder, wie gut Kinder sich auf Menschen einstellen können. Wenn ihr Vater in der Nähe ist, sind sie zum Beispiel grenzenlos frech zu ihm, aber auch zu allen anderen, mit denen er zu tun hat. Sie sind richtig unverschämt und herausfordernd. Sie machen sogar ganz laut provozierende Bemerkungen über andere, so daß diese es hören. Ihr Vater lacht dann darüber oder sagt in spaßigem Ton:»Na, das darf man aber nicht.«

Wenn ihr Vater bei uns ist, sind die drei wie ausgewechselt. Ich stehe mit offenem Mund da und erkenne sie nicht wieder, weil ich über ihre Ausdrucksweise und ihre Art der Aufforderung an ihren Vater so erschrocken bin, daß ich denke, das können nicht meine Kinder sein. Mir gegenüber würde man zum Beispiel hören:»Reich mir doch bitte mal die Butter.« Und ihrem Vater gegenüber würde man hören:»Mensch, gibst du mir endlich mal die Butter? Warum kriege ich die nicht her auf den Tisch?«

Daß Kinder sich ganz phantastisch und blitzschnell auf unterschiedlichste Menschen einstellen können und ganz genau wissen, wie sie welchen Menschen wo verletzen oder eben auch erfreuen können, ist eine Erfahrung, die ich ohne die Scheidung vermutlich nie gemacht hätte und die auch die Kinder so nie gemacht hätten. Das ist sicher eine wichtige Erfahrung fürs Leben für sie. Sie müssen sich ja auf jeden Lehrer neu einstellen, auf jede Freundschaft, auf alles. Das erfordert eine große Anpassungsfähigkeit von den Kindern. Und insofern sehe ich unser Leben auch ein bißchen als eine Lebensschule für die Kinder an. Obwohl ich, wenn ich das ausspreche, auch sofort ein schlechtes Gewissen bekomme und denke, daß das mal wieder eine fabelhafte Rechtfertigung für die Scheidung ist.

Vor einiger Zeit, als die Kinder wieder so viel gefragt haben, habe ich ihnen die Scheidungsurkunde gezeigt. Da haben die beiden Großen ganz erschrocken gefragt, ob Ben denn nun ihr

Papa wäre. Ich habe ihnen erklärt, daß ihr Papa immer ihr Papa bleibt. Da wollten sie wissen: »Und wenn du und Ben heiratet?« Ich habe versucht, ihnen zu sagen, daß ihr Papa auch dann ihr Papa bleibt und daß er das auch noch ist, wenn ich fünfzigmal einen anderen Mann heirate. Und ich habe auch versucht, ihnen zu sagen, daß Ben nie ihr Papa sein wird, sondern ein Freund. Da waren dann alle drei sehr erleichtert.

Trotzdem habe ich schon öfter einmal mitbekommen, daß meine Tochter vor ihren Freundinnen damit angibt, daß Ben ihr zweiter Vater sei und sie selbst zwei Wohnungen habe.

Das zwischen Ben und meinen Kindern, das hat sich genau wie bei mir und seinen Kindern schon vor unserem Zusammenleben ganz langsam entwickeln können, weil wir uns ja schon früher kannten und die Kinder Freunde waren. Trotzdem hatte ich anfangs, als wir zusammenzuleben begannen, oft den Eindruck, daß Ben mit seinen eigenen Kindern weniger streng und auch nachlässiger umging als mit meinen. Dinge, die er bei meinen Kindern immer beanstandet hatte, waren bei seinen auf einmal ganz unwichtig. Die übersah er einfach. Damit hatte ich Probleme. Das brachte manchmal emotionale Spannungen mit sich. Besonders wenn wir mit allen Kindern in meiner doch recht kleinen Wohnung zusammen waren.

Gut und sehr wichtig war, daß Ben und ich uns immer über alles ausgesprochen haben und auch keine Scheu hatten, einer dem anderen etwas zu sagen, das nicht gerade ein Kompliment war. Dadurch konnte Ben auch an sich arbeiten und das Verhältnis zu meinen Kindern immer mehr verbessern. Später hatte ich daher sogar oft den Eindruck, daß er zu seinen eigenen Kindern nun strenger war als zu meinen und meinen Vergünstigungen zugestand, damit ich sehen sollte, daß die Anfangsprobleme aus der Welt geschaffen waren. Ich hatte schließlich immer seltener den Eindruck, daß er zu meinen Kindern ungerecht ist. Das war für Ben sicherlich ganz, ganz schwer, weil er ja im Innersten anders empfunden hat und andere Gedanken hatte. Aber zumindest hat er mich dies nie fühlen lassen. Das war eine beachtliche Leistung für ihn, die ich ihm auch immer hoch angerechnet habe.

Von Bens Kindern kamen oft sehr traurige Bemerkungen zu meinen Kindern. Zum Beispiel sagten sie: »Ihr habt es jetzt ja gut. Ihr habt ja jetzt unseren Papa. Wir haben gar keinen mehr. Wenn euer Papa weg ist, habt ihr ja wenigstens unseren.«

Aber Eifersucht brachte eigentlich nur meine Tochter ins Spiel. Wenn Bens Kinder bei uns waren, fiel sie Ben dauernd um den Hals, was sie sonst nie machte. Sie hat Ben immer gedrückt, in den unmöglichsten Situationen. Beim Spazierengehen suchte sie seine Hand. Und immer zeigte sie seinen Kindern: Für mich ist er da! Ich vermute, daß sie Bens Kindern zeigen wollte, daß sie ihren Papa jetzt wirklich hat. Sie merkt ja doch, wie seine Kinder sich auf ihn freuen und ihren Papa genießen. Das kennt sie ja schließlich auch von sich selbst. Und sie merkt auch, wie Ben seine Kinder genießt. Da unterstelle ich ihr einfach mal die Zickigkeit, daß sie seine Beste sein wollte. Das merkte ich vor allem dann, wenn Ben auf seine Kinder zugehen wollte und sie dann dazwischensprang. Wie Ben das immer gemeistert hat – daß er sie in dem Augenblick auch wirklich angenommen hat und sie vor seinen Kindern auch in den Arm genommen hat – davor habe ich größte Hochachtung. Das muß schwer sein. Ich weiß nicht, ob ich das könnte.

Als seine Kinder dann weg waren, hat er meine Tochter gefragt, ob sie das denn nun immer so machen wollten mit dem Küßchen, weil sie ihm ja das Küßchen so richtig aufgedrängelt hätte, so als Gutenachtkuß. Da sagte meine Tochter dann ganz froh und glücklich, ja, das wollten sie nun immer so machen.

Für mich ist es zwar immer etwas anstrengend, wenn wir alle Kinder bei uns haben, aber ich kann es auch genießen. Ich habe Bens Kinder ganz, ganz lieb, so richtig herzensgerne. Damit will ich nicht sagen, ich hätte sie so gern wie meine eigenen Kinder. Das wäre sicherlich gelogen. Aber gleich danach würde ich sie schon stellen, weil sie mir in ihrer Offenheit und ihrer Art sehr lieb sind und weil sie ganz besondere Kinder sind, irgendwie auch so zum Vorzeigen. Ihre Reife, ihre Denkweise und auch, wie sie über andere denken und reden, das ist einfach ganz großartig. Wenn sie hier sind, dann planen wir alle zusammen den Tag. Und wenn sieben Kinder sich über etwas freu-

en, dann ist das viel massiver, als wenn sich zwei oder drei freuen. Das Besondere an dieser Zeit mit allen Kindern ist für mich aber immer, daß ich dann weiß, wie glücklich Ben sich fühlt, wenn er seine Kinder um sich hat. Es macht mir soviel Freude, alles schön zu gestalten und ihm vieles abzunehmen, daß er möglichst viel Zeit für die Kinder hat und sich um sonst nichts zu kümmern braucht. Das genieße ich. Das mache ich wirklich herzensgerne, und so trage ich auf meine Weise dazu bei, daß Ben und die Kinder sich wohl fühlen.

Unsere Vorfreude überträgt sich dann immer auch auf meine Kinder, so daß alle schon sehr ungeduldig auf Bens Kinder warten und sich darauf freuen, miteinander zu spielen. Wir sind in diesen Tagen immer eine große, glückliche Familie. Das ist, glaube ich, nicht nur für uns Große wichtig, sondern auch für die Kinder, weil sie so miterleben können, daß Eltern sich auch gut verstehen und lieben können und sich nicht bloß immer scheiden lassen.

Oft haben Ben und ich darüber gesprochen, was wäre, wenn er seine Kinder alle bekommen könnte. Trotzdem habe ich mich nie so richtig auf diese Vorstellung eingelassen. Es ist ja doch eher unwahrscheinlich und daher sehr abstrakt. Die Mutter würde die Kinder ja nie gehen lassen. Aber gesetzt den Fall, durch irgendwelche äußeren Umstände wäre Ben vom Gesetz her gezwungen – ganz konkret, wenn die Mutter sterben würde –, die Kinder zu sich zu nehmen, dann würde ich selbstverständlich auch für seine Kinder sorgen. Also das weiß ich, da gäbe es keine Diskussion. Ich wäre ihnen sicherlich auch mit Leib und Seele eine liebe Mutti. Obwohl es sicher auch viele Einschränkungen und Kompromisse gäbe, denen ich mich dann stellen müßte. Aber ich würde es auf jeden Fall tun. Ich würde sie mit offenen Armen bei uns aufnehmen.

Mein Sorgenkind ist deshalb eigentlich nur mein jüngster Sohn. Er hat bei mir einen Sonderstatus. Ich behandle ihn nicht wirklich bewußt so, das geschieht eher automatisch, weil er in meinen Augen immer noch das kleine Kind ist. Ben sieht ihn ganz anders, eben nicht mehr als Baby. Und er durchschaut ihn auch ganz gut, vor allem seine Tricks, um die Aufmerksamkeit *seiner Mutter zu bekommen. Für mich als Mutter ist das viel schwerer zu sehen, weil dabei immer Gefühle hochsteigen. Wenn Ben dann manchmal streng zu ihm war, wo ich nie streng gewesen wäre, hatte ich meine Probleme damit. So einen Vater waren weder die Kinder noch ich gewöhnt. Einen, der Grenzen setzt, der darauf achtet, was sie tun und sagen, und sie auch mal kritisch beleuchtet, anstatt sie immer nur zu bewundern. Das war hart für uns alle, weil das etwas war, das wir vorher nicht gekannt hatten.*

Heute sehe ich, wie gut es war, daß Ben sich da treu geblieben ist und sich nicht durch mich hat beirren lassen. Obwohl ich an seinem Umgang mit seinen eigenen Kindern sehe, wie viele Abstriche er immer noch bei meinen Kindern macht. Anfangs hatte ich Angst, die Kinder würden Ben ablehnen, weil er so streng mit ihnen war. Aber es ist ganz anders. Mein jüngerer Sohn achtet ihn sehr. Wenn Ben weg ist, fragt der Kleine viel nach ihm. Und wenn Ben ihn für etwas lobt, zählt das viel, viel mehr, als wenn ich ihn loben würde. Vor allem aber weiß er, daß Ben ihn nur dann lobt, wenn es auch etwas zu loben gibt. Auf diese Weise hat der Junge endlich mal Selbstvertrauen bekommen und wagt sich an vieles heran, was ich ihm sonst immer abgenommen hatte. Er hat eine ganz andere Selbständigkeit bekommen und eine ganz andere Verhaltensweise, ist nicht mehr so egoistisch.

Für mich ist das die größte Befreiung von meinem ewig pochenden schlechten Gewissen. Ich hätte es ja nie verantworten können, mit Ben zusammenzuleben, wenn er zwar gut für mich, aber schlecht für meine Kinder gewesen wäre. Aber jetzt weiß ich, daß sich der Weg gelohnt hat. Aber er war manchmal schon sehr steinig für uns beide.

Das ist ein Gedanke, der mich sehr glücklich macht. Denn wenn meine Kinder spüren, wie gut es zwischen Ben und mir läuft, dann merken sie auch, wie zwei Menschen, die sich lieben, miteinander umgehen sollen. Bei ihrem Vater und mir hätten sie das niemals lernen können. Mit diesem Wissen und meiner hart erkämpften inneren und äußeren Unabhängigkeit gelingt es mir nun endlich, mir die Scheidung zu verzeihen.

Die zuerst kommt, mahlt zuerst

Ungeachtet dessen, daß es wunderbar ist, sich neu zu verlieben und einen Menschen zu gewinnen, mit dem man/frau
gern zusammen alt werden möchte, zeigt sich an über das
Zwischenmenschliche hinausgehenden Belangen, daß es
wahrhaft katastrophal wird oder werden kann, wenn ein un-
terhaltspflichtiger geschiedener Mann und Vater aus der inneren Einsamkeit und der äußeren Perspektivenlosigkeit seiner scheidungsbedingten Misere ausbrechen möchte und es
wagt, zusätzlich zu seiner Ex-Familie eine neue Familie zu
gründen. Jede Belastung vornehmlich finanzieller Art aus der
geschiedenen Ehe muß nämlich in diesem Fall nicht nur
von dem wiederverheirateten Unterhaltspflichtigen, sondern
auch von dessen neuer Lebensgefährtin dauerhaft mitgetragen werden.

Tiefgreifende bis existentiell bedrohliche Einschränkungen in der neuen Familie sind bei Durchschnittsverdienern
daher obligatorisch. Darüber hinaus stehen gesetzlich be-
dingte Nachteile ins Haus, die daraus resultieren, daß der Gesetzgeber immer noch von der lebenslangen Ehe ausgeht, anstatt zu berücksichtigen, daß der »Vertrag Ehe« mittlerweile
mehrmals rechtskräftig gekündigt und erneut geschlossen
werden kann und daß jede der mit einem neuen Vertrag be-
siegelten und gesetzlich anerkannten Familien das im Grundgesetz verankerte Recht auf Schutz und Förderung hat.

Zum Beispiel Andreas:
Andreas hatte sich nach zweijähriger Trennung von seiner
Frau und anschließender Scheidung mit seiner seit drei Jah-
ren ebenfalls geschiedenen Jugendliebe wiederverheiratet.
Für seine Ex-Frau wie auch für seine zwei bei der Mutter le-
benden Kinder ist Andreas zahlungspflichtig.

Seine neue Frau, die zum Zeitpunkt der Eheschließung von
Andreas schwanger war, brachte ein Kind in die neue Ehe mit

ein, für das sie Unterhalt von ihrem Ex-Mann erhielt. Für sich selbst hatte die Frau auf monatliche Unterhaltszahlungen verzichtet, da sie als selbständige Änderungsschneiderin erwerbstätig war und blieb und ihr Ex-Mann nach der Scheidung einen größeren Betrag für die Modernisierung des Geschäftes aufgebracht hatte. Mit diesem Betrag war der Unterhaltsanspruch der Frau dauerhaft abgegolten.

Nach der Geburt des Kindes beschlossen Andreas und seine neue Frau, daß er als Hausmann zu Hause bleiben solle, um die beiden Kinder zu betreuen und seine erwerbstätige Frau zu entlasten. Daher beantragte Andreas bei seiner Arbeitsstelle Erziehungsurlaub und erhielt auch Erziehungsgeld. Aufgrund der geringen Einkünfte war er nun nicht mehr in der Lage, seinen Unterhaltspflichten gegenüber seiner Erstfamilie nachzukommen. Da er auch keine regelmäßige Teilzeitarbeit annehmen konnte, die seine Geldmittel aufgebessert hätte, mußte seine neue Ehefrau für die Differenz geradestehen und für die Erstfamilie ihres Zweitmannes zahlen.

Zum Beispiel Heiko:
Als Heiko sich in seine neue Frau verliebte, lag seine geschiedene Ehe bereits zwei Jahre zurück. Silke, die neue Frau, ist Heikos absolute Traumfrau. Aus Angst, sie zu verlieren, wagte er nicht, ihr vor der Ehe zu gestehen, daß er aus seiner ersten Ehe rund 120 000 Mark Schulden an seine Ex-Frau abzubezahlen hat und deshalb regelmäßig in der Autowerkstatt eines Freundes Schwarzarbeit leistet. Statt dessen ließ er seine neue Frau in dem Glauben, er arbeite zusätzlich, weil ihm wegen der Unterhaltszahlungen an seine Frau und zwei Kinder aus erster Ehe zu wenig zum Leben bleibe. Nach der Hochzeit bat Silke, die selbst als Grafikerin bei einem Zeitungsverlag arbeitet, ihren Mann, die zeitverschlingende Nebentätigkeit aufzugeben. Heiko weigerte sich jedoch. Erst als durch diese Weigerung zwischen ihm und Silke Spannungen auftraten und Heiko seine neue Ehe gefährdet sah, legte er seine Karten offen auf den Tisch.

Für Silke hatte dieses Geständnis bittere Folgen. Da sie befürchtete, daß Heiko eines Tages wegen seiner Schwarzarbeit Schwierigkeiten bekommen könnte, bestand sie energisch darauf, daß damit Schluß sein müsse. Der nun in Heikos Geldbeutel fehlende Betrag mußte von da an mühsam zusammengespart werden und ging größtenteils von Silkes Verdienst ab.

Auf Jahre hinaus wird es dem jungen Ehepaar unmöglich sein, Urlaub zu machen, ein neues Auto oder neue Möbel zu kaufen, einfach mal so ins Restaurant zu gehen, sich ein bißchen Luxus zu leisten. Vor allem aber wird sich der Herzenswunsch von Silke auf unabsehbare Zeit nicht finanzieren lassen: ein Kind.

Ein Gerichtsurteil des Oberlandesgerichts Koblenz besagt in einem anderen, ähnlich gelagerten Fall eindeutig, daß ein geschiedener und neu verheirateter oder in eheähnlicher Gemeinschaft lebender Mann und Vater grundsätzlich verpflichtet ist, seiner Unterhaltspflicht gegenüber seiner ersten Frau und seinen Kindern aus erster Ehe auch dann nachzukommen, wenn er aus der freiwillig übernommenen Hausmannstätigkeit in der neuen Beziehung kein eigenes Einkommen erzielt. Es sei ihm unbestreitbar zuzumuten, mit einer Nebenbeschäftigung am Abend und an den Wochenenden die erforderlichen Geldmittel zu verdienen.

Im Klartext heißt dieses Urteil, daß der Gesetzgeber einer Frau, die es wagt, einen geschiedenen Mann zu heiraten, alles das als selbstverständlich zumutet, worin er die Erst-Ehefrau ebenso selbstverständlich entlastet. Im Unterschied zu einer geschiedenen Alleinerziehenden, die aufgrund ihrer versorgungs- und betreuungsbedürftigen Kinder über Jahre hinaus nicht gezwungen werden kann, eine eigene Erwerbstätigkeit aufzunehmen, sondern einen gesetzlich geregelten Anspruch auf monatlich einen bestimmten Betrag zu ihrem Lebensunterhalt hat, setzt der Gesetzgeber bei einer Nachfolge-Ehepartnerin voraus, daß diese für ihren Unterhalt selbst Sorge trägt. Sie muß also entweder selbst erwerbstätig oder ihrem geschiedenen Mann gegenüber unterhaltsberechtigt sein. Aus dieser Perspektive betrachtet, ist die neue Frau eines geschiedenen Mannes gut beraten, nur dann zu heiraten, wenn der Mann genügend Geld verdient, um neben der Versorgung seiner Erstfamilie auch die Versorgung seiner zweiten Frau und der mit ihr gegründeten Zweitfamilie finanzieren zu können. Die Qualifikation des Mannes mit »Prädikat Erste Wahl, beste Goldeselqualität« beziehungsweise seine Abqualifikation mit dem unsichtbaren Stempel »Vorsicht, Secondhand-Mann, bereits abgezockt« wäre damit perfekt.

Entschließt sich eine Frau gegen jedes finanzielle Kalkül dazu, einen solchen »Secondhand-Mann« zu heiraten, ist sie aus der Sicht des Gesetzgebers selber schuld. Denn hätte sie sich – um es mit einem Anwaltsausspruch zu sagen, den eine Frau in der entsprechenden Lage tatsächlich zu hören bekam – »einen neuen Macker ausgesucht, der ihr einen Nerz kaufen kann, müßte sie jetzt nicht frierend im Regen stehen und von der Hand in den Mund leben«.

Geht der neuen Frau tatsächlich Liebe vor Geld, ist sie als Ehepartnerin eines Mannes mit Erstfamilie verpflichtet, ja sogar gezwungen, künftig selbst erwerbstätig zu sein. Und zwar nicht etwa nur deshalb, um den Lebensunterhalt ihrer eigenen Familie zu sichern, sondern auch um von ihrem Einkommen für die Zahlungsverpflichtungen an die Erstfamilie des Mannes mit aufzukommen. Ein Grundsatzurteil des Bundesgerichtshofes von 1987 erklärt dazu ausdrücklich, daß die Zweitfrau eines geschiedenen Mannes und Familienvaters notfalls vom Existenzminimum leben oder Sozialhilfe beantragen muß. Die aus Präzedenzfällen entnommene Begründung: Als Zweitehefrau wisse frau, worauf sie sich bei diesem Mann eingelassen habe. Die Unterhaltspflicht des geschiedenen Mannes gegenüber seiner Erstfamilie rangiere nun einmal immer an erster Stelle.

Aus diesem Grund ist also nicht nur eine geschiedene Frau mit Familienanhang gut beraten, sich einen reichen Mann ohne Erstfamilie zu angeln und diesen dann auch schnellstens zu ehelichen, um in den Genuß seiner Versorgungsleistungen zu gelangen. Nein, auch ein geschiedener Mann stellt es schlau an, wenn er es schafft, eine finanziell gut situierte Singlefrau ohne Kinder an Land zu ziehen und sich dann per Trauschein an ihren fetten Pfründen zu laben.

Konstruieren wir den Fall, daß eine geschiedene Frau mit Kindern einen geschiedenen Mann mit Kindern heiratet, so ergibt sich die finanziell trostlose Konsequenz, daß der aufgrund seiner Unterhaltszahlungspflicht arg geschröpfte Mann von den knappen ihm verbliebenen Mitteln nunmehr zwei Familien ernähren soll. Seine ihm in zweiter Ehe angetraute Frau kann ja aufgrund der zweiten Eheschließung keine Unterhaltsleistungen für sich selbst aus erster Ehe mehr erwarten.

Ist in diesem Fallbeispiel die wiederverheiratete Frau nicht bereit, trotz ihrer Kinder erwerbstätig zu werden und für die neue Familie mitzuverdienen, wird die Familie trotz eines geregelten Einkommens und Vollzeitbeschäftigung des Mannes entweder am Hungertuch nagen oder die Unterstützung des Staates beanspruchen müssen. Da es für viele Mütter mit noch sehr jungen oder gar einem behinderten Kind nicht möglich ist, eine Erwerbstätigkeit aufzunehmen, weil die Kinder die fürsorgende Nähe zu sehr brauchen, können diese geschiedenen Frauen oft gar nicht anders, als ihre Liebe zu einem geschiedenen Mann ohne Trauschein und in Verleugnung einer eheähnlichen Beziehung zu leben.

Wer diese teils existentiell bedrohlichen Schwierigkeiten der sogenannten Zweitehen in Augenschein nimmt, erkennt sofort, daß hier eine der maßgeblichen Ursachen dafür liegt, warum immer mehr nichteheliche, aber eheähnliche Beziehungen ohne die staatliche Anerkennung per Trauschein gelebt werden beziehungsweise notgedrungen gelebt werden müssen. Anders als öffentlich so gern behauptet, gibt es keine echte Ehemüdigkeit unter Menschen im heiratsfähigen Alter. Dies beweisen auch Meinungsumfragen aus unterschiedlichsten Jahren, deren Ergebnisse immer wieder belegen, daß Hochzeit und Ehe nach wie vor erklärte Traumziele der meisten Menschen sind. Weit eher als eine Ehemüdigkeit gibt es eine zunehmende Eheangst, die angesichts der Scheidungsquoten und -folgen grassiert. Eine der einschneidendsten Folgen ist die Zweitehe-Unfähigkeit aus finanziellen Gründen. Ein weiterer finanziell bedingter Schmerz der besonders herben Art ist die Tatsache, daß die meisten »Secondhand-Paare« sich nicht leisten können, gemeinsame Kinder zu haben, obwohl sie diese gerne hätten.

»Ich kann ihr nicht bloß keinen Luxus bieten, ich kann sie oft nicht mal zu einem Kinobesuch einladen, und an ihrem letzten Geburtstag langte das Geld nicht, um Freunde zum Abendessen bei uns einzuladen«, sagte Tim, der mit Anne in zweiter Ehe verheiratet ist, in einem unserer Gespräche. »Aber na gut, damit findest du dich irgendwann ab und entdeckst dann plötzlich, daß es ja auch etwas für sich haben kann, wenn du den Fernseher abschaffen mußt, weil du keine Kohle für die Gebühren hast. Aber dann, wenn du begreifst, daß du mit dieser Frau Kinder haben möchtest, weil sie ganz einfach die Frau ist, die du dir immer als Mutter deiner Kinder erträumt hast, und wenn du dann keine Kinder mit ihr haben kannst, obwohl du zeugungsfähig und gesund bist und sie gebärfähig und gesund ist, bloß weil du nicht weißt, wie du so einen Steppke durchfüttern und großkriegen sollst – obwohl du jeden Tag schuftest und dir nicht mal dann eine neue Socke gönnst, wenn die alte schon so oft gestopft ist, daß du Hühneraugen davon kriegst –, dann, ja dann fühlst du dich vollkommen als Untermensch und kriegst die ganz große Lust, dich irgendwohin auf Nimmerwiedersehen abzuseilen und zu denken, nach mir die Sintflut, das war's jetzt.«

Doch mit einem geschiedenen Partner ohne Trauschein zusammenzuleben ist selbst dann weder für ein Paar mit nur einem geschiedenen Partner noch für ein Paar aus zwei geschiedenen Partnern ohne Risiko, wenn beide nicht die geringste Lust hätten zu heiraten. Sollte einer der beiden neuen Partner sterben oder eines Tages seiner Wege gehen wollen, gibt es nichts, was den zurückbleibenden Partner dazu berechtigt, irgendwelche Forderungen zu stellen. Schnell steht man als Secondhand-Frau oder Secondhand-Mann in einem solchen Fall mit leeren Händen da. Über etwa gemeinsam angespartes Geld oder gemeinsam bezahltes Mobiliar oder andere Werte freuen sich im Falle der Trennung die lachenden Erben aus der Erstfamilie ganz allein. Existiert kein Testament des einen Partners zugunsten des anderen, und wurde auch keine ausdrücklich zum wechselseitigen Nutzen bestimmte Lebensversicherung abgeschlossen, sind die Erben aus der Erstfamilie lediglich verpflichtet, dem hinterbliebenen Partner einen Monat lang den bisherigen Lebensstandard zu finanzieren. Danach muß frau oder man für sich selbst sorgen. Gemeinsamen Kindern aus einer Ehe ohne Trauschein steht allerdings ein Pflichtanteil des Erbes zu.

Auch hier stellt sich der Gesetzgeber dumm und sagt, keiner zwinge einen anderen, mit einem bestimmten Menschen zu leben. Wer die freie Wahl hat, sei selbst schuld, wenn er sich mit einem einlasse, der schon »abgeliebt und abgezockt« wurde und als lebender Geldschrank seiner Erstfamilie durchs Leben gehen muß. Der ausdrückliche Schutz des Gesetzgebers gilt nun einmal generell keiner eheähnlichen Familie. Hans Engelhardt von der FDP brachte es 1988 auf den Punkt, als er sagte: »Wer rechtliche Regelungen haben will, der mag heiraten … Wer – aus welchen Gründen auch immer – sich gegen die Ehe entscheidet, muß wissen, worauf er sich einläßt. Er muß wissen, daß es Schutzvorschriften etwa über Unterhalt und Versorgungsausgleich – also Altersversorgung – bei einer Trennung für nichteheliche Lebensgemeinschaften nicht gibt.«

Wer in seinem eigenen oder im Rücken des Partners lachende Erben weiß und nicht riskieren möchte, eines Tages entweder selbst zum zweiten Mal vor den Ruinen einer Existenz zu stehen oder den Partner dort stehenzulassen, sollte schon in guten Tagen mit dem anderen einen für etwaige Lebenspannen vorausplanenden Vertrag schließen. In diesem sollte penibel aufgeführt und nach Möglichkeit mit Belegen abgesichert werden, wem was in der gemeinsamen Wohnung gehört oder wie hoch eine Ausgleichszahlung dafür angesetzt wird, daß einer der Partner nicht mehr erwerbstätig, sondern als Hausmann beziehungsweise Hausfrau im häuslichen Be-

reich oder unentgeltlich in der Firma des Partners einge-
sprungen ist. Ebenso selbstverständlich sollte eine genaue
Aufstellung der für den/die andere/n verauslagten Kosten geführt werden, mit denen eine weiterführende Ausbildung finanziert wurde. Auch Erklärungen über Geschenke oder auf
nur einen Namen geführte, aber von beiden Partnern ange-
sparte Bankverträge, Sparkonten usw. sollten nicht fehlen.

Klug wäre auch die Abfassung eines Testamentes, das ei-
genhändig unterschrieben und mit Datum versehen sein
muß, aber nicht zwingend die Gegenzeichnung eines Notars
erfordert. Wer Erbstreitigkeiten befürchtet, sollte sein Testament jedoch vorsichtshalber notariell beglaubigen lassen und
hinterlegen.

Schon zu eigenen Lebzeiten Konten auf den Namen des anderen anzulegen, ihm größeren Besitz zu überschreiben oder
kostbare Geschenke zu machen empfiehlt sich klugerweise
nicht. Auch eine neue große Liebe wird leider nicht immer alt.

Etwas zuversichtlich können alle die in die Zukunft
blicken, die auf gesetzliche Maßnahmen warten, die dem
Spuk des »auf immer und ewig« der Ehe endgültig ein Ende
setzen wollen. Schon mehren sich die Stimmen, daß der Ehegattenunterhalt eine zeitliche Begrenzung erfahren soll. Auch
der Vorschlag, daß der- oder diejenige, welche/r den »Vertrag
Ehe« bricht, keinen Unterhalt mehr verlangen, sondern staatliche Hilfe beantragen muß, steht bereits im Raum. »Polyga-
mie in Form mehrerer Eheschließungen kann sich nur der
Reiche leisten«, so Familienrichter Siegfried Willutzki vom
Deutschen Familientag in ›Focus‹ 40/1994.

Nur der Reiche? Hatten wir das nicht schon? So kurz vor
1977, als die Zahl der Ehescheidungen erstmals schwindeler-
regend hoch wurde und Übervater Staat tief in die Tasche
greifen mußte, weil so viele Männer Schindluder mit ihrer
Verpflichtung gegenüber ihren ausgetricksten Frauen trieben. Hieß es da nicht, daß nur reiche Frauen, die auf keinen
Unterhalt angewiesen seien, sich leisten könnten, sich scheiden zu lassen?

Der kleine, aber unfeine Unterschied von damals zu heute:

Gegenwärtig tricksen die Frauen. Und nur reiche Männer, die es schaffen, mehr als eine Familie zu finanzieren, können sich eine Scheidung leisten. Oder auch noch ein paar der immer mehr werdenden reichen Frauen.

In der Sache selbst hat sich nichts geändert.

Ehepessimisten: MANUEL, ROSI und CLEMENS

MANUEL: Wenn ich so ziemlich alt bin

12 Jahre. Seit zwei Jahren Scheidungswaise. Lebt bei seiner Mutter

Vater: lebt mit einer Freundin zusammen

Scheidungsgrund: außereheliche Beziehung der Mutter und Trennung auf ihren Wunsch

kein gemeinsames Sorgerecht

Wenn ich so ziemlich alt bin, 35 oder so, dann reiße ich mir auch eine auf. Wahrscheinlich eine blonde. Weil ich blond echt geil finde. Nur gefärbt, also nee, das nicht. Wegen der Umwelt und so, denn färben, also echt, das finde ich bekloppt, weil das dann alles ins Grundwasser geht.

Wenn meine Frau dann erst mal da ist, dann kriegt sie natürlich auch ein Kind. Oder Drillinge. Dann bleibe ich zu Hause und bin Hausmann und lege mich auf die faule Haut und aale mich vor dem Fernseher und gamble Karten mit meinen Freunden und so. Hausmann sein finde ich stark. Wenn mal die Scheidung kommt, bin ich fein raus. Dann muß meine Frau für mich zahlen. Und ob sie das macht, überlegt sie sich dreimal. Wahrscheinlich bleibt sie dann lieber mit mir zusammen. Das ist dann das kleinere Übel.

ROSI: Wenn ich groß bin

10 Jahre. Lebt bei ihrer Mutter in einem gemeinsamen Haushalt mit der Großmutter

Vater: alleinlebend

Scheidungsgrund: ständige Geldprobleme und dadurch Zerrüttung der Familie, Scheidung auf Wunsch beider Eltern

kein gemeinsames Sorgerecht

Wenn ich groß bin, heirate ich einen reichen Mann. Er soll keinen Bart haben und viel Geld. Ich bin dann die Herrin, und er ist der Herr. Und wir haben viele Diener, die machen alles für uns. Ich will nämlich nicht so werden wie meine Mutter und alles alleine machen. Darum brauche ich auch die Diener, damit sie das ganze blöde Zeug erledigen. Mein Mann muß mich sehr lieben. Er muß alles machen, was ich will. Und er darf keine andere angucken. Wenn er das tut, lasse ich mich scheiden. Dann kriege ich die Hälfte von allem. Und er kriegt den Ärger.

CLEMENS: Familienlabyrinth

14 Jahre. Scheidungswaise seit fünf Jahren. Lebt bei seiner Mutter und deren zweitem Ehemann

Vater: wiederverheiratet. Lebt mit seiner neuen Frau, deren Kindern und gemeinsamen Kindern aus zweiter Ehe zusammen

Scheidungsgrund: außereheliche Beziehung der Mutter und Trennung auf ihren Wunsch

kein gemeinsames Sorgerecht

Ich habe einen Vater und eine Mutter und zwei leibliche Schwestern. Außerdem habe ich eine Oma mütterlicherseits und einen Opa mütterlicherseits sowie eine Oma väterlicherseits. Der Opa väterlicherseits ist schon tot. Dann habe ich noch einen Stiefvater, also den Mann von meiner Mutter, und einen Stiefbruder, der aber nicht bei uns, sondern bei seiner Mutter wohnt. Mit dieser Frau bin ich nicht verwandt. Von meinem Stiefvater habe ich eine Stiefoma und einen Stiefopa, drei Stieftanten und zwei

*Stiefonkel mit zusammen sieben Stiefcousins und einer Stief-
cousine. Außerdem habe ich noch eine Halbschwester von zwei
Jahren und einen Halbbruder von acht Monaten, die beide bei
uns wohnen und leibliche Kinder von meinem Stiefvater und
meiner Mutter sind.*

*Weil mein richtiger Vater sich auch wieder verheiratet hat,
habe ich seine Frau als Stiefmutter. Von ihr kommen noch mal
eine Stiefoma und ein Stiefopa dazu. Und dann sind da auch
zwei Stiefbrüder aus der ersten Ehe von meiner Stiefmutter, die
zusammen mit ihr bei meinem Vater leben und älter sind als ich.
Miteinander haben mein Vater und meine Stiefmutter auch Kinder. Das sind mein Halbbruder und meine Halbschwestern, die
als Zwillinge geboren wurden.*

*Wenn ich das alles zusammenaddiere, habe ich zwei Väter
und zwei Mütter, vier Omas und drei Opas, zwei leibliche
Schwestern, drei Stiefbrüder, zwei Halbbrüder, drei Halbschwestern, drei Stieftanten, zwei Stiefonkel und acht Cousins
und Cousinen. Wenn ich mir vorstelle, daß meine Mutter oder
mein Vater sich womöglich noch mal scheiden lassen und noch
mal heiraten – ist ja schließlich drin –, also, dann ist das das absolute Chaos. Ich blicke ja jetzt schon nicht mehr durch. Vor allem, weil das ja alles Familie sein und irgendwie ja auch mit
mir was zu tun haben soll. Trotzdem könnte ich da echt drauf
verzichten.*

*Früher – ich meine meinen Vater, meine Mutter, meine Schwe-
stern und mich – war das anders. Näher irgendwie. Echter.
Jetzt sind meine Schwestern und ich doch so etwas wie ein fünf-
tes Rad am Wagen. Wir gehören schon dazu, klar. Aber die Kinder, ich meine die, die so hundertprozentig wichtig sind, um
die's eigentlich auch immer geht, also das sind die, die meine
Mutter jetzt mit ihrem Neuen hat und die mein Vater jetzt mit
seiner Neuen hat. Das sind die, die eigentlich mit ihnen so was
wie eine Familie sind. Der Kern davon, meine ich.*

*Wir anderen sind doch alle bloß Randfiguren. Das muß man
schon so sehen. Da mache ich mir schon länger nichts mehr vor.*

*Wenn du das jeden Tag erlebst, also an dir selbst, so ganz nor-
mal, jeden Tag, dann kapierst du das eben irgendwann.*

108

Wenn wir drei jetzt sagen würden, los, wir hauen ab, dann glaube ich nicht mal, daß meine Eltern da echt drüber traurig wären. Oder daß sie uns vermissen würden. Oder alles tun würden, damit sie uns wiederkriegten. Na ja, ein bißchen traurig wären sie vielleicht; gehört sich ja auch so. Aber doch nicht echt. Nicht so ganz von innen.

So richtig im Herzen oder so, da sind doch bloß die Kinder, an denen der Vater und die Mutter, die sie gemacht haben, dran festhalten und die nicht bloß mitgeheiratet worden sind.

Ich hab ja neulich mal in der Zeitung gelesen, daß man für das Jahr 2002 voraussagt, daß es bloß noch solche Familien geben wird wie meine jetzt. Also Vater mit Kind heiratet Mutter mit Kind, und die machen dann zusammen neue Kinder. Kann ich mir auch ganz gut vorstellen.

Aber ich für mich – ich bin dann so ungefähr 20 und denke dann ja vielleicht auch schon mal dran, mit einer Frau zu machen – also ich hab da keinen Bock drauf. Für mich ist das alles nichts. Darum heirate ich wahrscheinlich gar nicht und mache auch keine Kinder.

Denn die Kinder, die sind doch hinterher total beschissen dran. Die wissen doch gar nicht mehr, wo sie eigentlich hingehören. Die streunen von einem zum anderen und kriegen überall mal ein paar Streicheleinheiten, wo gerade einer sich für sie zuständig fühlt. Und das war's dann. Da ist es doch besser, man vermehrt sich erst gar nicht und genießt alles für sich allein. Es gibt ja sowieso zu viele Menschen auf der Welt. Müssen ja nicht von mir noch welche dazugemacht werden.

Hilfe, Papi! Mami klaut mich weg!

Kindesentführung ist eine Straftat. Was bei einer Entführung geschieht, ist allgemein bekannt und gefürchtet. Dem Schutzanspruch der Bevölkerung vor der Gefahr einer Entführung wurde zuletzt 1994 durch einen Gesetzesentwurf der damaligen Bundesjustizministerin Sabine Leutheusser-Schnarrenberger zur Novellierung des Gesetzes und Verschärfung der Strafandrohung entsprochen.

Daß auch Kindesentziehung eine Straftat im Sinne der Kindesentführung ist und nach dem Kindesentziehungsparagraphen 235 StGB geahndet wird, weiß die Allgemeinheit hingegen selten.

Kindesentziehung findet zum Beispiel dann statt, wenn eine ihrer Ehe überdrüssige Mutter aus der gemeinsamen Ehewohnung auszieht und aus der Ehe stammende Kinder mitnimmt, ohne das ausdrückliche Einverständnis des mitsorgeberechtigten und über den Aufenthaltsort seines Kindes mitbestimmenden Vaters zuvor eingeholt zu haben.

Wie selbstverständlich diese Art der Kindesentziehung in nahezu jedem Scheidungsverfahren praktiziert wird, weiß alle Welt. Ebenso weiß man, daß Müttern von offiziellen Stellen sogar geraten wird, den Mann und Vater vor vollendete Tatsachen zu stellen und sich so am besten und bequemsten aus dem Eheleben zu stehlen.

Selbstverständlich ist zumindest Juristen/innen bewußt, die einer scheidungswilligen Mutter einen derartigen Rat geben, daß sie sich damit der Anstiftung zu einer Straftat nach § 26 StGB schuldig gemacht haben. Ebenso selbstverständlich kennen Juristen/innen sich damit aus, daß der Straftatbestand der Kindesentziehung für die Mutter zumindest einen Verwirkungstatbestand nach § 1579 BGB für die Zahlung von Ehegattenunterhalt darstellt,*so daß ihr Ex-Mann den Unter-

---

* FamRZ 1981, S. 750.

halt für sie verweigern kann. Nicht zuletzt sind Juristen/innen aber auch darüber im Bilde, daß Kindesentziehung laut § 238 StGB nur auf Strafantrag verfolgt wird. Und da liegt der Hase im Pfeffer.

Da ein Vater, der sich noch nie intensiv mit Sorgerechtsregelungen und Scheidungsfragen befaßt hat, selten weiß, daß seine zur Scheidung entschlossene Frau sich strafbar gemacht hat, wenn sie ihm willkürlich die gemeinsamen Kinder entzieht, wird er kaum jemals einen Strafantrag nach § 238 StGB stellen und seine Kinder zurückfordern. Wo aber kein Kläger ist, entfällt nicht nur gegenüber der Mutter, sondern auch gegenüber Rechtsanwälten/innen und anderen Ratgebern/innen die Einleitung eines Strafverfahrens. Zudem mag sich in Ruhe wiegen, wer immer einer scheidungswilligen Mutter den Rat auf Kindesentziehung erteilt hat, denn längst schon hat sich bei der Strafjustiz eingebürgert, derartige von Müttern begangene Strafdelikte im nachhinein durch eine familiengerichtliche vorläufige Aufenthaltsbestimmungsregelung zugunsten der Mutter aufzuheben.

Der durch eine Straftat unrechtmäßig erschlichene Aufenthalt gemeinsamer Kinder bei der die Scheidung beantragenden Mutter und die dadurch ebenfalls unrechtmäßig erzwungene Trennung der Kinder von ihrem Vater dauert bis zur gerichtlichen Scheidung im Regelfall mindestens ein Jahr. Dies zieht eine weder von Vater noch von Kindern gewollte Entfremdung und schlimmen Trennungsschmerz mit schwerwiegenden seelischen Folgen nach sich. Doch dies nicht allein: Die zwangsläufig sich vertiefende enge Anbindung der Kinder an die Mutter, die einerseits schon allein wegen der räumlichen Nähe der Mutter und andererseits aufgrund des Verlusts des Vaters entsteht, dient den Familiengerichten später als Begründung dafür, den Verbleib der Kinder dauerhaft der Mutter zuzusprechen. Nach einem Urteil des Bundesverfassungsgerichts von 1981 muß die engere Bindung des Kindes an den betreuenden Elternteil zum Wohl des Kindes berücksichtigt werden.

Auch wenn in der Änderung des elterlichen Sorgerechts

vom 28. 2. 1996 verfügt wurde, daß nunmehr beide Eltern nach der Scheidung sorgeberechtigt für gemeinsame Kinder sind und dies nur gegen ausdrücklichen Widerspruch eines Elternteils und zum Wohl des Kindes aufgehoben werden kann, bleibt die Zuordnung des Aufenthaltsbestimmungsrechts an nur ein Elternteil – meist an die Mutter – nach der Praxis bisheriger Entscheidungsfindung bestehen. Die Problematik der Kindesentziehung durch einen Elternteil bleibt daher weiterhin voll wirksam.

Weniger großzügig verfährt der Gesetzgeber erstaunlicherweise mit Vätern, die ihre Kinder nach der Scheidung der Mutter zu entziehen versuchen. Und auch die Kinder selbst genießen nicht den geringsten Schutz, wenn sie beschließen, sich dem Sorgerecht der Mutter zu entziehen und ihren vom Gesetzgeber festgelegten Aufenthaltsort bei ihr zu verlassen, um künftig bei ihrem Vater zu leben.

Vätern, die ihre Kinder den sorgeberechtigten Müttern entziehen, droht nach gültigem Recht die Pfändung der »Ware Kind« nebst anschließenden weiteren strafrechtlichen Sanktionen. Und Kinder, die sich selbst ihren sorgeberechtigten Müttern entziehen wollen, um künftig bei ihrem Vater zu leben, müssen miterleben, daß sie von der Polizei abgeholt und gewaltsam zu ihren Müttern zurückgeschleppt werden.

Es ist gleichermaßen logisch und tragisch, daß sowohl der Vater als auch die Kinder, die sich eines solchen Entziehungsversuchs schuldig gemacht haben, mit einem zumeist langfristigen Kontaktverbot daran gehindert werden, einander zu sehen und erneut in Versuchung zu geraten, zusammenbleiben zu wollen.

»Meine Tochter ist mittlerweile elf geworden. Ich kann ihr nichts mehr vormachen«, sagte Helmut aus Villingen-Schwenningen, der seit fünf Jahren geschieden ist und ein gemeinsames Sorgerecht mit seiner Frau für die gemeinsame Tochter ausübt. »Sie hat völlig durchschaut, daß ihre Mutter immer wieder zu verhindern versucht, daß wir uns sehen. Und sie merkt auch, daß ihre Mutter es mir wirklich schwermacht. Früher hat sie immer fragen müssen, ob sie bei mir anrufen darf. Heute kauft sie sich eine Telefonkarte und ruft aus der Zelle an. Dort kann die Mutter wenigstens nicht heimlich mithören oder hinterher blöde Fragen stellen oder Bemerkungen machen.

Angst habe ich und aufpassen muß ich jetzt bloß, daß meine Tochter nicht irgendwann einfach so bei mir auftaucht, weil sie sich eine Fahrkarte am Bahnschalter gekauft hat und losgefahren ist zu mir. Wenn das passiert, bin ich das gemeinsame Sorgerecht los. Das habe ich von meiner Frau und ihrer Anwältin schriftlich. Damit wäre nämlich bewiesen, daß mein Einfluß schädlich für das Wohl meines Kindes ist und verhindert werden muß. Am liebsten würde ich zu meiner Tochter jeden Tag sagen: ›Komm her, es wird toll, wenn du kommst.‹ Und was sage ich? ›Ich will dich sehen. Du fehlst mir. Aber komm nicht. Reiß nicht von zu Hause aus. Sonst dürfen wir uns nicht mehr wiedersehen.‹

Was das für mich bedeutet und auch für die Kleine, das ist eigentlich überhaupt nicht zu rechtfertigen und zu verantworten. Aus meiner Sicht ist ein Gesetz pervers, das einer Mutter das Recht und die Macht gibt, ein Kind für das Ausleben von Gefühlen wie Liebe, Sehnsucht oder Nähebedürfnis mit dem dauerhaften Entzug der Person zu bestrafen, der diese Gefühle gelten, nur weil diese Person der leibliche Vater ist.«

Sollte es wirklich so sein, daß in Deutschland zwar Haustiere jenen Status schon genießen, aber Kinder ihn immer noch nicht zugebilligt bekommen: den Status eines schmerzempfindenden Mitgeschöpfes, das aus Respekt vor seinen Gefühlen nicht der Pfändung unterliegt und von keinem Gerichtsvollzieher eingetrieben werden kann? Sind Kinder allen Menschenrechtskonventionen und internationalen Abkommen zum Trotz in diesem Land immer noch keine Lebewesen mit eigenständigen Persönlichkeitsrechten, sondern Sache, Ware, Besitz ihrer Eltern? Sind sie immer noch unter Anwendung staatlich legalisierter Gewalt quasi mit dem Kuckuck zu versehen und auf Verlangen der Mutter oder dem Vater als rechtmäßigen Besitzern zurückzubeschaffen?

Zwar wurde in einem Urteil des Bundesgerichtshofes vom 5. 2. 1975 zur Frage der Gewaltanwendung gegen Kinder auf Antrag eines sorgeberechtigten Elternteils ausgeführt, daß »eine Vollstreckung des Herausgabeverlangens gegen den Widerstand des Kindes nach den Vorschriften der Zivilprozeßordnung für undurchführbar gehalten wird und daß bei einem Kind, das das 14. Lebensjahr überschritten hat, eine gewaltsame Wegnahme im Hinblick auf Art. 2 I GG auch verfassungsrechtlich bedenklich wäre.«[*]

Eine im Jahr 1987 von der Staatsanwaltschaft Hannover und der Generalstaatsanwaltschaft Celle getroffene Entscheidung machte diesbezüglich jedoch bei allen, die noch Zweifel gehegt hatten, ob es staatlich gestattete Gewalt gegen Kinder tatsächlich gibt, reinen Tisch. In einem Ermittlungsverfahren wegen Rechtsbeugung gegen eine Familienrichterin wurde eindeutig festgestellt, daß nach § 33 Abs. 2 des Gesetzes über die Angelegenheiten der freiwilligen Gerichtsbarkeit (FGG) und im Zwangsvollstreckungsrecht Kinder per Gerichtsvollzieher mit Polizeiunterstützung – auch unter Anwendung von Gewalt gegen die Kinder – auf Verlangen eines sorgeberechtigten Elternteils bei einem nichtsorgeberechtigten Elternteil »eingetrieben« werden dürfen. Ohne Belang ist dabei die erklärte Weigerung des Kindes, der Staatsgewalt Folge zu leisten. Ebenso ohne Bedeutung ist die erklärte Weigerung, zu dem sorgeberechtigten Elternteil zurückzukehren. Und die Erklärung des Kindes, Angst vor dem sorgeberechtigten Elternteil zu haben, weil dieser gewalttätige Erziehungsmaßnahmen ergreift, zählt schon gar nicht.

Daß Kindergefühle nicht beachtet und ernstgenommen werden und ihre ganze Person nicht einmal den Rechtsstatus von Haustieren für sich beanspruchen kann, zeigt die Praxis einer solchen Rechtsprechung in atemraubender Unmenschlichkeit.

[*] NJW 1975, S. 1075.

Zum Beispiel der Fall Arthur:

Arthur hatte seine 24 Jahre jüngere Frau auf einer Rußland-reise kennengelernt. Heute vermutet er, daß sie ihn nur geheiratet habe, um ihr Land verlassen zu können. Damals schien es die große Liebe zu sein. Das Familienglück war voll-kommen, als Zwillinge geboren wurden, zwei Söhne. Doch es hielt nicht, die Ehe zerbrach. Zwei Jahre nach der Geburt der Zwillinge wurde die Scheidung rechtskräftig.

Das Sorgerecht für die Kinder wurde der Mutter zugespro-chen. Einmal im Monat durften sie den Vater besuchen. Je äl-ter sie wurden, desto öfter erklärten sie, lieber bei ihm leben zu wollen. Die Mutter, sagten sie, sei streng und böse. Sie schlage sie auch.

Als sie zehn Jahre alt waren, beschloß Arthur, die beiden »nach so einem Besuchswochenende nicht wieder zurückzu-bringen. Es waren sowieso gerade Schulferien.« Gleichzeitig stellte er einen neuen Antrag auf Änderung des Sorgerechtes und bestellte psychologische Gutachten, die seinen Antrag stützen sollten. Obwohl die Gutachten tatsächlich bestätigten, daß die Zwillinge besser bei ihrem Vater aufgehoben wären, bescheinigten die zuständigen Gerichte der Mutter, daß bei-de Kinder auch gegen ihren Willen und notfalls mit Gewalt zu ihr zurückzubringen seien.

Wie üblich in solchen Verfahren, wurde ein Gerichtsvoll-zieher beauftragt, die Kinder beim Vater »einzutreiben«. Als der Gerichtsvollzieher in Ausübung seiner Amtspflicht bei Va-ter und Söhnen vorfuhr und von den Jungen hörte: »Wir wol-len bei unserem Vater bleiben!«, lehnte er seinen Auftrag mit der Begründung ab, daß er keine Gewalt gegen Kinder an-wenden wolle.

Das Familiengericht blieb uneinsichtig. Der Gerichtsvoll-zieher wurde ein zweites Mal veranlaßt, die Kinder abzuho-len. Zu seiner Unterstützung stellte man ihm Polizisten zur Seite. »Ich handle nur auf ausdrücklichen richterlichen Be-schluß!« verteidigte sich der Gerichtsvollzieher, als er mit den Polizisten erneut vor Arthurs Haustür stand und die Heraus-gabe der Zwillinge verlangte.

Da mit Arthurs Gegenwehr gerechnet wurde, machten die Polizisten kurzen Prozeß, legten ihm Handschellen an und hielten ihn in einem nahen Weinberg fest, bis weitere Polizisten sich der schreienden und um sich schlagenden zehnjährigen Jungen bemächtigt und diese in ihrem Wagen Richtung Mutter abtransportiert hatten.

In einer abschließenden Verhandlung wurde Arthur zu einer hohen Geldstrafe verurteilt und mit einem Jahr Besuchsverbot belegt. Ein sechs Jahre dauernder Streit um das Sorgerecht mit insgesamt 20 von Arthur verlorenen und mit hohem Kostenaufwand zu bestreitenden Prozessen hatte mit einem nicht nur für den Vater, sondern auch für Kinder unfaßlichen und folgenschweren Gewaltakt des Staates geendet.

Zum Beispiel der Fall Erik:
Erik war acht Jahre alt, als es geschah. Er hatte ein fröhliches Wochenende mit seinem Vater und seiner älteren Schwester verbracht und beschlossen, von nun an bei ihm leben zu wollen. Der Vater war einverstanden.

Als der Junge nicht nach Hause kam, alarmierte die sorgeberechtigte Mutter die Polizei, um mit ihrer Hilfe ihr Recht durchzusetzen.

Der Eilrichter des Amtsgerichtes der kleinen Gemeinde im Landkreis Hannover stellte den Beamten der Schutzpolizei vorschriftsmäßig die Bestätigung aus, daß sie den Jungen bei seinem Vater abholen und bei der rechtmäßig über seinen Bestimmungsort entscheidenden Mutter auszuliefern hatten. Gemeinsam mit einer Polizeibeamtin und deren Kollegen traf die Mutter bald darauf in der Wohnung des Vaters ein.

Erik wurde aufgefordert, zu seiner Mutter zu gehen. Aber Erik wollte nicht zurück. Die Mutter schlage ihn, sagte er der Polizeibeamtin. Er wolle nicht mehr zu seiner Mutter. »Erik versteckte sich hinter mir«, schrieb die Polizeibeamtin anschließend in ihrem Bericht. »Er zitterte am ganzen Körper, und wir hatten deutlich den Eindruck, daß er Angst vor seiner Mutter hatte. Er weinte, stieß die Mutter zurück und lief ins Wohnzimmer zum Vater. Ich machte den Vorschlag, den Jungen noch die eine Nacht beim Vater zu lassen, damit er sich beruhigen und von dort am nächsten Morgen zur Schule gehen konnte und anschließend nach Hause zu seiner Mutter. Doch Frau S. wollte ihr Sorgerecht durchsetzen.«

Der Polizeibeamte, der zur Ausführung seines unangenehmen Dienstauftrags gezwungen war, trug den Jungen schließlich zur Tür. »Erik begann sich zu wehren und schrie«, heißt es darüber in dem Bericht der Polizeibeamtin. »Er weinte und klammerte sich an seine große Schwester. Die Mutter umklammerte den Jungen von hinten und zerrte ihn vom Haus weg zum Auto. Erik stemmte sich mit Händen und Füßen gegen den Einstieg, die Frau zog ihn schließlich doch auf den Rücksitz des Wagens. Sie konnte durch ihre körperliche Überlegenheit den Widerstand von Erik brechen.«

Wie weit muß es mit einer Frau gekommen sein, daß sie ihren Kindern und auch dem Mann, den sie einmal geliebt und für würdig befunden hat, dauerhaft ihr Leben zu teilen und gemeinsame Kinder zu zeugen, ohne äußere Not eine solche Tortur antut?

Wie weit aber ist es auch mit unserem »Übervater« Staat gekommen? Wo ist die Verantwortung der staatlichen Hüter der gesellschaftlichen Ordnung, der Wächter der Moral und Ethik gegenüber den schwächsten Gliedern der Gesellschaft, nämlich den Kindern?

Genügt es, einen computergesteuerten, seelenlosen Staatsapparat aufzubauen und das Leben in Gesetzesparagraphen einzupferchen, die dann fern aller Menschlichkeit, Güte und Weisheit gebraucht oder mißbraucht werden, um ohne Rücksicht auf Verluste einmal festgeschriebene Ansprüche durchzusetzen?

Besteht tatsächlich – um es mit den Worten des Familientherapeuten, Psychologen und Sachverständigen Uwe-Jörg Jopt aus seinem Buch ›Im Namen des Kindes‹ auszudrükke – die einzige staatliche Schutzmaßnahme für Scheidungskinder in der Ermittlung eines zukünftigen Erziehungsberechtigten und in der Zuteilung eines festen Wohnsitzes bei demselben?

Angesichts des Skandals, daß es Deutschland nicht gelungen ist, die von allen Mitgliedsländern einstimmig verabschiedete UN-Konvention über die Rechte des Kindes ratifizieren zu lassen, drängt sich die bedrückende Einsicht auf, daß Deutschland nicht nur in der internationalen Gerüchteküche, sondern in der Realität ein kinderfeindliches Land ist. Seit dem 14. November 1991 hat Deutschland keinen Zweifel daran gelassen, daß die Regierung dieses Landes nur dann bereit ist, sich einem internationalen Rechtsabkommen zugunsten von Kindern anzuschließen, wenn für Deutschland eine »Zusatzerklärung« gebilligt werde, die einige entscheidende Teile der international zugebilligten Kindesrechte wieder aufhebt.

Demzufolge wird für deutsche Kinder vor allem die nachfolgende Forderung der Vereinten Nationen nicht gelten: »Artikel 9: Pflege von Beziehungen und Kontakten zwischen Kindern und ihren Eltern sind ausdrückliche Rechtsansprüche jedes Kindes.«

Zum Beweis für diese speziell deutsche Kinderfeindlichkeit sei auf die Reform des elterlichen Sorgerechts vom 28. 2. 96 verwiesen: Sie schreibt zwar – mit der Einschränkung des einseitigen Widerrufs – das Sorgerecht beider Eltern gegenüber dem Kind auf unabsehbare Zeit fest, garantiert aber nicht ausdrücklich den Rechtsanspruch des Kindes auf beide Eltern.

Vorauszusehen ist, daß die praktizierte Kinderfeindlichkeit deutscher Rechtsprechung auch künftig dazu führen wird, daß Eltern unter dem Deckmantel der Kindesliebe die Waffe des Sorgerechts gegeneinander einsetzen und ihre Kinder auf diese Weise ebenso zerstörerisch und gewissenlos seelisch mißbrauchen, wie andere Eltern dies in anderen Zusammenhängen körperlich bereits vollziehen.

THOMAS, 37 Jahre, und SANDRA, 38 Jahre

THOMAS: An meine Tochter Melanie

Wenn Du diese Zeilen liest, werde ich schon lange tot sein, denn ich habe beschlossen, daß der heutige Tag mein Todestag ist. Deine Mutter wird Dir erklären, warum dies so ist. Glaube mir, viel lieber hätte ich mit Dir gelebt.

(Thomas starb bei einem Autounfall. Er raste in Süditalien gegen den Betonpfeiler einer Autobahnbrücke. Er war sofort tot.
Seinen Abschiedsbrief an seine Tochter fand man in seinem Banksafe. Dort befand sich auch ein Testament, aus dem hervorging, daß Thomas seinen gesamten Besitz einer karitativen Einrichtung vermacht hatte. Aus dem Datum ging hervor, daß Thomas dieses Testament an dem Tag verfaßt hatte, an dem Sandra ein gemeinsames Sorgerecht endgültig verweigert hatte.

Zwischen der notariellen Beglaubigung des Testaments und Thomas' Tod lagen elf Tage.)

SANDRA: Das Kind ist aus meinem Bauch

Ich war damals Mitte Dreißig. Alles, was mir beruflich vorgeschwebt war, hatte ich erreicht. Ich besaß eine schöne Wohnung, ein Auto, um das mich die Männer beneideten, etwas Geld auf der Bank. Aber irgendwie fühlte ich mich ziemlich leer. War's das schon? dachte ich. Immer derselbe Trott, derselbe Streß. Ich fand, es wurde Zeit, an die Zukunft zu denken.

Also begann ich, mich nach einem geeigneten Mann umzusehen. Ich hatte eine ziemlich genaue Vorstellung davon, wie er beschaffen sein müßte.

Schließlich lernte ich ihn kennen. Er hieß Thomas, war Zahnarzt mit eigener Praxis und hatte Geld genug für Frau und Kind.

Ich sorgte dafür, daß er auf mich aufmerksam wurde. Es fiel mir nicht schwer, mich zu verlieben. Ich machte mir sogar ziemlich viel aus ihm. Er machte sich bald auch ziemlich viel aus mir. Er lud mich ein, zu ihm zu ziehen.

Seine Wohnung war nichts Besonderes, aber gemütlich. Ich zog gerne ein. Allerdings behielt ich heimlich meine eigene Wohnung und arbeitete weiterhin.

Es dauerte fast ein Vierteljahr, ehe ich schwanger wurde. Ich hatte jahrelang die Pille genommen und eigentlich damit gerechnet, sofort schwanger zu werden, sobald ich sie absetzte. Es war eine Überraschung, daß es so lange nicht klappte. Aber da meine Frauenärztin mir versichert hatte, daß alles mit mir in Ordnung sei, machte mir das Warten nichts aus. Es gefiel mir sogar. Es steigerte die Vorfreude. Thomas erzählte ich nichts. Ich fand, es ging ihn auch nichts an.

Als ich es endlich geschafft hatte, schwanger zu sein, teilte ich es Thomas mit. Er fiel aus allen Wolken, wollte mich aber sofort heiraten. Also taten wir es.

Meine Tochter Melanie kam ein halbes Jahr später auf die Welt. Thomas störte jetzt wahnsinnig.

Ich hatte mich mit diesem Mann eingelassen, weil ich ein Kind von ihm haben und anschließend finanziell auf der sicheren Seite stehen wollte. Die Romanze zwischen uns war zu Ende. Das war mir eigentlich schon vor Melanies Geburt klar. Im Grunde hatte ich nur noch abgewartet, ob mit dem Kind alles in Ordnung war. Ein behindertes Kind hätte ich keinesfalls bei mir behalten.

Thomas rechnete damit, daß ich eine Woche nach der Entbindung nach Hause kommen würde. Er tat mir leid, weil er sich so dafür begeistern konnte, wie wir in seiner Wohnung hausen und glücklich wie die Turteltauben sein würden. Aber mein Entschluß war gefaßt. Ich verließ das Krankenhaus schon am vierten Tag, ohne Thomas zu benachrichtigen.

Meine Zugehfrau hatte in der Zwischenzeit meine eigene Wohnung in Ordnung gehalten. Als ich mit meinem Kind zur Tür hineintrat, kam es mir vor, als wäre ich nie fort gewesen.

Thomas tat mir durchaus leid. Ich bin schließlich kein Hackklotz. Vor allem, als er sich dann das Leben nahm. Aber ich habe kein schlechtes Gewissen. Melanie ist mein Kind. Ich bin ihre Mutter. Dieses Kind ist in meinem Bauch gewachsen. Und ich habe es unter Schmerzen zur Welt gebracht. Thomas war mehr oder weniger ein Zufallsmann. Er hatte ein Zehn-Sekunden-Glück bei der Sache. Mehr nicht.

Pech für ihn war, daß Männer heute in puncto Liebe per Gesetz zur Kasse gebeten werden, ihre Kinder aber nicht bekommen. Worüber ich mich durchaus nicht beklage. Es ist ja voll und ganz in meinem Sinn. Ich will damit sagen, daß ich mich nicht zu schämen brauche. Ich habe von dem Erzeuger meines Kindes verlangt, was mir gesetzlich und rechtmäßig zusteht.

Ich schrieb ihm, daß ich ihn freigebe und die Scheidung wolle. Ich schrieb ihm, daß er uns auch freigeben solle.

Aber dummerweise hatte Thomas andere Vorstellungen als ich. Jetzt auf einmal kam dieser Mann daher und behauptete, mein Kind sei sein Kind. Forderte Mitspracherecht bei der Erziehung, forderte mein Kind für sich. Ich habe nie eingesehen, mit welchem Recht. Etwa mit dem Recht des Chromosomensatzes, den er anteilig an meinem Kind geliefert hat? Ja, erwirbt sich denn ein Kaufmann ein Recht, meinen Kuchen zu essen, nur weil er der Lieferant der Zutaten war?

Ich hatte Thomas geheiratet, weil ich ein Kind wollte und dieses Kind einen Vater haben sollte, für den es sich nicht schämen müßte. Ich hatte einen Mann als Erzeuger für dieses Kind ausgesucht, der Geld genug hatte, um die Erziehung zu sichern und zu garantieren, daß ich als Mutter Zeit genug für mein Kind haben würde. Aber ich hatte ihn nicht geheiratet, um für immer und ewig mit ihm Händchen zu halten.

Ich versuchte, Thomas alles zu erklären. Ich habe ihm mindestens drei, vier Briefe deswegen geschrieben. Trotzdem wurde das erste Jahr nach unserer Trennung ziemlich hart für mich. Thomas versuchte mit allen Tricks, zumindest das Kind zurückzuholen.

Aber ich hatte eine Spitzenanwältin genommen. Sie machte ihre Sache wirklich gut. Nach dem obligatorischen Trennungsjahr wurden Thomas und ich endlich geschieden. Melanie wurde mir zugesprochen.

Daß Thomas sich zwei Monate später das Leben nehmen würde, war nicht eingeplant und von mir auch nie beabsichtigt. Es tut mir natürlich leid.

Wirklich schlimm ist, daß Thomas kaum Geld hinterlassen hat, so daß Melanie und ich ziemlich dumm dran sind. Seine Eltern haben zwar versprochen, daß sie einen Teil der Kosten für Melanie übernehmen, aber das ist ja nichts Reelles. Das beunruhigt mich schon. Da weiß ich auch noch nicht, wie ich damit umgehe. Es sei denn, ich heirate noch mal.

Ob ich mich schlecht dabei fühlen werde?

Nein, eigentlich nicht. Eher so wie nach einem gelungenen Coup.

Sind Kinder ohne Väter wirklich besser dran?

Eine der bekanntesten Verfechterinnen der Theorie, daß Alleinerziehende und ihre Kinder Prototypen einer besseren Welt sind, ist beispielsweise Gunhild Gutschmidt, die sich vor allem mit Publikationen im Zusammenhang mit der Arbeit des VAMV (Verband alleinstehender Mütter und Väter) einen Namen gemacht hat. In einem Beitrag über ›Alleinstehende Frauen zwischen Defizit und Chance‹, der 1991 von der Hessischen Landeszentrale für Politische Bildung anläßlich eines Kongresses unter dem Motto »Alleinerziehende im Aufbruch. Wir sind mehr, als Ihr glaubt« veröffentlicht wurde, führte sie aus: »Wenn die erste schwierige Phase der Trennung überwunden ist, bieten Alleinerziehende ... ihren Kindern auch Chancen, die ... nur zu gern übersehen werden:

– So sind die meisten Kinder Alleinerziehender selbständiger als ihre Altersgenossen, sie werden ja nicht ›überbetreut‹, besonders dann nicht, wenn sie berufstätige Mütter (Väter) haben.

– Sie sind selbstbewußter, denn der Erziehungsstil Alleinerziehender ist zumeist partnerschaftlich, besteht ... eher in einem ›Aushandeln von Konflikten‹. Die Kinder erleben sich früh als gleichberechtigt.

– So haben auch ... Kinder nach der Auflösung einer konflikthaften Ehe oft ein erhöhtes Maß an seelischer Sicherheit gewonnen. Sie haben die Erfahrung gemacht, daß man konflikthafte Beziehungen beenden kann und daß auch darin eine Chance zum Neubeginn liegt.

– Viele von ihnen erleben auch aktive und kontaktfreudige Mütter. So stellten Forscher ... fest, daß es eher die verheirateten Mütter waren, die zur Isolation in der Kleinfamilie neigten. So bieten sie auch ihren Kindern ein erweitertes soziales Umfeld.

– Kinder Alleinerziehender haben zudem die Chance, Frauen- und Männerkompetenzen abseits geschlechtsspezifischen Rollenverhaltens kennenzulernen. Sie erleben, wenn sie Kinder alleinerziehender Mütter sind, selbstbewußte und unabhängige Frauen, und Kinder alleinerziehender Väter erleben Männer, die sich mit ihren alltäglichen Bedürfnissen beschäftigen. Kinder von Ehepaaren sehen dies erheblich seltener.

– Alleinerziehende Mütter ... zeigen, daß Frauen mehr können als das, was man ihnen jahrelang zugetraut hat, aber auch mehr, als sie sich selbst oft zutrauen. Sie bieten ihrer Umwelt und ihren Kindern ein lebendiges Beispiel dafür, daß Frauen unabhängig und autonom leben können.

– Experten, Wissenschaftler und Forscher haben jahrelang versucht, Kindern Alleinerziehender psychische Mängel und Beschädigungen nachzuweisen. Trotz aller Bemühungen: Es gelang ihnen nicht. Unsere Kinder haben ... das ungeschriebene Dogma, Ehe sei das Beste für Kinder, längst wissenschaftlich widerlegt.«

»Auf zur Scheidung!« möchte frau da nur rufen und wieder einmal das feministische Credo anstimmen, daß Frauen und Mütter eben doch die bessere Alternative sind. Wären, ja wären da nicht weltweit die überwältigenden Beweise, daß die Masse der Scheidungswaisen keineswegs als glückliche Gewinner aus der Trennung ihrer Eltern hervorgeht.

Die Lobeshymnen auf Kinder Alleinerziehender mögen das bohrende Gewissen geschiedener Eltern beschwichtigen, indem sie vorgaukeln, daß Kinder durch seelischen Schmerz und den Verlust eines Elternteils zu besseren, friedliebenderen Menschen geläutert werden. Sie mögen noch so oft zitiert werden, damit Alleinerziehende endlich ihren gesellschaftlichen Wert, »Vorkämpfer und Vorkämpferinnen für Neues, Protagonisten und Herausforderer« zu sein, erkennen, die mit ihren Kompetenzen eine längst fällige Neuerung der Familienpolitik provozieren.

Die Wahrheit ist, daß sich alle diese Lobeshymnen auf der immer breiter werdenden Basis der empirischen Sozialforschung als frommer Selbstbetrug entpuppen.

Beginnen wir mit der sozialen und finanziellen Lage der Kinder alleinerziehender Mütter.

Gern betonen Beratungsstellen, daß sich laut Statistik unter alleinerziehenden Müttern rund viermal so viele erwerbstätige Frauen der Einkommensklasse ab monatlich 3000 Mark befinden wie unter verheirateten Müttern. Jede zehnte auf Sozialhilfe angewiesene alleinerziehende Mutter, heißt es, schaffe es im Verlauf mehrerer Jahre, zumindest zeitweilig im Rahmen von Arbeitsbeschaffungsmaßnahmen erwerbstätig zu sein, sich beruflich fortzubilden, umzuschulen und regelmäßige Einkünfte zu erzielen. Jede dritte arbeite in einem Beruf, der ihr Freude macht, habe sich ein solides Freundesnetz aufgebaut und aus dem Bewußtsein, es allein schaffen zu können, weitaus mehr Selbstvertrauen geschöpft als je zu Ehezeiten. Darüber hinaus engagieren sich viele alleinerziehende Mütter politisch und in Frauengruppen.

Wenn die Tatsache aufs Tapet kommt, daß das Einkommen von rund 60 Prozent der Mütter selten ausreicht, um den Unterhalt für sich und ihre Kinder allein und aus eigener Anstrengung zu finanzieren, so daß der Gang zum Sozialamt zum täglichen Allerlei gehört, wird augenblicklich eine Anklage gegen den Sozialstaat formuliert, der die Unterhaltszahlungen von Zahlvätern zu niedrig ansetzt. Vorwurfsvoll werden Bildungspolitik und Mißstände bei der beruflichen Quotierung der Frau ins Feld geführt, aus deren Ursachen heraus 80 Prozent der Frauen hinter der entsprechenden Qualifikation der Männer zurückbleiben. In die Wunde der klaffenden Einkommensunterschiede wird der Finger gelegt.

Unberücksichtigt bleibt, daß Frauen trotz des Wissens um geringer dotierte Berufe ausgerechnet diese immer wieder freiwillig ergreifen. Unberücksichtigt bleibt auch, daß ein nicht unerheblicher Anteil von Frauen von vornherein eine Ehe als Versorgungseinrichtung anstrebt, um angesichts des sicheren Einkommens des Ehemannes nicht selbst erwerbstätig und dennoch finanziell unabhängig zu sein. Gerade diese Frauen entwickeln nach der Scheidung auch keinen Ehrgeiz, sich aus der sicheren Versorgungsleistung des Mannes zu lösen, und sehen statt dessen Unterhaltszahlungen als selbstverständlich an. Ungeklärt viele von ihnen gehen einer eigenständigen Erwerbstätigkeit vorzugsweise auf dem Schwarzmarkt oder im Bereich der Geringfügigkeit nach, damit die Zahlungspflicht des Mannes nicht gemindert und gegebenenfalls auch die Unterstützung von Vater Staat nicht geschmälert wird.

Daß unabhängig von der persönlichen Willensentscheidung Alleinerziehender ihre wirtschaftliche Situation auch von aktuellen familienpolitischen und arbeitsmarktrelevanten Rahmenbedingungen ausgelöst wird, sei unbestritten. Fehlende Teilzeitarbeitsplätze für Alleinerziehende, fehlende Kindergarten- und Hortplätze, fehlende Ausbildungsplätze für Jugendliche und nicht zuletzt fehlende Therapieplätze für Kinder und Erwachsene, die durch das Schlüsselereignis Scheidung zutiefst belastet werden, sind als Auslösefaktoren nicht vergessen.

Aber niemand kann ernsthaft bestreiten, daß erwachsene, mündige Bürgerinnen und Bürger, die sich scheiden lassen, diese Rahmenbedingungen auch gekannt haben und in ihrer Planung berücksichtigen mußten. Wenn ein Mensch sehenden Auges, aus freiem Entschluß und Willen in einen Abgrund springt, ist doch nicht der Abgrund für seinen Genickbruch verantwortlich.

Ganz gleich, wie das schmale Haushaltsbudget einer dauerhaft auf Sozialhilfe angewiesenen alleinerziehenden Mutter entstand – die unmittelbaren und vielfach bei der Scheidung so nicht einkalkulierten Folgen sind die Verarmung und der gesellschaftliche Chancenverlust nicht allein der Frau, sondern auch der Kinder.

Forschungsergebnisse einer 1995 veröffentlichten, repräsentativen deutschen Langzeitstudie der in der Forschung tätigen Familien- und Jugendsoziologin Anneke Napp-Peters über ›Familien nach der Scheidung‹ weisen nach, daß Alleinerziehende sich mit der Scheidung häufig aus den Einschränkungen ihrer Ehe und den sie überfordernden, lästigen Erwartungen an ihre Hausfrauen- und Mutterrolle befreien wollen. Folgerichtig versuchen Mütter, nach der Scheidung die unerwünschten Einschränkungen ihrer persönlichen Bewegungsfreiheit ebenso wie die ungeliebten Hausfrauen- und Mutterpflichten abzuwälzen. Dies gelingt zum Beispiel, indem sie ihren Kindern unangemessen große Verantwortung für Haushaltspflichten sowie bei der Versorgung und Betreuung jüngerer Geschwister auferlegen, während sie selbst sich den Haushaltsaufgaben und Bedürfnissen der Kinder mit dem Alibi ihrer Erwerbstätigkeit entziehen.

So erklärt sich, daß jedes vierte Kind nach der Schule und in den Ferien den Tag über auf sich selbst gestellt und auch spätabends überwiegend allein zu Hause ist. Von den Schulkindern unter Scheidungswaisen bleiben bis zu 40 Prozent nach der Trennung der Eltern sitzen. Gameboy- und Computerspiele, vor allem der Fernsehkonsum nehmen einen überproportional großen Zeitraum ein. Die auf der Mattscheibe gezeigten Filme, die alleingelassene Kinder mit niemandem besprechen können, werden als lebensecht mißverstanden und die Handlungsweise der Protagonisten zum Ersatz für das fehlende Vorbild der Eltern. Rambotypen und Karatekämpfer stehen für den verlorenen Vater und dafür, wie ein Mann sein muß. Am filmischen Lustobjekt Frau wird festgemacht, wie eine Frau zu sein hat.

Da Kinder gesellschaftsbedürftig sind und einen wichtigen Teil ihrer Persönlichkeit im Umgang mit anderen bilden, wird die Clique zum Familienersatz und Dazugehören zum seelischen Zwang, der sich auch über Tabugrenzen hinwegsetzt.

Nur den wenigsten geschiedenen Eltern gelingt es, sich nach der Scheidung tatsächlich voneinander zu lösen und ihren Machtkampf zu beenden. Die anderen setzen ihren Zwist fort, indem sie gemeinsame Kinder als Druckmittel benutzen. Bewußt wird in Kauf genommen, daß die Kinder mit der Konfliktsituation der Eltern überfordert sind. Zumal dann, wenn die existentiell bedrohliche Konfrontation mit wirtschaftlichen Problemen, sozialen Zwängen, Einsamkeit und der mit niemandem zu teilenden Verantwortung die alleinerziehende Mutter so nachhaltig beeinflußt, daß sie oft jahrelang ständig gereizt, vielfach sehr verstört, überängstlich und entscheidungsschwach, alkoholkrank oder tablettenabhängig wird. Gepaart mit der fatalen Neigung, Kindern die Schuld an ihrer eigenen Existenz zu geben und ihnen das Gefühl zu vermitteln, sie seien dem Vater auf verhaßte Weise ähnlich, wird die Schwäche der alleinerziehenden Mutter zu Dynamit für die seelische Entwicklung ihrer Kinder.

In den von Anneke Napp-Peters untersuchten 150 Familien wurden bei jedem vierten Kind anhaltende Verhaltensstörungen aufgrund der Scheidung erkannt. Bei den Jungen war das »vorherrschende Symptom ... ein aggressives Verhalten, das mit anderen Verhaltensauffälligkeiten wie Schulproblemen, Diebstahl, häufigen Wutanfällen, Tierquälerei, Lügen und Weglaufen einherging ... Bei den Mädchen überwogen depressive Verhaltensmuster, die in den meisten Fällen zusammen mit Disziplinschwierigkeiten, Unkonzentriertheit und Schulproblemen auftraten. Bei jedem fünften Kind äußerten sich die anhaltenden Störungen je nach Alter durch wiederholtes Bettnässen, Einkoten, überängstliches Verhalten und Selbstmordversuche«.

Vergleichbares wie in den USA, wo nahezu zwei Drittel aller Vergewaltiger, drei Viertel aller jugendlichen Mörder und Drogenabhängiger sowie wegen Einbruchs und Raubüberfällen, schwerer Verkehrsdelikte und ähnlicher Vergehen in Straf- und Erziehungsanstalten Inhaftierter aus vaterlosen Ein-Elternfamilien stammen, stellte bereits im März 1987 die Jugendrichterin Elisabeth Schröder-Jenner vor dem Jugendwohlfahrtsausschuß in Hannover für Deutschland fest.

Anlaß ihrer Ausführungen waren mehrfache gewalttätige Ausschreitungen zwischen ausländischen Jugendlichen und deutschen Skinheads mit rassistischer, nazistischer Weltanschauung sowie der Tod eines Skinheads in Hannover, der von 12- bis 20jährigen Mitgliedern seiner Gruppe zu Tode geschlagen und getreten worden war. »Die meisten der Skinheads, mit denen ich zu tun hatte«, erklärte die Jugendrichterin in ihrem Bericht zur Skinhead-Problematik der

Stadt, »waren Söhne alleinerziehender Mütter, die nicht die Gelegenheit hatten, sich mit einem positiven Vaterbild zu identifizieren.« Ähnlich verwies der Berliner CDU-Politiker Lehmann-Brauns in Zusammenhang mit den Berliner Krawallen vom 1. und 2. Mai 1989 auf die hohe Anzahl von Scheidungswaisen unter den Gewalttätern von Kreuzberg, Rostock, Hoyerswerda, Lübeck, Solingen und anderen Orten nazistisch-extremistischer Greueltaten.

Psychologische Beratungsstellen für Eltern und Kinder schlagen Alarm. Immer mehr Kinder bezahlen den Verlust ihrer Väter mit Lebensängsten, die sich in hilfloser Zerstörungswut und zwischenmenschlichen Bindungsschwächen niederschlagen. Vielerorts teilen sich Hilfesuchende monatelang in die Warteschlangen vor den Beratungszentren ein, ehe ihnen ein Termin angeboten werden kann. Jedes dritte zumeist vaterlos aufwachsende Kind hat ständig und überall Angst, die es nicht beschreiben oder zuordnen kann. Jedes fünfte leidet unter Alkohol- oder Tabletten-, Zigaretten- und anderen Drogenproblemen. Jedes achte gerät mit dem Gesetz in Konflikt. Gewalttätigkeiten, Diebstahl, Prostitution und Weglaufen nebst Obdachlosigkeit führen die Liste der Schwierigkeiten an.

Grund zu besonderer Besorgnis bietet auch die 1994 von CDU-Bundesinnenminister Manfred Kanther vorgelegte polizeiliche Kriminalstatistik. Die ungewöhnliche Zunahme der Anzahl tatverdächtiger deutscher Kinder und Jugendlicher alarmiert geradezu. Bei Täter/innen ab acht Jahren sei ein Zuwachs von 19,4 Prozent registriert worden, so Kanther. Insbesondere Delikte wie Ladendiebstahl, Sachbeschädigung und Brandstiftung gingen auf das Konto Minderjähriger. Hier sei eine gesamtgesellschaftliche Aufgabe zu erkennen, meinte Kanther und wies darauf hin, daß eine »wertbezogene Erziehung« in der Familie unerläßlich sei.

Anders als so gern dargelegt, weisen die Forschungsergebnisse der Napp-Peters-Studie nach, daß 75 Prozent der Scheidungswaisen nicht nur als Kinder, sondern noch als Erwachsene schwerwiegende Probleme haben, den Alltag zu bewältigen und ihr Leben in den Griff zu bekommen. »Knapp die Hälfte«, so Anneke Napp-Peters, »hat Probleme mit Alkohol und Drogen, einige sind wegen Beschaffungskriminalität bereits vor dem Richter gestanden. Andere sind bei gewalttätigen Auseinandersetzungen in rechtsradikalen Kreisen polizeilich aufgefallen ... Jeder dritte hat keine abgeschlossene Ausbildung, macht Aushilfsarbeiten oder ist arbeitslos gemeldet. Von ihren Eltern wurde etwa die Hälfte als aufsässig und destruktiv beschrieben, die übrigen als einsam, verschlossen und ängstlich. Die meisten jungen Leute sprachen offen über ihre Kontaktschwierigkeiten, Bindungsängste und sexuellen Probleme. Sie machten auf uns einen depressiven und unglücklichen Eindruck ... Auch die Beziehung zu dem Elternteil, bei dem sie aufgewachsen waren, war angespannt und von vielen Konflikten beladen.«

Andere Studien, vornehmlich aus dem amerikanischen Sprachraum, zeigen auf, daß Jugendliche, die ohne Vater aufwachsen, das Loch in ihrer Seele auszufüllen versuchen, indem sie sich vorschnell und unbedacht auf sexuelle Beziehungen einlassen und ihre Sexualpartner/innen leichtfertig und oft wechseln. Zum Teil wird dieses Verhalten auf das Vorbild der Mutter zurückgeführt, die nach der Scheidung zahlreich wechselnde Partnerschaften einging. Zum Teil fehlt das Vorbild des Vaters als beständigem, verläßlichem Partner mit bestimmten Charakterqualitäten, durch dessen Lob, Anerkennung oder Tadel Jugendliche ihre eigene Orientierung finden. Dies gilt nicht nur für männliche Jugendliche, die über die Persönlichkeit des Vaters eine Richtschnur für sich selbst als heranreifender Mann sowie als Mann im Umgang mit Mädchen und Frauen wahrnehmen. Es gilt auch für Mädchen, für die der Vater – im besten Sinne – immer auch der erste Mann im Leben bleibt, dessen väterliche Liebe und Bewunderung ihr erstes Übungsfeld für Koketterie, Um-den-Finger-Wickeln und Weiblichkeit darstellt, zugleich aber auch das Bewußtsein dafür weckt, wie der Mann fürs Leben beschaffen sein müßte.

Der besorgniserregende Anstieg von Teenagerschwangerschaften und Abtreibungen sowie Aids-Erkrankungen und Prostitution im jugendlichen Alter legen Zeugnis dafür ab, wie unverzichtbar wichtig der Vater im Leben seiner Kinder ist.

Nicht von ungefähr werden daher immer öfter Proteste laut, wenn Politiker/innen aller Parteien unverdrossen nach weitreichenderer Förderung Alleinerziehender und der Gleichstellung nichtehelicher mit ehelichen Lebensgemeinschaften oder der Legalisierung gleichgeschlechtlicher Beziehungen als Form der Ehe und Erleichterungen bei der Adoption von Kindern für Homosexuelle verlangen, anstatt dafür Sorge zu tragen, daß eine Ehe nicht leichter aufzukündigen ist als ein Mietvertrag, und zu unterbinden, daß mehr Kinder durch Gerichtsbeschluß ihre Väter verlieren als in Kriegszeiten durch den Tod.

Ganz gleich, wie viele Frauen die Männer nicht mehr lieben können oder wollen, mit denen sie Kinder in die Welt gesetzt haben – die Kinder fühlen anders. Sie sind eigenständige Persönlichkeiten. Sie haben eigene Bedürfnisse und Rechte. Und sie lieben und brauchen die für ihre Mütter überflüssigen Männer, weil es ihre Väter sind.

»Wenn ich meinen Vater verloren hätte, weil er einen Unfall hatte und gestorben wäre, wäre es einfacher für mich gewesen als so, wo ich wußte, er lebt, und mich an alles erinnern konnte, was wir zusammen getan hatten und immer noch tun könnten, wenn er bei mir wäre«, sagte Peter aus Würzburg, mit dem ich zufällig auf einer Zugfahrt ins Gespräch kam. »Ich habe ihn wirklich schwer vermißt. Ich war richtig krank vor Sehnsucht und habe jeden Freund um seinen Vater beneidet. Wenn ich eingeladen war und mitbekam, wie es ist, wenn man einen Vater hat, der einem zeigt, wie man mit dem Taschenmesser schnitzt oder Bogen schießt, oder der Witze mit einem erzählt, daß einem vor Lachen die Tränen kommen, war ich oft so neidisch, daß ich hinterher mit dem Freund Streit bekam und ihn aus lauter Neid am liebsten totgeprügelt hätte.

Wenn ich meine Mutter nach meinem Vater gefragt habe,

hat sie immer bloß mit den Schultern gezuckt und gesagt, daß er ein Idiot gewesen sei und ich aufpassen solle, daß ich nicht werde wie er. Anschließend war sie dann tagelang launisch und hat mir alles verboten oder bei jeder Gelegenheit rumgebrüllt und mir vorgehalten, daß sie wegen mir ihr Leben versaut. Irgendwann habe ich begriffen, daß sie immer dann so war, wenn ich nach meinem Vater gefragt habe, und habe dann auch nicht mehr gefragt. Vergessen habe ich ihn deswegen nicht. Ich hab's bloß besser versteckt, daß ich an ihn gedacht habe. Inzwischen habe ich selber Kinder und ertappe mich immer wieder mal dabei, daß ich sie beneide, weil sie einen Vater haben. Das ist verrückt.«

MARTINA: Den Verlust meines Vaters verwinde ich nie

32 Jahre. Seit 28 Jahren Scheidungswaise. In schwieriger Ehe verheiratet. Mutter von zwei Kindern

Als ich selbst knapp fünf und meine Schwester vier Jahre alt war, wurde die Ehe meiner Eltern geschieden. An die guten Zeiten mit meinem Vater habe ich kaum Erinnerungen. Nur an ein Ereignis erinnere ich mich. Mein Vater hatte mir Hausschuhe gekauft. Doch kaum lief ich damit los, stürzte ich und tat mir weh. Mit meinem Vater wurde geschimpft, weil er mir die Schuhe zu groß gekauft hätte. Ich hatte Mitleid mit ihm, weil er mir eine Freude machen wollte und nun ausgezankt wurde.

Die Zeit vor der Scheidung meiner Eltern ist in meinem Bewußtsein als eine Zeit voller Angst und Unsicherheit und Mangel an Geborgenheit eingraviert. Ich kann mich an lautstarke Beschimpfungen erinnern und an Geschirr, das meine Mutter nach meinem Vater warf. Oft war sie einem Nervenzusammenbruch nahe und sagte, daß sie sich das Leben nehmen wolle.

Wenige Wochen nach der Scheidung heiratete mein Vater wieder. Seine neue Frau war seine Chefin. Obwohl er immer wieder beteuerte, vor der Scheidung nichts mit ihr gehabt zu haben, sahen meine Mutter und wir Kinder in dieser Frau stets die

Hauptverursacherin allen Leidens. Als diese Frau nach dem To-
de meiner Mutter meine Stiefmutter wurde und ich trotz aller
inneren Abwehr ihr liebenswertes Wesen erkennen mußte, litt
ich fast jede Nacht unter schweren Alpträumen, weil ich wegen
meiner Mutter ein schlechtes Gewissen hatte.

Meine Mutter hingegen blieb bis zu ihrem Tod mit uns beiden
Töchtern und unserer Großmutter allein.

Am schlimmsten empfand ich nach der Scheidung die Be-
suchstage meines Vaters, der uns Kinder entweder bei Bekann-
ten oder manchmal auch bei seinen Verwandten traf.

Beklommen wegen der fremden Umgebung und den mir oft
völlig fremden Menschen, war ich verstört, verschüchtert und
angstvoll darauf bedacht, mich dem Vater gegenüber richtig zu
verhalten. Wobei »richtig« den Anweisungen meiner Mutter ent-
sprach, der ich nicht noch mehr Leid zufügen wollte und der ich
deshalb immer zu gehorchen versuchte. Zugleich war ich arg-
wöhnisch wegen der fremden Leute, die sich mit meinem Vater
gut verstanden. Da meine Mutter uns gelehrt hatte, den Vater
als böse anzusehen, mußten die fremden Menschen, die ihn gern
hatten, auch böse sein. Daher erwartete ich stets, daß sie ir-
gendwann die falsche Freundlichkeit fallen lassen und mir et-
was antun würden.

In den Stunden vor diesen Pflichtbesuchen litt meine Mutter
sehr und verhielt sich meiner jüngeren Schwester und mir ge-
genüber völlig unangemessen. Sie gab uns genaue Anweisun-
gen, wie wir uns zu verhalten hätten. Genau kann ich mich an
ein Bonbonerlebnis erinnern. Vater hatte uns Bonbons ge-
schenkt. Wir aber hatten sie mit der von meiner Mutter uns in-
struierten Bemerkung zurückgegeben: »Die kannst du mit dei-
ner neuen Frau essen.« Ich hatte jedoch meine Schwester zuvor
beauftragt, die Bonbons heimlich wieder aus Vaters Tasche her-
auszuziehen. Sie waren zu verlockend. Und mein schlechtes Ge-
wissen hinterher viel zu schwer.

Einmal in dieser Zeit kam der Gerichtsvollzieher mit einem
Bekannten meines Vaters, bei dem wir Kinder auch schon unse-
re Pflichtbesuche absolviert hatten, in die Wohnung meiner
Mutter und wollte unsere Couch abholen. Wir Kinder mußten

uns im Nachthemd daraufsetzen und so tun, als ob wir auf dieser Couch schlafen würden. »Nun nimmt euch euer Vater auch das weg!« Dieser Satz und der Fluch meiner Mutter über die Hände, die die Couch wegtrugen, hängt mir noch heute nach.

Lange hielt die Zeit, in der wir unseren Vater noch sehen durften, jedoch nicht an. Meine Mutter schaffte es mit Hilfe des Jugendamts, daß die Besuchspflicht aufgehoben wurde. Auch sämtliches Spielzeug und Briefe für uns sandte sie ihm zurück. Damit brachen sämtliche Verbindungen zu Vater ab. Aufgrund der Äußerungen meiner Mutter war Vater für mich der böse Mann geworden.

Meine Mutter lebte mit uns Kindern äußerst zurückgezogen, pflegte keine Freundschaften. Nie gingen wir ins Schwimmbad oder unternahmen Ausflüge. Statt dessen gab es viel zu erledigen. Da meine Mutter als Hebamme zu jeder Tages- und Nachtzeit erreichbar sein mußte und wir außerdem zwei Gärten und stets Kleinvieh wie Hühner, Schafe und Ziegen zu versorgen hatten, blieb selten Freizeit.

Mir tut immer noch das Herz weh, wenn ich an meine Mutter denke. Als sie Kleinkind war, verstarb ihr Vater, und meine Großmutter mußte sich allein mit ihr durchs Leben schlagen. Auch diese hatte es immer schwer gehabt. Schon früh war ihre Mutter verstorben, eine Stiefmutter ins Haus gekommen, der Vater Alkoholiker geworden. Das Leben hatte eine verbitterte, herrische Frau aus ihr gemacht, und meine Mutter hatte es in den Jahren nach der Scheidung nicht leicht mit ihr. Vor allem auch deshalb, weil sie ihrer Mutter dankbar sein mußte, daß sie uns Kinder betreute.

Zu meinem Vater hatten wir nicht den geringsten Kontakt, obwohl er in derselben Kleinstadt wie wir wohnte. Einmal in all den Jahren begegnete ich ihm auf der Straße. Er sprach mich an. Ich ließ ihn stehen, wechselte die Straßenseite. Er sollte mich in Ruhe lassen. Ich sah ihn als denjenigen, der meiner Mutter soviel Leid zugefügt hatte.

Erst nach dem Tod meiner Mutter, als ich schon 17 war, trat mein Vater wieder in mein Leben. Er tauchte sofort nach Muttis Tod bei uns Kindern auf und nahm uns zu sich und seiner *neuen Frau. Aber ich zeigte sowohl ihm als auch ihr die kalte Schulter. Niemals mehr habe ich meinen Vater – er starb vor sechs Jahren – umarmt oder gar geküßt. Es tat mir wohl, ihm weh zu tun. Schließlich hatte er meiner Mutter viel weher getan und ihr Leben verdorben. Es war mir eine Genugtuung, ihm die Liebesbriefe, die meine Mutter aufbewahrt, und das Fotoalbum, das sie als junge Frau für ihn angelegt und mit einer Widmung versehen hatte, zurückzugeben. Zu sehen, daß ich ihm damit seelischen Schmerz zufügte, erleichterte mich.*

Das Schlimmste für mich war, daß ich meinem Vater ähnlich sah und angeblich auch seinen Charakter geerbt hatte. Von meiner wunderbaren, bildschönen Mutter hatte ich offenbar nichts. »Ganz der Geier!« – das war der Titel für meinen Vater –, wie oft habe ich das in bitterem Ton von meiner Mutter gehört! Mit diesem verachteten und für böse befundenen Vater verglichen und auf eine Stufe gestellt zu werden tat weh und erzeugte in mir Minderwertigkeitsgefühle, die sich zum Beispiel in meinen Zeugnissen niederschlugen. In fast jedem stand, daß ich mir nichts zutraue, zu zaghaft sei. Vor allem aber legte meine Mutter damit den Grundstein zu Selbsthaß in meine Seele.

Jeder Blick in den Spiegel und die Bemerkungen meiner Mutter über mein unvorteilhaftes Aussehen überzeugten mich, daß ich nie einen Mann »abbekommen« würde. Um mir nicht die Blöße zu geben, daß mich keiner wollte, verkündigte ich bereits als Kind: »Ich will mal nicht heiraten!«

Bis heute habe ich aus diesem Grund mein Äußeres nicht akzeptiert. Jahrelang hielt ich mich von Männern fern, weil ich befürchtete, daß mich sowieso keiner lieben oder attraktiv finden würde, und ich habe erst durch meinen Beruf als Krankenschwester gelernt, Zutrauen in meine Fähigkeiten zu setzen. Gleichzeitig neigte und neige ich dazu, Männer sehr schnell zu verurteilen. Das traurige Schicksal meiner Mutter vor Augen, sah ich in einem Mann einen treulosen Abenteurer, der mit Frauen nur spielt, sie enttäuscht und in Not und Verzweiflung stürzt.

Daß »das, was Männer mit Frauen tun«, etwas Schlechtes sei, war mir ebenfalls seit frühester Kindheit klar. Einmal hörte ich,

*wie meine Großmutter zu jemandem sagte: »Stellen Sie sich vor,
der Geier wollte meine Tochter sogar auf französische Art lieben!« Und so, wie sie das sagte, wurde es in meiner Vorstellung
zu etwas ganz Perversem, obwohl ich damals keine Ahnung
hatte, was geschieht, wenn zwei Menschen einander körperlich
lieben. Aufklärung gab es bei uns nicht. Alles, was meine Mutter sagte, als ich meine Mens bekam, war: »Nimm dich vor Männern in acht, denn jetzt bist du in der Lage, ein Kind zu bekommen.«*

*Auf diese Weise wurden Männer in meiner Vorstellung zu
ekligen, wollüstigen Wesen. Und ich fand es abermals schrecklich, daß ich so »ganz der Geier« war und zu genau so einem
»Sex-Unwesen« abgestempelt wurde wie er. Nicht nur, daß meine Mutter einmal eine abfällige Bemerkung über meine Nackt-
heit gemacht hatte, so daß ich mein Geschlechtsorgan als zu
groß empfand und mich dafür schämte, nein, ich hatte auch
noch –»ganz der Geier« – sinnliche Lippen. Verzweifelt stand ich
vor dem Spiegel: Sollte ich ein Messer nehmen und meine
Mundform verändern?*

*Die wohl einzige positive Aussage, die ich von meiner Mutter
bis zu ihrem Tod über Sexualität hörte, war: »Wenn sich Vati
und Mutti sehr lieb haben, schenkt Gott ihnen ein Kind.« Und
meine Großmutter hörte ich sagen, daß ihre Tochter »rein wie
ein Blütenblatt« in die Ehe gegangen sei.*

*Für meinen kindlichen und jugendlichen Verstand ergab sich
daraus die logische Schlußfolgerung, daß körperliche Liebe
schmutzig sei. Auch das war wohl mit ein Grund, weshalb ich
schon als Kind beschloß, niemals zu heiraten.*

*Irgendwann habe ich dann wohl in bezug auf Männer ein so-
genanntes Helfersyndrom entwickelt. Ich stellte mir immer öfter vor, einen Mann zu finden, der so auf meine Hilfe angewiesen wäre, daß ich das Negative seines männlichen Wesens
durch meine Liebe würde ändern können. Ich fing an, durch ein
Übermaß an Freundlichkeit, geistreichem Humor und Großzügigkeit anderen gegenüber in Geldfragen und bei Zeitproble-
men, aber auch durch besonderes Wissen und Können auf mich
aufmerksam zu machen.*

Ich hatte das Alleinsein wirklich satt, sehnte mich danach, zu lieben und geliebt zu werden, wollte eine Familie und Kinder. Und schließlich lernte ich meinen Mann kennen.

Er war ein sehr introvertierter Typ, und wir paßten überhaupt nicht zusammen. Doch da ich kaum noch daran glaubte, daß mich tatsächlich einmal jemand lieben und zur Frau begehren würde, ließ ich mich von seiner Hilfsbereitschaft anderen gegenüber, seinem Fleiß, seiner Zuverlässigkeit und seiner Gutmütigkeit beeindrucken. Er war der Typ, der mir trotz seines guten Aussehens treu sein würde. Verläßlichkeit und Treue standen nämlich bei mir ganz hoch im Kurs.

Als sich schließlich eine Beziehung zwischen uns entwickelte, bestand diese für mich darin, ihm Verständnis entgegenzubringen, ihn aus der Isolation zu erlösen, in die ihn seine Verschlossenheit leicht brachte, und ihm Lebensmut zu geben. Sexualität gehörte zu unserer Beziehung zwar dazu, doch tiefe Empfindungen oder Erfüllung weckte sie in mir nicht.

In seiner Unfähigkeit, auf einen anderen Menschen offen zuzugehen und aus tiefem Gefühl auf diesen einzugehen, hat mein Mann es leider nie verstanden, mir zu zeigen, wie schön die Liebe eines Mannes für eine liebende Frau sein kann. Statt dessen bezeichnete mein Mann mich bald schon als gefühlskalte, zu sexueller Lust unfähige Männerhasserin und sagte mir, vor unserer Hochzeit sei er gewarnt worden, eine Frau aus einem so männerfeindlichen Haus zu heiraten. Wahrscheinlich hätte er die Warnung beherzigen sollen, denn glücklich wurden wir trotz unserer beiden Kinder nicht miteinander.

Aus heutiger Sicht betrachtet, hat die Scheidung meiner Eltern mein ganzes Leben überschattet und mein Urvertrauen in die Liebe zerstört. Ich habe die Auswirkungen dieser Trennung niemals verwunden.

Neue Väter braucht das Land

Alle Welt spricht von neuen Vätern. Die Frauenwelt schreit nach ihnen. Aber wie müßte er sein, der neue Mann, der neue Vater? Worin sollte er sich von dem »alten Mann«, dem »alten Vater« und dessen traditioneller Rolle in der Gesellschaft unterscheiden? Eine Frage, die Männer und Frauen mindestens seit Mitte des vorigen Jahrhunderts immer wieder beschäftigt.

Bis zu diesem Zeitpunkt, bis zum Aufbruch ins Industriezeitalter, lag die Welt, was die Rangordnung von Mann und Frau anbelangte, noch im Dornröschenschlaf. Seit rund 4000 Jahren galt das streng hierarchisch geregelte Gefüge des Patriarchats, welches als Spiegel der himmlischen Ordnung mit Gott Vater auf dem Thron angesehen wurde. Sich dagegen aufzulehnen, kam einem Sakrileg gleich.

Der Mann war das alleinige und unbestrittene Oberhaupt der Familie. Seine Macht umfaßte jedes Bestimmungsrecht und auch das Züchtigungsrecht für alle seinem Hausstaat zugehörigen Personen. Es schloß nicht nur die Kinder, sondern auch die Ehefrau mit ein. Wie allgegenwärtig das Bestimmungsrecht des Mannes war, wird am Beispiel des Preußischen Allgemeinen Landrechts von 1860 deutlich, in dem es heißt: »Jede gesunde Frau ist verpflichtet, ihr Kind zu stillen. Die Dauer der Stillzeit bestimmt der Mann.«

Mit Beginn der Industrialisierung brach die Allmacht des Mannes als Familienvorstand jedoch nach und nach zusammen. Anders als zuvor im Bauern- und Beamtenstaat nahmen die meisten Männer eine Arbeit außerhalb des eigenen Familienumfeldes in der aufblühenden Industrie an. Auch zahlreiche, meist ledige Frauen ergriffen die Gelegenheit, sich durch selbstverdientes Geld aus der Bevormundung durch die Familie und vor allem den Vater zu befreien. Nur in den seltensten Fällen wurden jedoch Ehefrauen außerhalb des häuslichen Rahmens erwerbstätig. Statt dessen übernahmen sie quasi als Stellvertreterinnen der außer Haus arbeitenden Ehemänner zusätzlich zu den eigenen Aufgaben nun auch noch einen Großteil der Bestimmungsrechte des Familienoberhauptes.

Die Folge der erfolgreichen Selbstbehauptung von ledigen wie von verheirateten Frauen und Müttern im Erwerbsleben und als Bestimmerinnen im Haus zeigte sich in deren wachsendem Selbstbewußtsein. Je weiter es Frauen gelang, über den eigenen Dunstkreis ihrer Küche hinauszuschauen, desto unbändiger verlangte es sie nach dem unabhängigen, selbstbestimmten Leben der Männer.

Mutige Vorkämpferinnen setzten sich an die Spitze der noch zaghaften Palastrevolution. Einige von ihnen reaktivierten die Erinnerung an eine Jahrtausende zurückliegende Vorherrschaft der Frau in der Gesellschaft und beriefen sich auf die Kriegerinnen der griechischen Amazonen. Die Sage vom Kampf der bogenführenden Reiterinnen gegen die aufkommende Vorherrschaft der Männer galt als Beweis für den Machtkampf der Geschlechter und den Sieg des Patriarchats. Auch dem Christentum wurde die Unterdrückung der Frau angelastet. Die Verteufelung der Frau als Ebenbild der alttestamentarischen ersten Frau Eva, die als Sinnbild des Bösen den Mann zur Sünde verleitet und ihn dadurch nicht nur um die ewige Seligkeit bringt, sondern auch die Ausweisung aus dem Paradies verschuldet, hat zur Zeit der Hexenverfolgungen vermutlich Millionen Frauen das Leben gekostet.

Der Gedanke von der soziologisch definierten Pendelbewegung und der Wechselherrschaft innerhalb der Gesellschaftsordnung verlieh den Vorstellungen der Frauenrechtlerinnen Flügel. Mit der Aussicht, eines Tages das Ruder herumwerfen zu können und das vor Jahrtausenden unterlegene Matriarchat zurück an die Macht zu bringen, wagten die Frauen sich daran, dem Mann den Thron streitig zu machen.

Der Frauenbewegung als organisierter Form des Kampfes um die politische, soziale und kulturelle Gleichstellung der Frau mit dem Mann ist es zu verdanken, daß die gesellschaftliche Diskriminierung und Unterdrückung der Frau verboten und das Recht auf Gleichheit im Grundgesetz verankert wurde.

Der die Gesellschaft revolutionierende Wandel des Frauenbildes als wichtigste ideologische Neuerung zwang den Mann erstmals seit 4000 Jahren zum Umdenken. Wie leidenschaftlich der Kampf der zum Teil radikal-feministischen Frauenrechtlerinnen auch geführt wurde und wie unvollkommen der Erfolg bis heute geblieben sein mag – ein Strukturwandel konnte nur stattfinden, weil der die Gesellschaft bis zu diesem Zeitpunkt absolut dominierende Mann schließlich nachgab und Stück für Stück seine Privilegien teilte oder sogar verlor.

Daß der inzwischen rund 150 Jahre auf- und abwogende Kampf zwischen Mann und Frau letztlich um die Vorherrschaft des Matriarchats beziehungsweise Patriarchats als regierender Gesellschaftsordnung geht, manifestiert sich in der heute teils militanten, teils sozialistisch-, teils radikal- und lesbisch-feministischen Agitation der Frauenbewegung. Eines der hervorstechendsten Ergebnisse der permanenten Attacken gegen das Selbstverständnis des Mannes ist eine jede soziale Schicht der Gesellschaft durchziehende tiefe Verunsicherung, wie ein Mann denn zu sein habe, um ein richtiger, ein guter, ein frauenfreundlicher Mann und Vater zu sein. Die feministisch forcierte Debatte um den neuen Mann, der den faulen Schmarotzer am Busen der geknechteten und ausgebeuteten Frau endlich endgültig ablösen soll, verleiht dieser Unsicherheit Ausdruck.

Angesichts der Heftigkeit der Diskussion könnte frau versucht sein, den neuen Mann als Phantom in dem Bereich der unerfüllbaren Illusionen anzusiedeln. Doch weit gefehlt – die Journalistin Christine Mortag saß schon einmal einem ausgewachsenen Exemplar leibhaftig gegenüber.

»Alle reden von den neuen Vätern«, schrieb sie in ›Gala‹ vom 25.1.1996, »Til Schweiger ist einer von ihnen.« Für ihn seien Gefühle »in«, Kind gehe vor Karriere. Seit der Geburt seines Sohnes vor wenigen Monaten müsse der als ›Der bewegte Mann‹ bekannt gewordene Schauspieler als Paradebeispiel für die neue Vätergeneration gelten.

Wie das, fragt frau sich.

Er und seine Frau hatten sich das Kind sehr gewünscht, gestand der Star. Zur Vorbereitung auf die Vaterschaft habe er viele Bücher über Schwangerschaft gelesen und sei auch jedesmal mit zum Frauenarzt gegangen. »Stolz wie Bolle« sei er gewesen und habe nie verstanden, daß seine Frau sich während der Schwangerschaft unattraktiv gefunden habe. In Wirklichkeit sei sie nie so schön gewesen. Aber da hätten Frauen »echt einen Knall«. Als das Kind geboren wurde, habe er erst mal geweint. »Mir sind die Tränen nur so runtergekullert.«

Für selbstverständlich hält er es, mit Frauen über Windelsorten zu fachsimpeln, den Jungen zu wickeln, ihn zum Einschlafen durch die Wohnung zu tragen und sogar ein Filmangebot abzulehnen, um mehr Zeit für das Kind zu haben. Zwar könne er sich vorstellen, in Bedrängnis zu geraten, wenn ein Angebot aus Hollywood kommen sollte, grundsätzlich aber gehe »Produktion Kind vor Produktion Film«, denn »durch das Kind weiß ich, was wirklich wichtig ist im Leben«.

Als ich anderen Vätern diesen Bericht zu lesen gab, um ihre Meinung über neue Väter zu hören, erntete ich sowohl Zustimmung zu den Empfindungen des Vaters Til Schweiger als auch müdes Lächeln und Abwinken.

»Ja, und?« meinte Paul, Vater von zwei Mädchen, die er seit der Scheidung vor knapp fünf Jahren nicht mehr gesehen hat, weil die Mutter jeden Kontakt verhindert. »Glaubst du, das war bei mir anders? Ich war auch total verrückt darauf, endlich Vater zu werden. Meine Frau und ich legten sogar ein Kissen unter ihren Hintern, damit es nur ja klappt. Als die Kinder da waren – die beiden sind nur ein Jahr auseinander –, habe ich meiner Frau alles abgenommen, was bloß irgendwie ging. Ich bin nachts und auch in aller Herrgottsfrühe aufgestanden wegen der Fläschchen, damit sie länger schlafen und sich ausruhen konnte. Ich habe stundenlang an den Bettchen gesessen, wenn die Kinder Zähne bekamen oder krank waren oder schlecht geträumt hatten. Ich habe sie sogar im Tragetuch mit mir rumgeschleppt und die Zähne zusammengebissen, wenn die Kollegen blöd gegrinst haben. Beruflich zurückgesteckt habe ich auch, und zwar ohne langes Drumherumgemache. Zum Beispiel eine interessante Versetzung ins Ausland ausgeschlagen, weil ich wußte, daß meine Frau nie mitkommen würde. Das war für mich alles selbstverständlich. Ich wollte weder sie noch die Kinder verlieren. Das war mir meine Karriere nie wert. Die Familie war das Größte für mich. Wenn das alles Erkennungsmerkmale für die neuen Väter sind, dann war ich brandneu.

Und, hat mir das etwas genützt? Meine Frau hat die Scheidung beantragt, weil sie in einem Urlaub, den sie unbedingt mal wieder nicht bloß als Muttertier, sondern ohne die Kinder und mich verbringen wollte, einen anderen kennengelernt. Was sollte ich da machen? Ich habe geredet, geweint, gebettelt und geflucht. Ich habe eine Familientherapie vorgeschlagen, eine Trennung auf Probe. Ich habe ihr angeboten, getrennte Wohnungen in unserem Haus zu beziehen; sie mit den Kindern, ich allein. Ich habe mich mit ihr und ihrem Liebhaber zusammengesetzt und versucht, eine Lösung für alle zu finden. Aber da war nichts. Sie wollte keine Kompromisse, keine Tests. Sie wollte weg. Ich hatte nicht die geringste Chance.

Die Kinder wurden ihr zugesprochen. Sie wohnen bei ihr und sagen ›Daddy‹ zu dem neuen Mann im Haus, damit sie alle wie eine richtige Familie wirken. Ich drücke mir die Seele an der Fensterscheibe platt und zahle.

Die Abbuchung monatlich vom Konto und die Gedanken – das war's für mich und tschüß. Der Mohr hat seine Schuldigkeit getan, der Mohr kann gehen.

Wenn du mir damit kommst, daß Frauen neue Männer wollen – stimmt, völlig d'accord. Wenn sie den alten satt haben, muß ein neuer her. Irgendwo habe ich mal gelesen, daß jede durchschnittlich gut aussehende Frau es im Leben auf rund 250 Lover bringt. Falls sie es nicht vor der Ehe schafft, muß es eben während der Ehe sein. C'est la vie, mon ami.

Alles andere Gefasel von neuen Männern ist Augenwischerei. Ganz egal, wie sehr du als Mann versuchst, deine weiblichen Anteile zu aktivieren – wenn die Frau genug von dir hat, schickt sie dich in die Wüste. Und die Kinder behält sie. Dein Pech, wenn sie dir damit das Herz bricht. Du hättest ja besser auf dich aufpassen können.

Dieser Til Schweiger, von dem du redest – was macht der, wenn seine Frau die Schnauze von ihm voll hat und mit seinem Sohn in die Staaten abhaut? Was fängt er dann an mit seiner Vaterliebe und seinem Familienglück und seiner Erkenntnis, was wirklich im Leben zählt?

Vielleicht war er schlau und hat einen Ehevertrag abgeschlossen, der die Sache zu seinen Gunsten regelt. Wenn nicht, wenn er so blöd war wie ich und die meisten Männer, die ich so kenne, dann kann er sich seine Liebe zu dem Kind auch in die Haare schmieren und an jedem Zahltag Hurra schreien, weil er Geld für Liebe hinblättern darf.

Neue Väter, das mag ja eine gute Lösung für Frauen sein. Männer sind besser beraten, wenn sie die alten bleiben. Meinem Vater und meinem Großvater sind die Frauen jedenfalls nicht davongelaufen, und wir Kinder hatten nicht nur eine Mutter, sondern immer auch einen Vater.«

CARSTEN, 35 Jahre, und CAMILLA, 26 Jahre

CARSTEN: Vatersein bedeutet mehr für mich als Geldverdienen

Das Unerträglichste an einer Scheidung ist für mich die Einmischung des Staates in das Privatleben mündiger und selbstverantwortlicher Bürger. Auch wenn ich nicht verkenne, welche Bedeutung die Familie als Keimzelle des Staates hat und aus diesem Grunde besonderen Schutz dieses Staates genießt, so sehe ich dennoch keine Rechtfertigung für die Bevormundung und Gängelung des Bürgers in dessen privatesten Verträgen, wie sowohl Eheschließung als auch Scheidung es sind.

Die wohl einschneidendste Einmischung des Staates sehe ich in der Scheidungssituation gegeben, in der fast jede richterliche

Entscheidung gegen das Recht des Bürgers auf gleichberechtig-
te Behandlung ohne Ansehen der Person verstößt.

In meinen Augen widerspricht es dem Gleichberechtigungs-
paragraphen auf das entschiedenste, wenn der Frau und Mut-
ter das alleinige Sorgerecht und Aufenthaltsbestimmungsrecht
für die gemeinsamen Kinder eines Paares zugesprochen wer-
den, während der Mann und Vater nichts als die Pflicht zur fi-
nanziellen Versorgung von Frau und Kindern behält. Durch
diese Entscheidung des Richters als gesetzlicher Vertreter des
Staates erfahren Frauen und Männer eine Ungleichbehand-
lung in direkter Abhängigkeit zu ihrem angeborenen Ge-
schlecht: die Frau als die natürliche Hauptbezugsperson, der
Mann als die gebärunfähige Randfigur. Und sie erfahren eine
Ungleichbehandlung in einer einseitigen und daher unzulässi-
gen Überbewertung oder Abwertung ihrer elterlichen Qualitä-
ten und Zuständigkeiten. Kinder erfahren sogar die totale Be-
vormundung des Staates, indem sie die Trennung von ihrem
Vater erdulden müssen, ob sie dies wollen oder nicht.

Für mich sind solche Entscheidungen Verstöße gegen das
Menschenrecht. Aus diesem Grund gehört unser gesamtes Ehe-
und Scheidungsrecht auf den Prüfstand.

Obwohl uns Vätern ja allgemein nachgesagt wird, daß wir
uns zu unseren Kindern verhalten wie der Kuckuck im Wald, ist
die für mich schmerzlichste und erschütterndste Erfahrung die,
daß ausgerechnet die Frau, die mal meine beste und liebste
Freundin war – so daß wir glaubten, für immer und ewig zu-
sammensein zu wollen –, mir meine Kinder genommen hat.

Meine Kinder sind das Wichtigste in meinem Leben.

Ich wünsche mir, daß sie mir nahe sind. Das ist sicher zum
Teil egoistisch, weil ich es genieße, sie bei mir zu haben. Aber es
ist auch zum Teil vollkommen selbstlose Liebe und Fürsorge.

Da meine geschiedene Frau mir meine Kinder entzieht, habe
ich kaum eine Möglichkeit, meinen Kindern nahe zu sein, we-
der räumlich noch gefühlsmäßig. Wie gern würde ich meine
Fähigkeiten, meine Hobbys, meine beruflichen Kenntnisse, mei-
ne Denkweise, mein handwerkliches Geschick und meine Le-
benserfahrung mit meinen Kindern so teilen, wie dies nur ein

Vater kann. Wie gern würde ich bestimmte Anlagen in ihnen fördern, die vielleicht nur ich fördern kann, weil diese Anlagen aus meinem Innersten stammen und vererbt wurden.

Doch all das kann ich nur mit Kindern tun, mit denen ich zusammenlebe. Und gerade dieses Leben mit meinen Kindern wird mir durch die Mutter und den richterlichen Beschluß des Gesetzes verwehrt.

Wie gern würde ich das wachsende Vertrauen meiner Kinder erfahren. Wie gern würde ich ihre Sorgen und Probleme mit ihnen besprechen und in Ruhe zu klären versuchen. Doch Zeit dazu habe ich nie: Statt dessen muß ich die Kinder drängen, wenn sie mir etwas anvertrauen. Ich muß ihnen die oft harte Antwort unverblümt ins Gesicht sagen, weil mir keine Zeit bleibt, schonender vorzugehen. Ich muß meine Kinder in extrem kurzer Zeit zu einer Problemlösung führen. Niemals habe ich die Zeit zu sagen: »Ach, mein Kind, schlaf doch erst mal drüber, dann sieht es schon anders aus.« Denn am Morgen des nächsten Tages bin ich ja in den allermeisten Fällen schon weg.

Was mich zur Verzweiflung bringen kann, ist die Tatsache, daß meine Kinder mit einem anderen Mann als Vaterersatz konfrontiert werden und sich mit diesem arrangieren müssen, ob sie wollen oder nicht. Ob ich als leiblicher Vater diesen Mann als täglichen Gefährten meiner Kinder akzeptieren kann, spielt keine Rolle. Der Gesetzgeber macht es ausschließlich von der Entscheidung der Mutter abhängig, welcher Mann meinen Kindern vorgesetzt wird. Im allgemeinen ist es also völlig gleichgültig, ob der neue Mann im Leben meiner Kinder säuft, ob er ein rohes Benehmen an den Tag legt, ob er meine Kinder schlägt oder mißachtet und demütigt oder ob er ihnen ein schlechtes Vorbild im Umgang mit Menschen bietet.

Vor dem Gesetz ist es auch völlig unwichtig, ob meine Kinder unter dem neuen Mann im Leben der Mutter leiden, weil zwischen den Kindern und diesem Mann nun einmal die Stimme des Blutes fehlt. Damit meine ich dieses ganz bestimmte sichere Bewußtsein, von dem eigenen Vater auch dann geliebt und angenommen zu sein, wenn er einmal straft oder tadelt. Wohingegen die Strafe des »Ersatzvaters« fast immer mit mehr oder minder lautem Protest quittiert oder auch mit der Angst akzeptiert wird, die Mutter zu verlieren, wenn man den neuen Mann verärgert. Gerade Kinder, die unter der Trennung der Eltern leiden, werden von großer Verlustangst um die Mutter erfaßt und entwickeln ein starkes Bedürfnis, sie zu schützen. Dazu gehört oft genug, daß die Kinder den »Ersatzvater« auch dann stillschweigend ertragen, wenn dieser ein Strolch ist. Ganz davon abgesehen, daß die Mutter den neuen Mann in ihrem Leben nur durch die rosa Brille betrachtet und ihm ihre Kinder wie seine eigenen unter die Fittiche schieben möchte.

Mich als leiblichen Vater kann die Mutter jederzeit aus dem Leben meiner Kinder ausblenden. Wenn es ihr in den Kram paßt, kann sie dafür plädieren, daß mir das Besuchs- oder das gemeinsame Sorgerecht entzogen wird. Ein vielen Richtern einleuchtendes Argument ist zum Beispiel, daß die Mutter eine neue Familie aufbauen wolle und der leibliche Vater dabei störe, so daß die Kinder seelisch Schaden nehmen würden. Entscheidet sich die Mutter gar für eine zweite Ehe, geht das Sorgerecht für meine Kinder automatisch auf den neuen Ehemann über, während ich als leiblicher Vater es ebenso automatisch verliere.

Es macht mich wütend, daß der neue »Vater« meiner Kinder nur Nutznießer ist. Ja, ich bin auch eifersüchtig auf ihn. Es fällt mir sehr schwer zu ertragen, daß meine Kinder bei einem anderen Mann wichtige Dinge wie etwa schwimmen, radfahren, musizieren oder tanzen lernen. Und noch schwerer zu ertragen ist es, wenn meine Kinder mir ein Geschenk machen, das sie unter der Anleitung dieses anderen Mannes gebastelt haben. Da mischt sich die Freude über die so schönen neuerworbenen Fertigkeiten meiner Kinder mit der Trauer, daß nicht ich es sein konnte, der sie ihnen vermittelt hat. Und gleichzeitig peinigt mich die Furcht, daß meine Kinder mich eines Tages weniger liebhaben könnten als diesen anderen.

Schmerz pur ist die Erfahrung, von meinen Kindern als Gast behandelt zu werden und zu erkennen, daß sie sich auch bei mir zu Hause als Gäste fühlen. Ich möchte doch zu ihnen dazugehören, möchte an ihrem Alltag teilhaben, möchte ohne Di-

stanz mitten in ihrem Leben stehen. Statt dessen findet ein Einbeziehen in die alltäglichen Lebensumstände meiner Kinder um so seltener statt, je länger die Trennung andauert.

Ich bekomme zum Beispiel die Information, in welchem Verein meine Kinder angemeldet wurden, immer erst nach erfolgter Anmeldung. Wenn eines meiner Kinder in einer Aufführung des Schülertheaters mitgewirkt oder ein besonderes Lied auf der Gitarre eingeübt und vorgespielt hat, kann ich in den seltensten Fällen dabeisein. Habe ich sehr viel Glück, wurde ein Videofilm gedreht, den ich mal zu Gesicht bekomme, oder eine Musikcassette wurde bespielt, die ich anhören darf.

Wenn zum Beispiel der neue Freund meiner geschiedenen Frau mit zu einem Elternabend geht und sich in den Elternbeirat der Schule wählen läßt, mag dies für Außenstehende der Beweis von edler Gesinnung sein. Für mich ist das nichts weiter als ein erneutes Verdrängtwordensein von einem Platz, der mir zusteht. Ich bin es ja, der diese Aufgabenstellung im Interesse meines Kindes übernehmen möchte und dies nur deshalb nicht kann, weil die Mutter mich als Vater der Kinder abgeschoben hat.

Ich fühle mich oft wie ein zu Unrecht verurteilter Schwerverbrecher. Was habe ich getan, daß man mir meine Kinder nehmen darf? Wo habe ich als Vater versagt? Womit habe ich verdient, daß man mich ausgrenzt und als unnützen Ballast abwirft? Warum darf die Mutter in absoluter Narrenfreiheit über das Wohl und Wehe meiner Kinder verfügen, und warum aber habe ich als Vater nicht einmal das Recht, ohne das Einverständnis der Mutter mit meinem Kind zu einem Arzt zu eilen? Mit welchem Recht werde ich dazu benutzt, für meine geschiedene Frau und meine Kinder zu arbeiten und ihren Lebensunterhalt zu sichern, während gleichzeitig meine Liebe mit Füßen getreten wird? Habe ich als Mann und Vater etwa weniger wertvolle Gefühle als eine Frau und Mutter? Ist nur mein Geld edel genug, angenommen zu werden?

Meine geschiedene Frau hat das Sorgerecht für meine Kinder erhalten. Ob ich diese Entscheidung des Richters verstehe oder nicht – ich muß mich damit abfinden. Es fällt mir schwer. Nicht zuletzt deshalb, weil meine geschiedene Frau den Sinn des Wortes »Sorgerecht« auf ihre höchst eigenwillige Weise so zu interpretieren scheint, als stelle das Sorgerecht ein Recht dar, dem Vater Sorgen zu bereiten.

CAMILLA: Wenn ich gehe, verliert er alles

Irgendwie verstehen wir uns einfach nicht mehr. Und es gibt da auch einen anderen, der mich interessiert und mit dem ich mir ein Leben gut vorstellen könnte. Einen, der jünger ist. Für den ich das Größte bin, was er sich vom Leben erwartet. Für den ich die Powerfrau bin.

Höchstens wegen der Kinder, ja, da habe ich manchmal schon ein bißchen ein schlechtes Gewissen. Ich nehme ihnen ja den Vater. Und sie hängen schon an ihm. Als Vater ist er echt süß, wenn er nicht gerade dabei ist, die Kinder gegen mich auszuspielen – was er meistens tut.

Aber ich muß auch an mich denken. Ich bin ja schließlich nicht bloß ›das Mutti‹. Ich bin jung. Ich bin attraktiv. Ich kann jeden haben, den ich will. Und ich bin schließlich nicht die einzige, die sich scheiden läßt. Von meinen besten Freundinnen sind ein paar geschieden oder leben getrennt oder wollen gehen. Die schaffen das. Ich schaffe das auch. Mit vier kleinen Kindern hast du sowieso ausgesorgt, da mußt du nicht mal arbeiten, wenn du nicht willst.

Ich habe ziemlich lange gebraucht, bis ich begriffen habe, daß es mehr um mich gehen muß. Daß ich in dieser Beziehung kaputt gehe. Daß mir das alles zu eng geworden ist, zu muffig, zu langweilig. Und ich finde, es ist ziemlich mutig, daraus die Konsequenz zu ziehen, auch wenn meine Eltern und Schwiegereltern gegen mich sind und meine Kinder Scheidungskinder und irgendwann vielleicht mal sauer auf mich.

Ich liebe den Mann einfach nicht mehr. Am Anfang, da habe ich weiche Knie bekommen; ich bin fast umgefallen, als ich ihn das erste Mal gesehen habe. Er war echt mein Traummann. Es war die Liebe meines Lebens. Das war auf den ersten Blick klar.

148

Ich konnte an nichts anderes denken, als mit ihm zusammenzusein. Und ich habe ihn richtiggehend erobert. Er war ja nicht solo damals. Er hatte eine Freundin, mit der er zusammen war. So eine Sandkastenliebe. Ich glaube, die wollte er sogar heiraten.

Aber jetzt kann ich ihn nicht mehr ertragen.

Die Familie kann das natürlich nicht verstehen. Schließlich schlägt er mich nicht. Er säuft nicht. Er betrügt mich nicht. Er ist ein toller Liebhaber und echt kreativ. Er sieht gut aus. Er ist charmant. Er achtet auf sich und hat Stil. Er bringt gutes Geld nach Hause. Er ist intelligent und ziemlich gebildet. Er hat Erfolg im Beruf. Er ist sogar ein toller Vater. Ich könnte noch stundenlang so weitermachen. Er ist wirklich ein Supermann. Jeder, der ihn kennt, findet ihn gut. Und die meisten Frauen sind neidisch darauf, daß er mir gehört.

Aber gerade das ist es: daß er großartig ist. Daß alle Welt ihn bewundert. Daß er immer im Mittelpunkt steht. Daß ich neben ihm verschwinde. Daß ich neben ihm einfach nicht wahrgenommen werde. Daß ich wie ein Hamster im Laufrad renne und renne und doch nie etwas anderes bin als seine Frau. Das erdrückt mich. Dagegen komme ich nicht an. Das halte ich einfach nicht mehr aus. Und darum gehe ich.

Und wenn ich gehe, dann mache ich ihn fertig. Dann verliert er alles: seine Frau, seine Kinder, seine Familie, sein Geld, seinen guten Ruf, seinen sozialen Status und wahrscheinlich auch seinen Beruf. Ohne mich kann er einpacken. Ohne mich ist der Mann am Ende. Ich habe ihm alles gegeben: meine Jugend, meine Liebe, meinen Bauch, meinen Beruf, meine Unabhängigkeit, mein ganzes Leben. Und er? Er hat mich ausgepowert. Er hat mir Kinder gemacht. Er hat mir seinen Scheißhaushalt aufgeladen und auf meinem Rücken Karriere gemacht. Ich hab mal geglaubt, er und ich wären das Traumpaar des Jahrhunderts. Ich hab wirklich geglaubt, daß jeder von uns auf den anderen Glanz wirft. Ich konnte an keiner Schaufensterscheibe vorbeigehen, ohne uns darin zu bewundern und uns einfach phantastisch zu finden.

Klar war ich eitel. Ich war ja auch jung, noch nicht mal ganz

volljährig, als wir geheiratet haben. Ich hab auch nicht beson-
ders viel Bildung gehabt. Ich war einfach ein süßes, kleines
Ding. Und als ich aufgewacht bin aus meinem Traum, da hab
ich gemerkt, daß egal, wie ich mich anstrenge, es nie dazu
reicht, daß er mich so richtig von innen heraus bewundert.
Nicht einmal im Bett. Ich war immer nur das blonde Blödchen.

Und jetzt? Jetzt kann er sehen, wie es ohne mich ist. Jetzt wird
er merken, was er an mir hatte. Aber jetzt ist es zu spät. Jetzt bin
ich dran. Und ich mach ihn fertig.

Männer, das faule Geschlecht?

Abgesehen von dem Millionenheer der arbeitslosen Männer und Väter, die sicher auch nicht glücklich über ihre Lage sind und lieber arbeiten als vor Sozialeinrichtungen Schlange stehen würden, arbeiten Männer und Väter im Normalfall hart in dem von ihnen ausgeübten Beruf. Nur wenige können es sich leisten, ihre Arbeitszeit und Arbeitsleistung frei einzuteilen. Die Mehrheit kommt bei einer tariflich festgelegten Wochenarbeitszeit von knapp 40 Stunden auf nicht ganz acht Arbeitsstunden pro Tag. Die Arbeitszeiten sowie die Aufgabenstellung werden von einem Arbeitgeber bestimmt und richten sich nach dem Interesse des arbeitgebenden Betriebes. Ob diese Interessen deckungsgleich mit denen des Arbeitnehmers oder seiner Familie sind, steht nicht zur Diskussion.

Für seine Arbeitskraft und seinen persönlichen Einsatz im Betriebsinteresse steht jedem Arbeitnehmer ein entsprechender Lohnausgleich zu. Von diesem Lohnausgleich bestreiten Männer und Väter kein ihrem alleinigen Vergnügen dienendes Taschengeld, sondern den Lebensunterhalt für sich und ihre Familien. Nur in den seltensten Fällen können sie auf andere Einkommensquellen zurückgreifen und ihre Abhängigkeit von einem festen Arbeitsverhältnis reduzieren.

Die Mehrheit der Männer nimmt zum Teil erhebliche körperliche und seelische Belastungen in Kauf, um erwerbstätig sein zu können.

Sie akzeptieren ungünstige Arbeitszeiten mit wechselnden Schichten bei Tag und bei Nacht. Viele gehen morgens aus dem Haus, wenn die Kinder noch schlafen und oft auch die Frau, und kommen abends zurück, wenn zumindest die kleineren Kinder schon wieder schlafen. Sie nehmen lange Anfahrtszeiten zur Arbeitsstelle hin, obwohl diese auf überfüllten Autobahnen und in ebenso überfüllten Zügen zusätzlichen Streß oder Unfallgefahren bedeuten. Auch Arbeiten auf Montage im In- und Ausland, im Fernverkehr oder in wechselnden Betriebsfilialen sind alles andere als Ferienaufenthalte.

Als zusätzliche Leistung erbringen sehr viele Männer nach Feierabend Schwarzarbeit, um das Geld als Zubrot für die Familie zu erwerben. Andere bauen stundenlang an einem eigenen Haus oder helfen Freunden und Verwandten bei deren Hausbau, weil bekanntlich eine Hand die andere wäscht und ohne gegenseitige Unterstützung ein eigenes Haus nicht zu finanzieren wäre.

Kaum ein Mann und Vater stellt sich diesen Anforderungen nur, weil er begeistert arbeitet. Er tut es auch als Liebesbeweis, um seiner Familie etwas bieten zu können, damit zum Beispiel die Frau es schön zu Hause oder eine Putzhilfe zur Entlastung hat, damit es den Kindern später besser gehen soll, damit nicht jeder Pfennig dreimal umgedreht werden muß, damit eine gute Ausbildung für die Kinder, ein eigenes Haus, ein Auto und die jährliche Urlaubsreise zu finanzieren sind.

Wenn diese Männer nach einem Achtstundentag plus vielleicht ein, zwei Stunden Autobahn nach Hause kommen, sind sie selten fit fürs Familienleben. Weit eher sind sie müde, aus der Müdigkeit heraus leicht reizbar und »reif für die Insel«, sprich für den Fernsehschlaf. Und schon knallen bei Frau und Kindern die Sicherungen raus, denn ihre Erwartungshaltung an den Mann und Vater endet nicht bei der Ablieferung des Geldes.

Entweder hat die Frau selbst einen streßigen Arbeitstag mit vergleichbaren Belastungen wie der Mann hinter sich und ist ebenso müde und ebenso reizbar und ebenso reif für die Insel. Oder sie hetzt sich während eines strammen Hausfrauentages mit putzen, waschen, kochen ab, mit dem Einkauf und Taschenschleppen, als Chauffeuse für die Kinder, als kostenlose Hilfslehrerin beim Überwachen der Hausaufgaben, als Seelentrösterin oder Wundheilerin und nicht zuletzt als Verantwortliche für das soziale Netz der Freundschaftsbeziehungen. Auch diese Frau ist gegen Abend fix und fertig.

Und hier, an diesem Punkt, bricht der erbitterte Krieg der Geschlechter um Arbeit und Faulenzerei voll aus.

Anstatt nun einer dem anderen in Respekt und Würde zu begegnen und einer die Leistung des anderen zu achten, schlagen Männer und Frauen einander die jeweilige Verachtung dieser Leistung um die Ohren. Männer werfen Frauen vor, »das bißchen Haushalt ist doch kein Problem«. Frauen feuern wutentbrannt zurück, daß die Ernährer mit dem ach so harten Job in Wahrheit nichts als durchtriebene Drückeberger seien, die Frauen »für sich arbeiten lassen«. Arbeit, so scheint es, ist nur mehr das, was man/frau selbst leistet.

Es dringt leider kaum an die Öffentlichkeit, doch mittlerweile weiß selbst im hintersten Hinterbergtupfingen jeder junge Mann Bescheid, wie Frauen über Machos denken, denen die Hände bis zu den Ellenbogen in den Hosentaschen anwachsen. Männer, die sich zeit ihres Lebens weigern, einen Staubsauger zu bedienen, ihren Kindern die Windeln zu wechseln oder ins Abwaschwasser zu greifen, gehören ins Antiquariat und sind im Aussterben begriffen.

Wie kommt es dann aber, daß statistische Fakten ganz andere Erkenntnisse bieten?

Gerade mal 13 Prozent der Männer helfen gelegentlich beim Wäschewaschen, erfahren wir da. Lediglich schlappe 32 Prozent könnten sich manchmal überwinden zu kochen, und höchstens 33 Prozent griffen schon mal zum Putzlappen. Alles in allem würden maximal fünf Prozent der gesamten Hausarbeit von Männern übernommen. Hingegen hätten Frauen bis zu 216 verschiedene Tätigkeiten abzuleisten, für die sie bis zu 80 Stunden wöchentlich auf den Beinen sein müßten.

Wie wäre es denn, wenn frau angesichts dieser Zahlen einmal hinter die Kulissen guckte und sich selbst die Gretchenfrage stellte, wie frau es denn mit der Hilfe der Männer im Haushalt hält?

Was passiert denn meistens, wenn Männer, die mithelfen wollen, die Ärmel aufkrempeln und zupacken? Spülen sie frau etwa sauber genug ab? Legen sie die Wäsche sorgfältig genug gefaltet in den Schrank? Kriegen sie Bügelfalten nicht immer ausgerechnet dort hineingeplättet, wo sie gar nicht hingehören? Muß ihnen nicht überall nachgewischt werden, wenn sie den Putzlappen schwingen? Bringen sie beim Staubwischen nicht alles durcheinander, so daß das Wiederaufräumen des Krimskrams frau mehr Zeit kostet, als hätte sie alles gleich selbst erledigt? Hören Männer trotz des gezeigten guten Willens nicht ständig, daß sie zu nichts zu gebrauchen seien, zwei linke Hände hätten, frau es schneller, besser könne und es daher lieber gleich und schnell selbst mache, wenn auch unter Murren und Zetern? Und nicht ohne dem Mann ein schlechtes Gewissen zu verpassen, bis dieses sich in einem Zornausbruch Luft verschafft und frau die Bestätigung hat, die sie braucht, daß Männer nämlich total blöd sind?

Loben, zur Mitarbeit motivieren, Arbeitsteilung nicht nur stillschweigend erwarten, sondern deutlich aussprechen, was sie will und wie sie es will, Anerkennung geben – schafft frau das überhaupt noch? Und wenn nicht, nimmt es dann wirklich Wunder, daß Männer rasch mit der Zeitung aufs Klo verschwinden, bis die angebrannten Töpfe ausgekratzt sind?

Männer sollten grundsätzlich Familienarbeit in gleichem Umfang leisten wie Frauen, forderte zum Beispiel die baden-württembergische Familienministerin Brigitte Unger-Soyka (SPD) bei einer im Dezember 1995 in Mannheim stattfindenden Tagung ihres Ministeriums über »Rollenanforderungen in der Familie heute«. An der Zeit sei es vor allem, daß mehr Väter das Angebot des Erziehungsurlaubs nutzten. Derzeit nähmen bundesweit nur 4000 Väter diese Chance wahr. Umgerechnet auf Baden-Württemberg sind dies 540 Väter gegenüber 59 000 Müttern, wobei von diesen Männern der überwiegende Teil zu allem Übel auch noch entweder arbeitslos ist oder studiert und mithin kein »echter« Erziehungsurlauber ist.

Ein »Geschlechtervertrag« müsse her, stieß die Soziologin Elisabeth Beck-Gernsheim in dasselbe Horn. Immer weniger Personen fühlten sich heute für den häuslichen Bereich zuständig. Nur wenn alle Männer miteinbezogen würden, könne man »massiven Versorgungslücken« bei der Betreuung von Kindern und Alten entgegensteuern.

Laut einer Untersuchung des Deutschen Jugendinstituts würde jedoch nur jeder achte Mann zwischen 18 und 33 Jahren wegen des Nachwuchses im Beruf zurückstecken und monatelang aussetzen.

Auch SPD-Dame Ursula Schmidt, Vorsitzende der »Querschnittsgruppe Gleichstellung« der Bundestagsfraktion, warf in ›Bild‹ mit harscher Kritik um sich. Obwohl selbst verwöhnte Tochter, die bei Mutter zu Hause bügeln läßt und der Nachbarin den Einkaufszettel mitgibt, weil eine Karrierefrau als MdB »ja nicht viel schmutzig macht« und sowieso »nicht repräsentativ« ist, fordert sie gegen Männerfaulenzerei eine Gesetzesänderung im Grundgesetz. Zu vermuten steht, daß Ursula Schmidt Absprachen mit SPD-Genossin Monika Griefhahn getroffen hat, der wegen des Verdachts auf Ehegatten-Sponsoring in Ungnade gefallenen niedersächsischen Werbedame in Sachen Umweltschutz. Auch diese will ja alles daran setzen, daß Haushaltspaschas wegen ihrer faulen »Eheverfehlungen« künftig vor den Kadi kommen.

Daß ein Gros der Väter aus beruflichen Gründen gar nicht in der Lage ist, einen Beitrag zur Hausarbeit im geforderten gleichen Umfang wie die Frau zu leisten, wird von den meinungsbildenden Politikerinnen wohlweislich ausgeklammert. Wie sollte dies einem voll erwerbstätigen Vater wohl gelingen? Rein zeitlich gesehen, wäre eine solche Vorstellung absurd. Auch daß die Mehrheit der Väter unmöglich einen Erziehungsurlaub antreten kann, wird undiskutiert unter den Teppich gekehrt. Die theoretische Möglichkeit allein wird für die Praxis genommen.

Unberücksichtigt bleibt, daß Männer in der Regel in Berufen arbeiten, die Frauen nie ergreifen würden, obwohl man darin etwa 30 Prozent mehr Geld verdient als Frauen in den von ihnen favorisierten Berufen, und daß Männer und Väter sich daher im finanziellen Interesse der Familie keine Lohneinbußen leisten können. Selbst in Großbetrieben wie etwa Opel, Bayer, Höchst, BASF oder BMW gibt es deshalb so gut wie keine Vaterschaftsurlauber.

Keine Rede auch von Gründen wie Konkurrenzdruck, Angst

um den Arbeitsplatz, gestrichenen Arbeitsstellen und daraus resultierendem Mitarbeitermangel in den Betrieben oder von einem zu befürchtenden Karriereknick mit seinen finanziellen Konsequenzen für die Familie, aus denen heraus die meisten Männer in Angestellten- und Arbeiterpositionen ihren Job nicht zeitweilig an den Nagel hängen. Ganz zu schweigen von den Selbständigen, die ihre Arztpraxis oder Anwaltskanzlei, ihr Architekturbüro oder ihr Unternehmen nicht monatelang ohne größte Risiken und Verluste schließen können.

Kein Wort davon, daß die meisten Väter auch deshalb keinen Erziehungsurlaub in Anspruch nehmen, weil die Mütter dies aus freien Stücken und innerstem Wunsch heraus gar nicht wollen und die Entscheidung über ein Zuhausebleiben der Frau in partnerschaftlicher Absprache getroffen wurde.

Nein, unterstellt und als Böswilligkeit angeprangert wird einzig das Desinteresse von Vätern an häuslichen Dingen und vor allem an seinen Kindern.

Daß dies so nicht zutrifft, beweist nicht zuletzt das Beispiel Schwedens. Anders als in Deutschland, wo jeder Erziehungsurlaub beantragende Elternteil ein halbes Jahr lang monatlich 600 Mark und anschließend anderthalb weitere Jahre ein Erziehungsgeld erhält, dessen Höhe sich nach dem Familieneinkommen richtet und deshalb nicht selten entfällt, bezieht in Schweden jede/r Erziehungsurlauber/in nach der Geburt eines Kindes ein ganzes Jahr lang volle 90 Prozent des letzten Gehalts oder Lohns. Erfolg: Bereits jeder fünfte Vater war mindestens einmal schon Hausmann.

Anstatt in Deutschland für beispielsweise schwedische Verhältnisse zu sorgen und darüber hinaus endlich ein Hausfrauengehalt einzuführen – das Frauen und Mütter erstens von jedermann unabhängig macht, zweitens den Beruf Hausfrau endlich in dem Maße aufwertet, den er verdient, und drittens dafür garantiert, daß verheiratete Männer und Väter nicht länger zu Geldeseln verkommen –, verlustiert sich die Riege der Power-Frauen mit Polemik.

Längst ist doch errechnet, daß Hausfrauen einen Lohn zwischen monatlich mindestens 3500 Mark und 4000 Mark erhalten müßten, wenn es jemanden gäbe, der ihre Arbeit bezahlen würde. Jeder Partei, die ein praktikables und nicht dem Ehemann übergestülptes Finanzierungsmodell für Hausfrauenarbeit entwickeln und durchsetzen würde, wären die wahlentscheidenden Stimmen der Wählerinnen sicher. Warum also entlädt sich die Energie der politischen Power-Frauen nicht in diese Richtung?

MANUEL, 42 Jahre, und INES, 31 Jahre

MANUEL: Meine Frau merkt nicht, daß sie die Kuh schlachtet, die sie melken will

Als meine Frau mir eröffnete, daß sie mich verlassen will, weil sie sich in einen anderen verliebt hat, und daß sie selbstverständlich auch unsere Kinder mitnehmen will, habe ich tagelang bloß rumgeflennt und war drauf und dran, alles kurz und klein zu schlagen. Ich konnte nicht zur Arbeit gehen, wollte nichts essen. Es war wie eine Krankheit.

Ein Freund von mir, der das alles schon hinter sich hat, hat mir dann einen Anwalt besorgt, der sich mit Scheidung auskennt. Als erstes hat der ausgerechnet, was jetzt an Kosten auf mich zurollt und wieviel mir zum Leben bleibt. Das war ein Schock, absolut der Hammer. Nüchtern betrachtet bleibt mir weniger als einem Sozialhilfeempfänger, und das bei voller Arbeitszeit mit Überstunden und allem.

Ich war echt so weit, daß ich mir überlegt habe, die Alte einfach umzubringen. Ich habe mir tatsächlich ausgerechnet, wieviele Jahre ich wegen Totschlag im Affekt kriegen würde oder wie ich es anstellen könnte, sie so bis zur Weißglut zu reizen, daß sie auf mich losgeht und ich dann wegen Notwehr aus dem Schneider bin. Ich habe mir sogar zurechtgelegt, einen Killer zu engagieren, der das dann profimäßig erledigt und auf Nimmerwiedersehen verschwindet. Ein paar Jahre Knast wären mir jedenfalls leichter am Hintern vorbeigerauscht, als mein ganzes Leben lang für dieses Weib zu zahlen, damit sie meine

Kinder großzieht, die ich viel lieber selbst großziehen würde, aber nicht großziehen darf, weil unsere Rechtsprechung ein Kind naturgemäß bei der Mutter sieht statt beim Vater.

Daß ich die Alte nicht tatsächlich einen Kopf kürzer gemacht habe, hat sie bloß den Kindern zu verdanken. Wenn ich mir vorgestellt habe, wie die um sie geheult und mich dann nie mehr angeguckt hätten, weil ich ihre Mutter umgebracht habe – nee, das war nichts.

Jetzt, wo die Scheidung durch ist und meine Frau mit den Kindern weg ist und ich weiß, daß ich keine Chance habe, die Kinder zurückzubekommen, finde ich mich allmählich mit den Tatsachen ab. Trotzdem komme ich nicht damit klar, daß ich arbeite und arbeite und zahle und zahle und nichts, aber auch gar nichts für mich dabei herausspringt. Ich meine, wenn ich für meine Kinder zahlen muß, obwohl sie weit weg von mir sind und mich irgendwann überhaupt nicht mehr als ihren Vater ansehen – welchen Sinn hat es dann für mich zu zahlen?

Noch saurer wird mir das alles, wenn ich sehe, daß ich mit dem Geld, das mir nach Abzug aller Unterhaltskosten und Anwaltskosten und sonstiger durch die Scheidung bedingter Kosten bleibt, zwar einigermaßen überleben kann, aber nicht im geringsten die Lebensqualität habe, die sich ein Mann leisten kann, der mit dem gleichen Geld in einer intakten Familie lebt. Wenn ich derjenige gewesen wäre, der die Frau und die Kinder verlassen hat, würde ich mein jetziges Hungerleben ja noch akzeptieren. Aber ich bin es doch, der verlassen wurde! Und obwohl mir da von meiner Frau Unrecht zugefügt worden ist, sie diejenige ist, die einen Schaden verursacht hat, und zwar mir, ich also das Opfer bin, bin ich es, der auch per Gesetz am Arsch gekniffen ist. Ich muß nicht nur darauf verzichten, meine Kinder, die ich liebe, täglich mitzuerleben. Ich muß auch auf meinen schwer verdienten Lebensstandard verzichten. Vor allem aber muß ich darauf verzichten, mit einer neuen Frau nochmals von vorn anzufangen und eine neue Familie aufzubauen. Zur Familiengründung gehört nun mal Geld, und das habe ich nicht mehr, weil ich es ja für die Familie ausgeben muß, die mir durch meine mir weggelaufene Frau zerstört wurde.

In der Zeitung habe ich gelesen, daß die meisten geschiedenen Männer und ledigen Väter Egoistenschweine seien und keinen Unterhalt für ihre Familien zahlen wollten. Viele, heißt es da, legten es darauf an, arbeitslos zu werden, um sich den Zahlungen zu entziehen. Andere gingen als Aussteiger ins Ausland und lebten dort angeblich in Saus und Braus. Dazu kann ich bloß sagen, armes Deutschland! Die meisten Frauen kriegen doch überhaupt nicht mit, daß sie die Kuh schlachten, die sie melken wollen, und daß der Staat mit seinem an der Realität vorbeigehenden Scheidungsrecht ihnen auch noch das Beil in die Hand gibt. Die Frauen glauben doch, daß ihnen alles zustehe, weil sie dem Mann Kinder »geschenkt« haben. Die kennen doch kein schlechtes Gewissen. Die handeln doch im vollen Bewußtsein ihrer Rechte, Schweine sind heutzutage bloß die Männer. Du brauchst dir nur den Spruch anzuschauen, den Frauen so gern als Postkarte verschicken: »Als Gott den Mann schuf, übte sie nur.« Sagt doch alles. Wenn du das erst mal kapiert hast, brauchst du doch nichts mehr zu wissen.

Klar habe ich mir auch schon alles mögliche überlegt, um aus der Zahlerei herauszukommen. Die Sache hat bloß ein paar Haken. Erstens ist es ziemlich deprimierend, arbeitslos zu sein und von Almosen zu leben. Das ist für mich kein Ding. Ich bin einer, der zupacken kann und auch zupacken will und sich ein Stück weit auch über seinen Beruf darstellt. Ehe ich das freiwillig ändere und mich selbst total aufgebe, zahle ich mich lieber dumm und dämlich. Zweitens, wenn ich in den Sack hauen würde, ist es für mich als Ausländer im Ausland wohl kaum angenehmer als für die Ausländer, die bei uns im Land unwillkommen sind. Also ist auch das keine Lösung. Und wenn ich mir vorstelle, daß ich für den Rest meines Lebens als Clochard unter Brücken hausen und auf Parkbänken schlafen soll, bloß weil ich geschieden bin und lieber nichts haben will als den Rest, den meine Scheißfrau mir übrigläßt – nee, danke! Das ist es auch nicht.

Ich habe also die Zähne zusammengebissen und versucht, wieder eine Art normales Leben hinzukriegen. Um ein paar Kröten mehr zu haben, habe ich nach Feierabend bei einem

Freund in der Werkstatt ausgeholfen. Natürlich hat meine Ex das per Mundpropaganda sofort erfahren und ihren Anteil eingeklagt. Wenn ich ihr nichts abgeben würde, würde sie mich und den Freund wegen Schwarzarbeit anzeigen. Dann hätten wir den Salat. Statt ihr etwas zu zahlen, habe ich den Job aufgegeben. Darüber rede ich aber nicht.

Nach einem Jahr habe ich eine andere Frau kennengelernt. Auch geschieden, auch zwei Kinder. Die leben – wie könnte es anders sein – natürlich bei ihr.

Für unsere Beziehung waren und sind die Kinder eine ziemliche Belastung. In ihren Augen bin ich ein Fremdkörper, der einen Platz beansprucht, der ihm nicht zusteht. Sie wollen keinen neuen Freund der Mutter, sondern ihren Vater. Also arbeiten sie gegen mich, wo sie nur können. Sie spielen krank, wenn wir ausgehen wollen. Sie giften rum, wenn ich in der Wohnung bin. Sie erzählen Lügen über mich, so daß zwischen ihrer Mutter und mir Krach entsteht. Sie führen praktisch Buch über meine Fehler und reiben sie ihrer Mutter unter die Nase. Vor allem aber sind sie immer da, ganz egal, ob wir gern mal zusammen schlafen möchten, ob wir mal ausgehen möchten oder ob wir wie andere Jungverliebte mal einen Sonntag im Bett verfaulenzen wollen. Die Kinder sind einfach da, und weil sie nicht meine sind, weil sie für mich total fremde sind, sind sie mir reichlich lästig. Außerdem ziehe ich natürlich dauernd Vergleiche zwischen ihnen und meinen eigenen Kindern. Und dabei kommen die fremden schlecht weg. Was wiederum zu Diskussionen mit ihrer Mutter führt, für die ihre eigenen Kinder natürlich die viel tolleren sind im Vergleich zu meinen. Mal ganz davon abgesehen, daß es auch im weiteren Familienumfeld ziemlich schwierig ist, wenn ich mit den Kindern meiner Freundin zum Beispiel bei meinen Eltern auftauche, die ja viel lieber ihre leiblichen Enkelkinder bei sich haben würden und die fremden mehr oder weniger offen ablehnen und es mir verübeln, daß ich zu den fremden Kindern freundlich bin. Das alles wird dann noch verzwickter, wenn meine Freundin und ich mit den Kindern zu den Großeltern fahren, die die Eltern ihres geschiedenen Mannes sind.

*Manchmal könnte ich allein wegen der Probleme alles hin-
schmeißen und ausreißen. Und meiner Freundin geht es natürlich genauso. Besonders dann, wenn meine Kinder zu uns zu
Besuch kommen und die Eifersüchtelei unter den Kindern losgeht, weil meine Kinder mich für sich haben wollen, die fremden Kinder ihnen aber demonstrieren, daß ich jetzt zu ihnen
gehöre.*

*Trotz der Kinder sind wir nach einem Jahr zusammengezo-
gen, weil es uns einfach zu blöd war, doppelt Miete zu bezahlen.
Jetzt teilen wir uns die Miete im Verhältnis der Personen. Dadurch haben wir beide ein bißchen mehr Bares.*

*Wenn ich manchmal darüber nachdenke, wie ich jetzt lebe,
finde ich das schon fast pervers. Ich lebe mit einer Frau zusammen, deren geschiedener Mann für sie und die Kinder zahlt, und
habe eine geschiedene Frau und Kinder, für die wiederum ich
zahle. Beide Frauen sind nicht auf dem freien Markt erwerbstätig, haben aber trotzdem ein eigenes Einkommen, das ihnen
regelmäßig angewiesen wird.*

*Auf die Art und Weise haben geschiedene Frauen doch genau
das erreicht, was die politischen Emanzen ja schon lange und
immer lautstärker fordern, daß verheiratete Frauen nämlich
ein Hausfrauen- und Muttergehalt bekommen.*

*Bleibt bloß zu fragen, wann die Frauen, die noch so blöd sind,
verheiratet zu sein und ihre Hausfrauen- und Mutterpflichten unbezahlt zu erledigen, den Vorteil ihrer clevereren Ge-
schlechtsgenossinnen erkennen und auf den Dreh kommen, daß
die Unterhaltsregelung gegen den Gleichberechtigungspara-
graphen verstößt, und ihre Rechte einklagen.*

*Nebeneffekt all dieses finanziellen Hin und Her ist, daß ich als
geschiedener und durch die monatlichen Unterhaltszahlungen
geschröpfter Mann kaum noch imstande bin, mich selbst über
Wasser zu halten, und zu einem Mann ohne Zukunft werde. Als
mittelloser Mann habe ich bei Frauen erwiesenermaßen deutlich geringere Chancen als einer mit Geld. Habe ich aber weniger Chancen, eine neue Frau zu bekommen, habe ich auch weniger Chancen, eine neue Familie zu gründen. Das heißt, ich
werde zum fortpflanzungsunfähigen Arbeitssklaven meiner*

Ex-Frau und meiner Kinder mit dem einzigen sinngebenden Lebensziel, für sie zu schuften.

Irgendwie werde ich den Eindruck nicht los, daß wir Männer den Zug verpaßt haben, in dem die Frauen schon längst mit Volldampf zurück ins Matriarchat donnern.

INES: Dann muß er eben fühlen

Mein Ex-Mann ist so ein typischer Feierabendmuffel. So einer, der von der Arbeit nach Hause kommt und erst mal den Hund begrüßt, dann den Fernseher anschaltet, sich in seinen Jogginganzug schmeißt – Sie wissen schon, blaue Ballonseide –, sich ein Bierchen aus dem Kühlschrank holt und dann erst, im Vorbeigehen, seiner Frau ein Küßchen gibt und die Kinder fragt, wie's in der Schule war. Natürlich ohne eine Antwort hören zu wollen.

Ausgehen, mal Freunde einladen oder zusammen ins Kino gehen – also ich kann mich nicht erinnern, daß das mal vorgekommen ist. Nicht einmal zu den Geburtstagen. Es war einfach ätzend. Ich bin eher ein lebenslustiger Typ. Ich brauche Menschen um mich herum, habe gern Freunde, rede gern. Ich gehe auch gern aus und tanze gern. Ich brauche eher action.

Als wir frisch verliebt waren und auch noch im ersten Ehejahr, hat mein Mann sich von mir mitreißen lassen. Aber das ist dann allmählich immer weniger geworden. Mir hat das nicht gefallen. Ich habe es auch nicht verstanden. Irgendwie konnte ich es auch nicht wirklich glauben. Ich habe immer noch gedacht, daß er sich ändert. Er ist so einseitig erzogen worden. Immer bloß Arbeit, Arbeit. In der Arbeit hat er sich so richtig ausgelebt. Darin hat er auch seinen Lebenssinn gesehen. Die Kinder und ich sind immer so ein Aushängeschild gewesen. Frau und Kinder hat man nun mal. Um die muß sich doch keiner bemühen.

Ja, und das hat sich dann voll gerächt. Wer nicht hören will, muß eben fühlen, dachte ich mir. Ja, doch, da war ich schadenfroh. Das finde ich irgendwie gerecht, daß er jetzt allein ist. Da kriegt er jetzt voll mit, daß Geldverdienen und Leistung eben doch nicht alles sind. Daß damit allein keiner glücklich wird.

Vor zwei Jahren habe ich meinen jetzigen Partner kennengelernt. Im Kindergarten. Es sollte ein Kletterhaus gebaut werden, und er hat mitgeholfen.

Wir sind uns ziemlich schnell nahegekommen. Wir sind von der Art her auch ähnlich. Und seine Frau war ja wohl ein ziemlicher Besen. Mit der war er einfach nicht glücklich. Wenn er von der etwas wollte, spazierengehen oder tanzen oder ins Bett, da hat sie immer bloß nein gesagt und Kopfschmerzen gehabt und ihn überhaupt nicht an sich rangelassen. Das konnte ja nicht gut gehen. Da hat man schon ein Defizit. Weiß ich ja auch von mir. Zuerst haben wir uns heimlich getroffen. Aber dann hat seine Frau etwas gemerkt, weil er keine Lust hatte, mit ihr ins Bett zu gehen. Sie selbst hatte zwar sowieso keine Lust, aber es hat ihr gefallen, wenn er immer gebettelt hat, daß sie ihn lassen soll. Und als er das nicht mehr gemacht hat, da ist sie plötzlich mißtrauisch geworden. Sie wollte dann die Scheidung.

Er hat gesagt, daß ich mich auch scheiden lassen soll, sonst geht er zu seiner Frau zurück. Da habe ich mich entschlossen, meinem Mann alles zu sagen und zu gehen. Innerlich war ich ja schon mit ihm fertig.

Er war irgendwie total baff. Er hat überhaupt nicht damit gerechnet, daß so etwas passieren könnte. Er hat sich auf einmal eine Wahnsinnsmühe gegeben, damit ich bleibe. Aber das hätte er besser vorher getan. Ich war einfach nicht mehr offen für ihn.

Seit fast zwei Jahren sind wir geschieden. Mein Ex-Mann ist in eine andere Stadt umgezogen. Ich habe unsere Wohnung behalten. Eigentlich hat sich für uns kaum etwas verändert, außer daß der Streß mit meinem Mann weg ist.

Mein Ex-Mann zahlt Unterhalt für die Kinder und für mich. Ich habe das alleinige Sorgerecht für die Kinder. Er hat eine Besuchsregelung für einmal im Monat und zwei Wochen in den Sommerferien. Die hat er aber schon zwei oder drei Monate nach der Scheidung nicht mehr wahrgenommen. Er behauptet, daß er das alles nicht ertragen kann und Abstand braucht, damit er wieder auf die Füße kommt.

Bestimmt haut er demnächst ins Ausland ab oder schmeißt seine Arbeit hin und kommt seinen Unterhaltsverpflichtungen nicht mehr nach. Meine Anwältin schätzt ihn so ein. Ich habe daran gar nicht gedacht. Aber sie kennt sich ja mit Leuten aus. Da wird sie schon den richtigen Blick haben.

Jetzt hat sie gemeint, daß ich versuchen soll, meinen Ex-Mann und die Kinder mehr zusammenzubringen, damit er wieder mehr Beziehung zu den beiden bekommt. Sie glaubt, daß er nicht so einfach in den Sack hauen wird, wenn er sicher ist, daß die Kinder ihn lieben. Sie sagt, daß erfahrungsgemäß die Männer, die glauben, daß ihre Zahlungen an die Frau auch den Kindern zugute kommen, am seltensten an den Unterhaltszahlungen für die Frau rütteln.

Wenn ich ehrlich bin, gefällt mir das nicht. Ich fand's ganz okay so, daß er nie da war und mir nicht reinredete. Ein leuchtendes Vorbild für die Kinder ist er in meinen Augen sowieso nicht. Und ich war auch froh, daß die Kinder nicht mehr nach ihm gefragt haben. Sie hatten gerade angefangen, mit ihrem neuen Papa Freundschaft zu schließen. Na ja, wir leben nicht zusammen. Schließlich will ich nicht auf mein Geld verzichten. Aber mein Partner kommt natürlich jeden Tag und gehört auch bei uns mit dazu. Und die Kinder wissen, daß er unser neuer Papi ist. Das gefällt ihnen. Da bin ich ganz sicher.

Wenn jetzt mein Ex-Mann wieder auf der Matte steht und die Kinder wieder abholt und mit ihnen etwas unternimmt und ihnen so was richtig Tolles bietet, macht das nur Schwierigkeiten. Die Kinder sind aufgekratzt und erzählen mir dauernd von ihrem lieben Papi und fragen, warum wir nicht mehr zusammen sind. Und ich muß mir das anhören und muß schöntun und weiß eigentlich nicht, wohin mit meiner Wut auf den Kerl.

Ich finde, das kommt ziemlich nahe an Erpressung heran, was da von mir erwartet wird. Es ist doch unerhört, daß ich nur sicher mit dem Geld rechnen kann, das mir und den Kindern zusteht, wenn ich einen Mann in meinem Leben dulde, von dem ich nichts mehr wissen will.

Meine Anwältin meint, ich könnte ja wieder heiraten. Dann wäre die Sache mit dem Geld entschärft. Aber das ist totaler Un-

sinn. *Wenn ich auf das Geld verzichte, das mein Ex-Mann mir persönlich zahlen muß, dann verzichte ich auf alles, was mir für die Jahre zusteht, die ich mit diesem Mann zusammengelebt habe. Ich habe ihm den Haushalt geführt. Ich habe für ihn gearbeitet. Ich habe meinen eigenen Beruf nicht ausgeübt, damit es uns im Haus an nichts fehlt. Ich habe Kinder bekommen. Ich bin älter geworden. Ich habe ihm die besten Jahre meines Lebens geopfert. Mir ist so viel entgangen in dieser Zeit. Ich war seinetwegen völlig weg vom Fenster. Und da soll ich jetzt auf das Geld verzichten? Auch noch auf das Geld? Nein, das fällt mir gar nicht ein. Ich habe wegen dieses Mannes auf andere Chancen verzichtet. Wenn ich ihn nicht geheiratet hätte und lieber rechts und links geguckt hätte, da hätte sich bestimmt ein anderer gefunden. Vielleicht wäre ja das ganz große Glück dabeigewesen. Und was habe ich jetzt? Nichts.*

Für das »Geweste und Gehabte« gibt keiner was. Das weiß ich. Ich jammere ja auch nicht herum. Aber ich finde es nur gerecht, wenn mein Ex-Mann bluten muß für die Kinder und für mich. Schließlich ist er jetzt wieder frei. Er kann sich eine andere suchen. Er kann, wenn er will, neue Kinder haben. Er hat seinen Job, verdient sein eigenes Geld. Er kann so richtig aus dem Vollen schöpfen.

Ich kann das nicht. Erstens habe ich immer die Kinder. Und wer verliebt sich schon in eine Frau mit zwei kleinen Kindern? Ich kann nicht einfach arbeiten gehen und Karriere machen und mir meinen Platz im Leben erobern. Und wenn ich tatsächlich noch einmal heiraten sollte, könnte ich meinem Mann nicht einmal mehr ein Kind schenken. Ich habe mich damals nämlich sterilisieren lassen, damit keine Kinder mehr kommen, weil mein Ex-Mann geglaubt hat, daß er kastriert würde, wenn er es bei sich machen läßt. Obwohl ihm der Arzt gesagt hat, daß es bei Männern viel problemloser gelingt als bei Frauen.

Wenn mir einer sagt, daß mein Ex-Mann es schwer hat, weil er für uns zahlen muß – na und? Ich finde, das ist das Mindeste, was ihn der Luxus kosten darf, daß er mein Leben versaut hat.

Männer sind Sch ..., Sch ..., Sch ...

Nicht erst, seit Claudia Pinl 1995 über ›Das faule Geschlecht‹ schrieb, mit dem Untertitel ›Wie Männer es schaffen, Frauen für sich arbeiten zu lassen‹, ist es »trendy« und »cool«, Männer – und im Rundumschlag auch Väter – als die Faulenzer der Nation mit verbalen Tomaten und Eiern zu bewerfen.

Ob man Zeitschriften oder Magazine durchblättert, ob man Talk-Shows mitverfolgt oder nach einem Buch auf den Bestsellerlisten greift, das Modethema der Zeit ist der vielleicht gebildete, aber gefühlsmäßig und menschlich reichlich unterentwickelte Mann. Unfähig zu wahren Empfindungen, stampft er als Vergewaltiger in der Ehe, als Kinderschänder und berufliche Niete in Nadelstreifen alles und jeden in Grund und Boden. Auf sein Konto gehen neben Mafia und Scientology, Rechtsradikalismus, brennenden Asylantenheimen und Drogenkonsum vor allem Umweltverschmutzung, Ausbeutung der Dritten Welt und Kriege sowie die Unterdrückung all dessen, was schwach ist. Gegen seinen Machthunger ist kein Kraut gewachsen, und Rücksichtnahme kennt er nicht einmal als Fremdwort.

Wohlgemerkt, es ist nicht die Rede von einem Außerirdischen, dessen Ufo soeben auf unserem blauen Planeten gelandet ist. Wir sprechen auch nicht von einem einzelnen oder einer Gruppe von zu hundertmal lebenslang verurteilten Schwerstverbrechern. Gemeint ist ganz global der Mann, den frau als »Feind in meinem Bett« erlebt.

Warum der Mann so ist, wie er dargestellt wird, und der Frau nie und nimmer mehr das Wasser reichen kann, schrieb sich unter anderem der Psychologe und Therapeut Wilfried Wieck im Jahre 1987 von der Seele. ›Männer lassen lieben‹ behauptete er in seinem gleichnamigen Buch und schrieb von der Sucht des Mannes nach der Frau, die seine einzige rettende Therapie darstelle.

»Die meisten Männer begegnen Frauen verständnislos und

zerstörerisch – sie lassen lieben, anstatt selber zu lieben ...
Wenn sie geliebt werden will, dann läßt er das Lieben. Dann
wird ihm alles zu schwierig ... Der Mann ist kraftlos und
schwach, und die Frau hält ihn funktionstüchtig ... Aus dieser
Geborgenheit baut der Mann als Sicherheitserzwinger Kon-
kurrenzsysteme auf, Prestigekämpfe und Macht.«

Gleichzeitig, so Wieck, beute der Mann die Frau aus und
schweige sie und alle Welt auf so raffinierte Weise an, daß es
zwar der Frau, aber niemandem sonst auffalle. Denn der
Mann sei zwar ein lautstarker Agitator, der in allen Bereichen
des Lebens das erste Wort ergreife, in Wahrheit habe er jedoch aus tief innerer Kraftlosigkeit nichts Wesentliches zu sagen.

Nicht die Frau, schreibt Wieck weiter, sei eifersüchtig auf
den beruflich erfolgreichen, selbständigen Mann, sondern
der Mann »wird eifersüchtig auf die tüchtige berufstätige
Frau, auf ihre außerfamiliären Beziehungen und ihre
menschliche Entwicklung«. Dies sei erst jetzt wahrzuneh-
men, weil die Frau während vergangener Jahrhunderte in ihrer Entfaltung stets behindert worden sei.

Niemand dürfe glauben, die feministische Forschung habe
die Realität dieses Alltags bereits verbessert. Im Gegenteil ist
Wieck überzeugt, »jeder Mann wird ein Leben lang an sich arbeiten müssen«, um der Qualität der Frau wenigstens nahe zu
kommen. Doch weil jeder die eigentliche, persönliche Arbeit
zu scheuen scheine, seien unsere Welt, unsere Beziehungen
und unsere Sprache verschmutzt. Wenn es jedoch nicht ge-
linge, weibliche Werte zu verwirklichen, drohe eine seelische
und globale Zerstörung.

Mit diesen harschen Worten an das eigene, von ihm nun
endlich als schwach enttarnte Geschlecht schreibt Wilfried
Wieck all jenen aus dem Herzen, die – wie Cheryl Benard und
Edith Schlaffer in ihrem Buch ›Sagt uns, wo die Väter sind‹ –
behaupten, Männer versuchten stets »mit dem geringstmög-
lichen Einsatz den größtmöglichen Eindruck (zu) hinterlassen«.

Vor allem aber redet er jenen 89 Prozent Frauen das Wort,

die laut einer Meinungsumfrage von ›Redbook‹ aus dem Jahr 1995 von Vätern sowieso nichts halten.

Mit welchen schadenfrohen, rachsüchtigen Gefühlen so manche Frau in die Debatte um das faule Geschlecht eingreift, mag ein Zitat aus einem Leserbrief im ›Stern‹ (16/1995) belegen. Eine Leserin schrieb ihn als Reaktion auf einen vielbeachteten Artikel des ›Stern‹ (14/1995) über Väter, die nach einer Trennung ohne ihre Kinder leben müssen. Ihr einziger Kommentar zu der Tatsache, daß Scheidungen heute stets nach dem Sieger- und Verliererprinzip enden und sowohl die Kinder als auch die Väter fast immer die Verlierer sind, lautete: »Hätten alle alleinstehenden Väter sich während der Ehe so heftig um die Kinder und die Mutter bemüht, wären sie jetzt keine Habenichtse.«

Schon die Wortwahl der Leserin zeigt höhnische Verachtung für den Vater als »Habenichts«, dem gegenüber sie Anklägerin, Richterin und Vollstreckerin in einer Person zu sein scheint. Mit solchen Worten wird Rache vollzogen. »Hast du mir weh getan, tu ich dir doppelt weh«, lautet das Prinzip der Gewalt. Etwas, das – nebenbei bemerkt – angeblich männertypisch und Frauen ebenso angeblich wesensfremd ist.

Letztlich sind Meinungen wie diese der Beweis, daß bei der als Trend und »cool« genossenen »Männerverhetzung« unter dem Strich nur irritierte Männer und Väter herauskommen, die sich innerlich verhärten und auf Verteidigungskurs gehen, sowie frustrierte Frauen und Mütter, denen per Statistik und Forderungskatalog immer bewußter gemacht wird, daß keine »normale« Frau, sondern nur die brave Dumme es auf Dauer in der Ehe aushalten kann und daß sie selbst als immer noch Verheiratete folglich dumm sein müssen.

Wenn eine Frau wie die erfolgreiche Schauspielerin Uschi Glas in Interviews lächelnd gesteht, daß zu Hause nicht ihr Mann die Pantoffeln bringe oder die Tasse Kaffee serviere, sondern sie selbst der »Sklave« sei und alles mache, aber trotzdem glücklich sei mit einem solchen Chauvi, kann frau es vor dem Hintergrund der zum Kampf rufenden Radikalfeministinnen kaum fassen.

Die derzeit von Frauen angestrebte Gleichstellung hält wenig davon, daß einer den anderen versteht. Es soll zwar der Mann die Frau respektieren und für tadellos halten. Die Frau aber erlaubt sich, den Mann zu diffamieren, zu belehren und auf ihre eigene Wellenlänge einzustimmen, so daß ihre Werte endlich auch seine Werte werden.

Übersehen wird, daß die geforderte Gleichstellung der Geschlechter niemals eine Gleichartigkeit voraussetzt.

Männer und Frauen denken und fühlen und handeln anders. Dies sind nicht nur Erfahrungen des Alltags. Selbst neueste medizinische Forschungen haben hieb- und stichfest bewiesen, daß Frauen im Gegensatz zu Männern beide Gehirnhälften gleichzeitig zur Problembewältigung benutzen und daher auf anderen Wegen zu Ergebnissen gelangen.

Mann und Frau, das Prinzip des Yin und Yang. Einer füllt die Nische des anderen aus. Der Versuch, Mann und Frau einander wesensgleich zu machen, birgt die Lösung bei Formproblemen nicht.

Die Abwertung des Mannes und die damit einhergehende Aufwertung der Frau erweckt mehr und mehr den (falschen) Anschein, daß Frauen ganz ohne Anstrengung gut seien und Liebesbeziehungen gelingen würden, wenn der Mann besser wäre.

Virginia Woolf, die als eines der berühmtesten Vorbilder der heutigen Feministinnen immer wieder zitiert wird, forderte schon in den dreißiger Jahren des Jahrhunderts alle Frauen auf, ein neues Matriarchat zu begründen, um nicht länger Fremde in einer Männerwelt zu sein. Zu diesem Zweck rief sie 1938 in ›Drei Guineen‹ dazu auf, die von außen aufgezwungenen, »unwirklichen Verpflichtungen« abzuwerfen, die die wahre Befreiung der Frau aus der Knechtschaft der Männer verhinderten und unter anderem aus Familienstolz wie auch aus Geschlechtsstolz resultierten.

Eine dieser nicht von Natur aus angeborenen, sondern aus verschiedensten Gründen sich selbst auferlegten, jederzeit zu verändernden »unwirklichen Verpflichtungen«, die zugleich das Maß für die »Knechtschaft« der Frau in der Ehe darstellen, scheint für all jene, die leidenschaftlich nach neuen Männern für neue Frauen schreien, die Hausarbeit und die Versorgung von Kindern zu sein.

Auch wenn dies einleuchtet, weil man sich vielleicht schönere Aufgaben vorstellen könnte – unverständlich bleibt, mit welcher Berechtigung eine unterschiedliche Bewertung für das erfolgreiche Abschütteln der »unwirklichen (Haushalts-) Verpflichtungen« praktiziert wird? Schafft es nämlich eine Frau, sich der lästigen Hausarbeit und Kinderversorgung zu entziehen, gilt sie als clever und emanzipiert. Schafft es hingegen ein Mann, ist er ein dummer Faulenzer.

Ute Ehrhardt schreibt in ihrem Langzeit-Bestseller ›Gute Mädchen kommen in den Himmel, böse überall hin‹ zu der Fragestellung, ob Frauen Männer brauchen: »Ein zentrales Thema im Leben einer Frau ist es leider auch heute noch, einen Mann zu angeln ... Doch der Status ›Ehefrau‹ hat seinen Preis. Er liegt ... darin, eine Bereitschaft zu entwickeln, zu dienen und sich zu unterwerfen. Bereit zu sein, für andere die Drecksarbeit zu erledigen und es als Lebensglück zu betrachten, sich unterzuordnen und immer die zweite Geige zu spielen.«

Ein Hinweis darauf, daß es »leider auch heute noch« ein »zentrales Thema im Leben« eines Mannes ist, sich eine Frau »zu angeln«, sowie ein Hinweis auf die »Drecksarbeit«, die Männer und Väter für ihre Frauen und Kinder erledigen, fehlt. Vermutlich deswegen, weil Arbeiten, die Männer und Väter erledigen, niemals »Drecksarbeiten« sind ...

Vor allem aber fehlt eine auch Nicht-Feministinnen überzeugende plausible Begründung, warum der natürliche Wunsch einer Frau nach einer Liebesbeziehung mit einem Mann unter dem negativen Aspekt abzuwerten ist, daß sie selbst sich als Angel mit dem Köder ihrer Weiblichkeit in das Meer des Männlichen auswirft, um einen eher zufällig auf den Köder hereingefallenen und dann hilflos an der Angel zappelnden Fisch als Mann einzufangen. Was ist verwerflich daran, heiraten und ein gemeinsames Leben mit einem geliebten Mann führen zu wollen? Was gibt es da zu bedauern?

Die Erklärung der Autorin, daß alle Frauen, die sich doch ent-
blödet haben zu heiraten, als »geschrumpfte Frau« bemitlei-
det werden müßten, deren Verzicht auf ein für sie selbst wert-
volles Leben man schon an der Hungerfigur heutiger über-
schlanker Frauen erkenne, kann einfach nicht ernstgenommen werden.

In seiner Absurdität erinnert dieses Bedauern ziemlich fatal an die Bibelstelle, die katholischen Priestern bezüglich des
Zölibats zum Verhängnis geworden ist. Gemeint ist das Zitat
aus dem ersten Korintherbrief des Paulus (7,5–8; 25–38) über
Ehe und Ehelosigkeit, in welchem er ausführt, »welcher verheiratet, der tut wohl; welcher aber nicht verheiratet, der tut
besser«. Der einzige Unterschied in der Ablehnung der Ehe
von damals und heute liegt in der Zielgruppe. Der Apostel
Paulus warnte Männer vor dem Übel Frau; Ute Ehrhardt hingegen warnt Frauen vor dem Übel Mann.

In das gleiche Horn gestoßen, hieße es wohl: Darum weh-
ret den Anfängen, Frauen, heiratet nicht mehr und greift endlich auf die Samenbank zurück, wenn ihr einen Mann als Vater eurer Kinder braucht.

Ist die Verunglimpfung des Mannes und Vaters tatsächlich
so gemeint? Dann, Frauen, wundert euch aber bitte nicht, daß
euch im Kreißsaal, bei den Preßwehen, keiner dieser Drückeberger atmen hilft und auch keiner euren Rücken massiert
und in Tränen ausbricht, wenn er sein Kind zum ersten Mal
in den Armen hält.

Blöde Jungs! Blöde Weiber! MOLLIE, NICOLAS

MOLLIE: Wenn die Jungen mehr wie Mädchen wären

10 Jahre. Lebt bei ihrer Mutter und deren Freundin
Vater: lebt mit einer Freundin zusammen
Scheidungsgrund: lesbische Neigung der Mutter und Trennung auf
ihren Wunsch
kein gemeinsames Sorgerecht

Bei uns in der Straße wohnen viele Jungen. Meine Freundin wohnt neben mir. Wenn wir uns treffen, umarmen wir uns und geben uns einen Kuß. Das finden wir schön. Wenn die Jungen uns sehen, stellen sie sich total doof an und machen sofort »Äh!« und »Pfui!« und schreien: »Weiber, iiih!« Aber meine Mutter hat gesagt, daß sie sich früher auch mit meinem Vater geküßt hat. Sonst wäre ich ja auch nicht entstanden. Sie sagt, daß die Jungen später total verrückt darauf sind, Mädchen zu küssen. Und daß, wenn Jungen einen küssen wollen, das wegen der Hormone und nicht aus Liebe ist. Und daß ich das ja sehe, weil sie ja auch nicht mit meinem Vater in Liebe zusammen war. Denn wenn sie in Liebe zusammen gewesen wären, dann wären sie ja nicht geschieden und so. Ich finde, die Jungen sollten sich ruhig mal überlegen, wie sie das mit den Hormonen abschaffen. Ich weiß ja nicht. Aber meine Mutter sagt, daß es nicht so viele Scheidungen gäbe, wenn die Jungen mehr wie Mädchen wären.

NICOLAS: Mit nur Weibern ...

9 Jahre. Seit drei Jahren Scheidungswaise. Lebt bei seiner Mutter und deren Freundinnen in einer Wohngemeinschaft
Vater: alleinlebend
Scheidungsgrund: Wunsch der Mutter, die sich in der Ehe von ihrem Ehepartner unterdrückt und bevormundet fühlte
kein gemeinsames Sorgerecht

Wenn ich bei uns mal auf den Tisch haue, sagen alle gleich, ich soll nicht so ein Macho sein. Deshalb verstehe ich, daß mein Vater von uns weg ist. Mit nur Weibern kann ein Mann doch echt bloß verrückt werden.

Trösten Männer sich wirklich schneller als Frauen?

Männer kommen leichter über eine zerbrochene Beziehung hinweg als Frauen, denn sie trösten sich nach einer Scheidung viel schneller mit einer neuen Lebensgefährtin, als geschiedene Frauen dies mit einem neuen Freund fürs Leben versuchen. Zu diesem Ergebnis will jedenfalls eine Studie der Universität Köln geführt haben, bei der geschiedene Männer und Frauen aus 60 Ehen dreimal im Abstand von mehreren Monaten über ihre Lebenssituation und ihre zwischenmenschlichen Beziehungen befragt worden waren.

Die Auswertung der Daten, heißt es in der Studie, weise nach, daß 80 Prozent der Männer schon zehn Monate nach der Trennung wieder in festen Händen waren. Von den befragten geschiedenen Frauen lebte hingegen selbst nach dreieindrittel Jahren noch jede zweite allein. Die tieferen Ursachen für dieses unterschiedliche Verhalten legte die Kölner Studie bedauerlicherweise nicht offen.

Möglicherweise ging man in Köln davon aus, daß Kenner der weltweiten »Geschiedenenszene« längst schon auch ohne neue, groß angelegte Studien wissen, daß geschiedene Frauen vor allem deshalb nicht offiziell mit einem neuen Partner zusammenleben – und dies auch dann noch über mindestens drei Jahre hinweg vehement abstreiten, wenn die Hähne die neue Liebe schon von jedem Misthaufen krähen –, um die monatlichen Unterhaltszahlungen des zahlungspflichtigen Erstpartners nicht zu verlieren.

Genauso ging man in Köln vermutlich davon aus, daß es gleichfalls hinlänglich bekannt sein müsse, daß geschiedene Männer in dieser Richtung nichts zu verlieren, sehr wohl aber eine neue Partnerin zu gewinnen haben, die ihrerseits einen geschiedenen Ex schröpft und aus seinen vom Munde abgesparten Brocken eben diesen neuen Mann mitfinanziert, der sonst nichts in die Suppe zu brocken hätte.

Nach dem bösen Slogan »Nimmst du dir meine Frau, nehm ich mir deine Frau« ist eine neue Partnerin für einen geschiedenen Unterhaltszahler oftmals nicht nur Trost und Balsam für die angeknackste Seele, sondern auch Zuflucht und Rettungsanker mit dem Luxus, sich satt zu essen, und einer eigenen Wohnung, deren Miete sie sogar bezahlen kann.

Schmerzlich und frustrierend bei diesem sonderbaren Bäumchen-wechsel-dich-Spiel ist die Erwartungshaltung von geschiedenen Männern und Vätern, daß auch die schönste neue Liebe nur einen bis höchstens drei Sommer lang hält. Die Angst davor, ein zweites Mal durch Scheidung k. o. zu gehen und dann womöglich doch noch als Wirtschaftsflüchtling ins Auslandsexil, endgültig weg von Kindern und Freunden, der Großfamilie und dem sicheren Job abtauchen zu müssen, zwingt die meisten geschiedenen Männer, lieber eheähnliche Liebhaber zu bleiben als nochmals liebhaberähnliche Ehemänner zu werden.

Da es für einen Mann jedoch höchst peinlich ist und ein schiefes Licht auf seine Qualitäten als Mensch und Liebhaber zu werfen scheint, wenn eine Frau ihm irgendwann im Leben gezeigt hat, wo der Schreiner das Loch in der Wand gelassen hat, zeigt er sich selbstverständlich gern und freudig an der Seite einer neuen oder immer wieder neuen Liebe. Das Bewußtsein, »sie liebt mich sogar, wenn ich ihr nichts zu bieten habe«, ist dabei die herrlichste Labsal für das im Scheidungskampf empfindlich angeschlagene Selbstwertgefühl eines jeden Mannes.

Warum also sollte er bei einer Fragestudie wie der der Kölner Universität seine wunderbaren neuen Eroberungen schamhaft verstecken und verheimlichen? Im Gegenteil, (fast) jeder geschiedene Mann wird einem naseweisen Frager an jedem Finger zehn, was sage ich, zwanzig neue Frauen aufzuzählen beginnen, die sich nach ihm die Finger lecken. Und er wird sich außerdem auch ganz gezielt auf die Suche machen nach jeder einzelnen dieser zwanzig und dabei nichts, aber auch gar nichts anbrennen lassen.

Frauen sehen dies alles etwas anders. Da die Erfahrung

lehrt, daß eine neue Beziehung bereits einmal oder gar öfter geschiedener Partner noch schneller in die Binsen geht als die erste, richten sich viele geschiedene Frauen innerlich gar nicht erst länger als für maximal drei frisch verliebte, herrlich hingebungsvolle Jahre mit einem neuen, selbstverständlich offiziell in seiner eigenen Wohnung wohnenden, sich selbst finanzierenden und daher auch keine Versorgungsansprüche stellenden Freund ein. Nur dann, wenn niemand dahinterkommt, daß der nette Hausfreund in Wahrheit längst als der nette Freund im Haus Quartier genommen hat, ist nämlich garantiert, daß der Ex-Mann weiterhin oder – bei einem nächsten und übernächsten partnerschaftlichen Schiffbruch – wieder für den Unterhalt zahlen muß, ohne daß im Fall der Fälle lästiger Ärger mit einer neuerlichen Scheidung anfallen würde.

Im Gegensatz zu den meisten Männern, die Schweigen als Beweis innerer Stärke mißdeuten, halten Frauen nämlich viel vom Gespräch und Erfahrungsaustausch unter Frauen. Folglich sind sie im allgemeinen besser über die geldschneidenden Folgen einer offiziell aufgedeckten Zweitbeziehung im Bilde. Da ebenso clever wie informiert, prahlen sie bei Umfragen wie der Kölner Studie klugerweise nicht mit ihrer Eroberung und bedecken – statt züchtig die Knie – lieber ihr Unterhaltskonto.

»Süße Geheimnisse« sind schließlich genau die Köstlichkeiten, für die frau fast jede Dummheit begehen würde, nur die eine nicht, sie zu verraten. Und warum die Nummer Sicher der Unterhaltsleistungen aus der geschiedenen Ehe sausen lassen, wenn frau bei der Nummer Unsicher der neuen Beziehung nicht weiß, ob sie hält, was sie verspricht? Besseres kommt selten nach, und ein gebranntes Kind scheut ja bekanntlich das Feuer.

Hinzu kommt, daß die meisten Frauen aus den schmerzhaften Lehren der zerbrochenen Erstbeziehung zumindest die eine gezogen haben, daß sie sich einem solchen Chaos entweder nie mehr, bestimmt aber nicht sehr bald wieder aussetzen.

Unabhängige Entscheidungen treffen zu können, auszugehen, wann und mit wem frau will, nur dann zu kochen, wenn ihr danach zumute ist, keine schmutzige Unterhose in die Waschmaschine stecken zu müssen als nur die eigene, in Urlaub zu fahren, wann und wohin auch immer, ohne sich mit einem Partner abstimmen zu müssen, der darauf besteht, bergsteigen zu wollen, obwohl seine Frau keine Höhenluft verträgt – kurzum, die eigene Person im Vordergrund des Interesses zu genießen, ist Frauen vor allem nach einer gescheiterten Beziehung sehr viel wert. Daß zu dem Wunsch, sich selbst zu verwöhnen, auch ein Mann gehört, der so verliebt bis über beide Ohren ist, daß er nichts eiliger tut, als seiner Liebsten jeden Gefallen von den Augen abzulesen, steht auf der Wunschliste ganz oben. Daß es nur ein und nur ein ganz bestimmter Mann sein muß, steht meist jedoch nicht darauf.

Mißtrauisch und jederzeit bereit, die Beziehung zu einem neuen Mann sofort abzubrechen, wenn sich der Rausch des Neuen zum Katzenjammer des Morgens danach zu entwickeln beginnt, halten die meisten geschiedenen Frauen ihre eigenen Gefühle bedeckt und gestatten auch denen des neuen Partners keinen oder nur wenig Zugang. Wer sich auf nichts einläßt, muß nichts auslassen, ist der Lieblingsgedanke vieler Frauen, vor allem in den ersten Nachscheidungsjahren. Für einen festen Partner ist da weder im Herzen noch in der Wohnung Platz.

Kein Wunder also, wenn viele geschiedene Frauen angesichts der mit Recht zu befürchtenden finanziellen Nachteile das öffentliche Bekenntnis zu einer neuen, eheähnlichen Beziehung und wegen der vorhersehbaren persönlichen Einengungen durch eine feste Partnerschaft – insonderheit eine neue Ehe – scheuen wie der Teufel das Weihwasser. Ein weitaus geschickterer Schachzug ist es da doch, sich des Wohlwollens und des Mitgefühls der öffentlichen Meinung zu versichern, indem bei Umfragen wie beispielsweise der Kölner Studie der Anschein erweckt wird, als würde frau als tief verletztes Sensibelchen über drei Jahre an den Wunden, die die zerbrochene Ehe geschlagen hat, leiden und vielleicht niemals mehr wieder die innere Kraft finden, sich erneut auf etwas so Zerbrechliches und Gefährliches wie die Liebe einzustellen.

Angesichts der Tatsache, daß sich zwei Drittel der Frauen aus freien Stücken scheiden lassen und die meisten von ihnen dabei bereits einen neuen Freund als As im Ärmel haben, ist das Schaubild der dreieindrittel Jahre einsam und enthaltsam lebenden, trauernden Zartbesaiteten einfach unglaubwürdig.

So eine Gemeinheit! MIRKO, HENNING

MIRKO: Mein Papa ist gemein

7 Jahre. Seit einem halben Jahr Scheidungswaise. Lebt bei seiner Mutter

Vater: lebt in nichtehelicher Lebensgemeinschaft mit einer Freundin zusammen

Scheidungsgrund: außereheliche Beziehung des Vaters und Trennung auf Wunsch der Mutter

kein gemeinsames Sorgerecht

Mein Papa ist gemein. Er hat jetzt eine neue Frau. Die ist doof. Bloß wegen der sind wir jetzt geschieden. Und jetzt kriegt sie auch noch ein Baby. Mit dem bin ich später verwandt. Aber das will ich nicht sein. Wenn ich groß bin, wandere ich aus. Dann nehme ich meine Mama mit und baue ihr ein Haus und kaufe ihr schöne Kleider und einen Hut und mache ihr eine Schaukel in den Garten. Dann lacht sie. Meine Mama ist ganz toll. Darum kann ich meinen Papa nicht mehr leiden.

HENNING: Und dann lügt sie mich an

9 Jahre. Seit knapp einem Jahr Scheidungswaise. Lebt bei seiner Mutter und deren Freund

Vater: alleinlebend mit wechselnden Freundinnen

Scheidungsgrund: außereheliche Beziehung der Mutter und Trennung auf ihren Wunsch

kein gemeinsames Sorgerecht

Meine Mutter sagt immer, daß mein Vati nicht zu Besuch kommt, weil er keine Lust dazu hat. Aber das stimmt nicht. Mein Vati will immer kommen. Aber wenn er kommen will, sagt meine Mutter, daß sie keine Zeit hat und daß er nicht kommen soll. Und dann lügt sie mich an. Das finde ich voll gemein.

Väter – kalte Arbeitsmonster?

Die teils marktschreierischen Forderungskataloge von Frauen an Männer, mit denen man heute dauerberieselt und auf schleichende Weise das Unterbewußtsein programmiert wird, fallen in Umbruchphasen einer Beziehung auf besonders aufnahmebereiten Boden. Die aufgehende Saat zeigt sich an der rasant steigenden Anzahl von Ehescheidungen.

Aufgeschreckt durch immer bösartiger anrollende Kampagnen, die Männer als rücksichtslose Brutalos, Faulenzer und Maulhelden entlarven, prüfen Frauen zunehmend mißtrauischer ihre eigene Beziehung. In der Angst, ausgenutzt zu werden, kreiden sie jeden Minuspunkt an und vergleichen die Fehler ihres Partners mit den öffentlich angeprangerten Untauglichkeiten der Männer schlechthin. Auf einmal werden Alltagsproblemchen wie die kaputte Glühbirne im Keller oder der schwere Wäschekorb im Bad oder der Frust über eine Beule im Auto, die irgend so ein Idiot auf dem Parkplatz auf der Seitentür hinterlassen hat, zum Prüfstein der Beziehung.

Ganz selbstverständlich erwartet frau, daß der Mann die paar aufgezählten Kleinigkeiten erledigen und mal schnell die Treppe wischen und beim Tischdecken und Abwaschen helfen und im Sauseschritt zum Kaufmann laufen und seine frisch gewaschenen Socken aus der Waschmaschine sortieren und aufhängen soll.

Doch statt dessen muß frau mitansehen, wie sich dieser Kerl gleich nach dem Heimkommen zum Rasenmähen in den Garten abseilt oder in den Keller verkrümelt, zwei Stunden auf Tauchstation bleibt und später in der Sofaecke hängt und sich bedienen läßt. Ihr Urteil: Fauler Sack!

Auch die Kinder haben den ganzen Tag auf den Papa gewartet. Sie wollen mit ihm Fußball spielen oder endlich diesen verflixten Trick im Super-Nintendo austüfteln. Vielleicht auch Doppeldecker oder Drachen basteln, den Fahrradschlauch flicken, noch ganz schnell ein paar verzwickte Aufgaben für Mathe üben oder bloß ein bißchen kuscheln und von den Blödfrauen und Blödmännern erzählen, die einem auf dem Pausenhof dauernd das Bein stellen.

Und jetzt? Erst muß er Rasen mähen, und dann ist der Typ bloß müde und maulig und hängt mit seinem Bier vor der Glotze rum und ist mal wieder zu nichts zu gebrauchen. Es stimmt, was die Mutter sagt, er ist ein fauler Sack.

Und der Vater?

Die meisten Männer fühlen sich als gute Väter, wenn sie ihre Aufgabe als Versorger und Ernährer der Familie zuverlässig erfüllen. Nach einem Achtstunden-Arbeitstag, an dem sie nichts anderes getan haben, als sich für die Familie krummzulegen und Befehle ihres Chefs zu erfüllen oder Verantwortung für betriebliche Belange zu tragen, sind sie der Meinung, ihrer Pflicht Genüge getan und ihren Feierabend verdient zu haben.

Weiche Gefühle zu zeigen oder viel zu reden haben die meisten von ihnen als Kinder nicht gelernt: Jungen weinen nicht, Jungen schlagen zu. Wenn ein Junge etwas will, dann verschafft er es sich. Rücksicht nehmen nur Feiglinge. Wer Mädchen etwas Nettes sagt, ist ein Weiberheld. Wer Jungen etwas Nettes sagt, ein Schwuler. Wer um den heißen Brei herumredet, ist doof. Haben Sie schon einmal zugehört, wie kleine Jungen auf dem Schulhof miteinander und vor allem über Mädchen reden? Zugeschaut, wie sie miteinander umgehen, um sich echt cool und erwachsen zu fühlen?

Sabine Hering und Christian Rietschel führten in ›Psychologie heute‹ (7/1995) unter dem Titel ›Weil ich ein Mädchen bin ...‹ aus, wie Kinder Männlichkeit und Weiblichkeit sehen. Als eines der wichtigsten Ergebnisse stellten sie fest, daß »Jungen mehrheitlich rigider und abgrenzender reagieren als die Mädchen«, weil für sie Feindschaft Stärke und Zuneigung Schwäche darstelle. Und schon als Kinder zielen Mädchen, um zu verletzen, bei Jungen mit Erfolg aufs Herz. Als Chance für mehr Offenheit im Umgang miteinander, wenn auch ohne Erfolgsgarantie, sieht das Autorenteam eine »gute Kooperation der Eltern« und »ein gleichberechtigtes Konzept« an.

Nun denn, wagen Sie doch die Probe aufs Exempel. Wie steht es mit Ihnen als Eltern?

Ziehen Sie Ihren kleinen Sohn ebenso selbstverständlich zum Abwasch, zum Geschirreinräumen, zum Staubwischen, zum Toilette- und Waschbeckenputzen, zum Wäschesortieren und Ordnungmachen heran wie Ihre kleine Tochter? Lehren Sie ihn ebenso selbstverständlich, Servietten zu falten, Blumen zu stecken, Knöpfe anzunähen, Taschentücher zu umhäkeln und Puppenkleider zu bügeln? Ebenso selbstverständlich, seinen Freund in den Arm zu nehmen und Hand in Hand mit ihm zu laufen, wie Sie dies bei Ihrer Tochter fördern oder doch gutheißen würden?

Ziehen Sie Ihren kleinen Sohn nicht von klein auf weit eher zur Arbeit mit der Laubsäge und zum Hämmern heran als zum Stricken und Nähen? Soll er nicht eher dem Vater im Garten beim Rasenmähen zur Hand gehen als der Mutter bei der Wäsche? Und wenn er seine Freunde lieber umarmen und streicheln und abschmusen würde, als mit ihnen zu toben und zu raufen, würden Sie ihn wirklich nicht mit leise besorgtem Blick betrachten?

Sie meinen, das sei Kinderkram? Das sei doch nicht von geringster Bedeutung dafür, daß Frauen den Männern und Vätern Faulenzerei unterstellen.

Wahr ist, daß in jedem Mann der kleine Junge von damals steckt. Und der hat vieles so ganz anders gelernt als das kleine Mädchen. Nicht zuletzt auch das Denken, Handeln und Fühlen.

Genau das aber macht es so schwer, einander zu verstehen.

JONAS, 37 Jahre, und KERSTIN, 27 Jahre

JONAS: Männer stellen sich viel mehr in Frage als Frauen

Obwohl ich mittlerweile zwei Jahre geschieden bin, fühle ich mich immer noch vollkommen meinem Dasein entrissen und zutiefst in meiner Existenz bedroht. Irgendwie unmännlich. Als hätte ich als Mann total versagt. Kerstin war nicht die erste Frau in meinem Leben, aber sie war die einzige, die ich je geheiratet habe. Bei ihr war ich der festen Überzeugung, daß sie die Liebe meines Lebens ist. Zugleich war ich sicher, daß es ihr ebenso ergeht.

Kerstin war ein gescheites, aber ungebildetes Mädchen, als wir uns verliebten. Es machte mir Spaß, ihren Geist zu wecken und gemeinsam mit ihr die Dinge neu zu entdecken. Es machte mir aber nicht nur Spaß, sie anzuleiten, sondern ebenso wunderbar war es, von ihr mitgerissen und geführt zu werden. Da sie zehn Jahre jünger ist als ich, war dies sehr bereichernd für mich.

Die ersten ernsten Probleme hatte ich mit ihr, als Kerstin sich im Alleingang entschloß, Kinder von mir haben zu wollen, und dann auch rasch hintereinander Mutter wurde. Es bedrückte mich schwer, von ihr benutzt worden zu sein. Es hätte meinen Vorstellungen eher entsprochen, wenn wir uns partnerschaftlich abgesprochen hätten. Allerdings verstand ich Kerstin. Sie hatte mehrfach versucht, mich für eine Vaterschaft zu gewinnen. Ich hatte stets abgelehnt. Nicht, weil ich nie Kinder wollte. Ich wollte sie nur zu diesem Zeitpunkt nicht.

Ich versuchte, dies alles mit Kerstin zu besprechen, doch leider mußte ich erkennen, daß sie niemals bereit sein würde, mich in ihre Familienplanung anders als per Samenspende einzubeziehen. Ein Kind im Bauch zu tragen und dadurch entscheidend mehr zu können, als ich und jeder andere Mann je können würden, machte sie blind und taub für alle Vernunft. Sie hätte jedes Jahr ein weiteres Kind bekommen, nur um dieses Gefühl der Überlegenheit auszukosten.

Ich quälte mich einige Zeit mit einer Entscheidung herum, bis mir klar wurde, daß, wenn ich eine Änderung wollte und Kerstin sich nicht ändern würde, ich mich ändern müsse. Daß ich es nicht schaffen würde, eine Bruder-Schwester-Ehe mit ihr zu führen, war klar. Wollte ich auch gar nicht. Folgerichtig ließ ich mich zeugungsunfähig machen. Vier Kinder waren und sind meiner Meinung nach genug für eine Familie.

Kerstin reagierte in einer Schärfe, die ich nicht erwartet hatte. In ihren Augen hatte ich durch den Eingriff eine einschneidende Wertminderung erfahren. Als Mann, der keine Kinder mehr zeugen kann, war ich für sie eine Art Lustkiller. In jedem Fall aber jemand, der nicht etwa sich selbst, sondern ihr als Frau etwas Unwiederbringliches genommen hatte. Das ließ sie mich von nun an spüren, indem sie sich mir sexuell verweigerte, sich mir als geistige Freundin entzog, ihre Hausfrauenpflichten vernachlässigte und sich schließlich nicht einmal mehr verantwortungsvoll der Kinder annahm, die sie doch so brennend gewollt hatte.

All dies empfand ich als Strafaktion dafür, daß ich gewagt hatte, eine Entscheidung, die meinen Körper betraf, ebenso undiskutiert zu treffen, wie Kerstin dies mit dem Hinweis auf ihren ihr allein gehörenden Bauch bei jeder Schwangerschaft getan hatte. Trotz allem ging ich jedoch immer noch davon aus, daß wir einander liebten. Ich hatte nicht einen Augenblick ernstlich den Wunsch, Kerstin zu verlassen.

Ich wachte aus meiner Romanze erst auf, als meine Frau aus meinem Leben verschwunden war und sich für einen anderen Mann entschieden hatte. In diesem Moment zerbrach etwas in mir. Etwas zerbrach, das mir Halt vermittelt hatte, etwas, womit ich definiert hatte, wie ein Mann zu sein hat. Dieses Etwas würde ich vorsichtig als meine innere Sicherheit bezeichnen.

Ich sah mir den neuen Mann in Kerstins Leben an und begriff nichts mehr. Ich hatte mir eingebildet, ein Mann müsse mehr als ein Muskelberg mit Penis sein. Ich hatte mir eingebildet, eine Frau suche Qualität im Sinne von geistiger und emotionaler Bildung. Ich hatte mir eingebildet, sie suche einen Partner an ihrer Seite, einen Menschen, der zuverlässig und zugleich stark und zartfühlend sei. Jetzt stellte ich fest, daß dies alles nicht zu stimmen schien.

Kerstin hatte sich einem Mann zugewandt, der vier Jahre jünger ist als sie und ein stadtbekannter Sexprotz. Einem Mann, der Frauen auf offener Straße an den Busen grapscht, sie zotig herumkommandiert und keine andere Meinung als seine eigene gelten läßt. Und dessen hervorstechendsten Merkmale aus großem Alkoholkonsum und schlechten Witzen bestehen. Ich, sagte sie, sei gegen diesen neuen Mann nichts als ein intellektuelles Weichei mit weltfremden Bedürfnissen.

Natürlich weiß ich vom Verstand her, daß ich über solchen Sprüchen stehen sollte und auch Kerstins Entscheidung für ihren Macho-Macho nicht wirklich etwas mit mir zu tun hat. Vermutlich habe ich Kerstin zuviel Leine gelassen. Vermutlich hat sie bei mir keine Grenzerfahrungen gemacht und holt diese jetzt nach. Dennoch verunsichert mich diese Erfahrung zutiefst in meinen Gefühlen. Es ist, als sei das Magma im Innern meiner persönlichen Welt ins Brodeln geraten.

Abgesehen von dieser Mann-Frau-Erfahrung, kämpfe ich immer noch sehr verzweifelt um meine Kinder. Ich möchte sie regelmäßig sehen. Ich möchte erleben, wie sie heranwachsen. Ich möchte kein seltener Gast sein, der zufällig Papa genannt werden soll. Ich möchte hautnah dabei sein, wenn sie lachen und weinen, wenn sie mich brauchen. Ich möchte mehr sein, viel, viel mehr als der mit dem Bankkonto. Ich möchte nicht reduziert werden auf mein Geld. Aber all dies versucht Kerstin zu verhindern.

Ich werde dabei das Gefühl nicht los, daß sie bei diesem Kampf, den sie gegen mich angetreten hat, in Wahrheit gar nicht allein nur gegen mich kämpft. Sie bekämpft in mir zugleich auch ihren autoritären Vater, der sie als Kind und Jugendliche nicht nur verprügelt, sondern auch seelisch gequält und unterdrückt hat. Sie bekämpft ihre Brüder, denen sie die Schuhe putzen und das Zimmer aufräumen mußte. Sie bekämpft ihre Lehrer, die ihr schlechte Noten gaben. Sie bekämpft im Grunde in meiner Person alle Männer, die ihr überlegen sind. Indem sie mir beweist, daß sie mir meine Kinder und mein

184

*Geld nehmen kann, beweist sie sich selbst, daß sie die Größte ist.
Selbst auf Kosten der Kinder.*

*Ich glaube heute, daß Frauen sich niemals so in Frage stellen
wie Männer. Sie werden von Kind auf gelehrt, wie ein Mädchen
sein muß, um eine richtige Frau zu werden. Ihre Mutter geht ihnen dabei als Beispiel voran. Jungen haben auch überwiegend
ihre Mütter vor Augen. Aber soll sich ein Junge an einer Frau
orientieren, um zu erkennen, wie ein Mann sein soll? Er kann
immer nur erkennen, daß er nicht so werden soll wie diese
Frau, daß er andere Eigenheiten entwickeln muß. Nur welche?
Die einzige Hilfe kann ihm bei der Problemlösung allenfalls
sein, daß seine Mutter nach ihrer Vorstellung, wie ein richtiger
Mann sein sollte, diese oder jene Eigenart des Jungen fördert
oder ablehnt. Sehr selten hat ein Junge seinen Vater oft genug
vor Augen, um sich an ihm als Mann zu definieren.*

*Mein eigener Sohn zum Beispiel wird keinen Vater vor sich
haben, an dem er sich orientieren kann, weil seine Mutter dies
verhindert und unsere Gesellschaft mit ihren Gesetzen dafür
sorgt, daß dem Willen der Mutter entsprochen wird. Millionen
anderer Jungen geht es ebenso. Und darum wachsen Millionen
Männer heran, die sich selbst immer selbstzerstörerischer in
Frage stellen.*

*Wenn ich heute für meine geschiedene Frau und meine mit ihr
gezeugten Kinder Unterhalt bezahlen muß und dies per Richterspruch meine einzige Aufgabe als Erzeuger meiner Kinder und
zeitweiliger Benutzer der Vagina meiner Frau bleibt, dann
kann ich mich des Eindrucks nicht erwehren, daß ich eine Art
Vergnügungssteuer bezahle. Eine Steuer – monatlich in bestimmter, einkommensabhängiger Höhe – für das per Ehevertrag rechtmäßige Vergnügen, es mit einer Frau getrieben und
dabei ein oder mehrere Kinder gezeugt zu haben.*

*So betrachtet, hat sich ja eigentlich an der Käuflichkeit der
Frau seit den Zeiten von Asterix und Obelix nichts geändert.
Neu ist lediglich die Inflation. Sie treibt den Preis so in die Höhe,
daß er in keinem Verhältnis mehr zum Wert der Ware steht.*

KERSTIN: Über die Kinder kriege ich ihn klein

Als ich Jonas geheiratet habe, fand ich es sehr beruhigend, daß er so eine dominante Persönlichkeit ist. Ich konnte mich immer bei ihm anlehnen. Er gab mir ein Gefühl von Ruhe und Kraft. Er war eigentlich immer für mich da. Und das war etwas, das ich von zu Hause nie gekannt habe. Bei uns hat sich jeder immer nur für sich interessiert. Wenn das, was für den einen gut war, zufällig auch gut für den anderen oder für alle war, um so besser. Aber deswegen hätte sich keiner etwas abgebrochen. Und trotz allem vermißt man dabei etwas. Ich jedenfalls. Auch wenn ich eigentlich nicht so richtig sagen konnte, was ich vermißt habe. Das habe ich irgendwie erst gemerkt, als ich Jonas kannte.

Wenn man ihn zum ersten Mal sieht, also seine Augen und wie er lacht, das macht Herzflattern. Und wenn du so einen Mann hast, der für dich jede andere stehenläßt – wow –, das fetzt. Das baut dich echt auf. Das gibt dir was.

Ich muß schon sagen, ich verdanke Jonas unheimlich viel. Er hat immer alles getan, um mich zu fördern. Er hat stapelweise Bücher angeschleppt, die wir zusammen gelesen haben. Nächtelang haben wir dann darüber diskutiert. Immer hat er meine Meinung ernstgenommen, mich immer ausreden lassen. Er hätte zum Beispiel nie gesagt: »Du blickst das nicht.« Im Gegenteil, er hätte eher gesagt: »Das packst Du. Du bist intelligent. Du bist stark. Wenn Du das willst, dann kriegst Du es auch.« Und er hätte sich auch nie dazu hinreißen lassen, mir zu demonstrieren, wie überlegen er mir ist. Er machte sich statt dessen lieber kleiner. So zum Beispiel wenn ich sagte, daß ich schlechter als er in der Schule gewesen sei. Dann sagte er, daß ich bestimmt nur schlechte Lehrer gehabt hätte, weil ich in Wirklichkeit viel klüger sei als er.

Ziemlich fatal ist, daß so ein Lehrer-Schülerin-Verhältnis irgendwann mal dahin führt, daß die Schülerin selbst zu denken anfängt. Als es bei uns soweit war, war es eigentlich auch der Anfang vom Ende unserer Beziehung. Ich fing nämlich an, in eine andere Richtung zu denken als Jonas.

Er hatte mir beigebracht, daß jeder Mensch nur dann einem anderen etwas geben könne, wenn er sich selbst etwas zu geben imstande sei. Das versuchte ich irgendwann dadurch in die Tat umzusetzen, daß ich mich von Jonas loslöste. Damals wollte ich mich nicht von ihm scheiden lassen. Aber ich wollte mich von ihm unterscheiden. Ich wollte endlich mal etwas wissen, das er nicht schon längst und viel besser wußte. Ich wollte etwas können, das er nicht konnte. Ich wollte endlich mal beweisen, daß ich auch ohne ihn lebensfähig bin.

Aber das hat mein schlauer Jonas nicht verstanden. Oder wenn er es verstanden hat, hat er es für falsch befunden und schon tausend bessere Wege für mich im Sinn gehabt, auf die er mich führen wollte. Er hat sich eingebildet, daß ich auf den Ego-Trip gekommen sei. So nannte er das immer. Und er hat sich eingebildet, daß alles prima zwischen uns weitergegangen wäre, wenn ich so geblieben wäre, wie ich war. Ich sehe das anders. Ich behaupte, es wäre nur dann gut mit uns gegangen, wenn ich so geblieben oder geworden wäre, wie Jonas mich haben wollte.

Jonas ist ein totaler Ästhet. Er liebt gute Musik, gute Bücher, Schach, Kunst. Er liebt es ordentlich zu Hause und kann sich für Markenkleidung begeistern. Selbst wenn er nur in den Garten zum Rasenmähen geht, würde er sich vorher frisch deodorieren. Frauen liebt er klein und zierlich, anmutig und stilvoll, dabei gebildet und erfolgreich, aber doch so, daß sie immer wissen, wer ihr Gott zu sein hat.

Als ich mich innerlich immer stärker von Jonas ablöste, kam mein Widerstand so richtig pubertär heraus. Ich ließ die Wohnung ziemlich liederlich werden, löste lieber Kreuzworträtsel als zu bügeln, hörte statt Klassik Technomusik und las statt Bücher alle möglichen Frauenmagazine. Weil ich mich noch weiter von Jonas unterscheiden wollte, der seit jeher CDU wählt, wurde ich grün und öko. Das fing damit an, daß ich ein Haus auf dem Land mit Garten und Gemüsebeeten und Schafen anstelle eines Rasenmähers wollte. Es ging weiter mit Vollkornmehl und Grünkernfrikadellen und hörte bei Klamotten aus Handstrick und Selbstgewebtem noch lange nicht auf.

Wenn ich jetzt darüber rede, hört sich das ziemlich witzig an. Aber damals war mir das alles verdammt ernst.

Jonas hatte mir seine Familienplanung von Anfang an genau vorgezeichnet: Die ersten Jahre unserer Ehe sollten wir damit verbringen, Geld zu machen, zu reisen, ein Haus zu bauen und beruflich in die Puschen zu kommen. Da ich damals erst 20 war, hatte es mit Kindern ja auch keine Eile. So dachte jedenfalls er.

Zuerst ließ ich das alles mit mir machen. Jonas war nun mal mein Gott und Bestimmer. Aber dann, als meine zweite Pubertät losging, machte ich ihm einfach einen Strich durch die Rechnung.

Er dachte, ich nähme die Pille, und machte munter drauflos. Klack, wurde ich schwanger. Ich sagte es ihm erst, als es für eine Abtreibung zu spät war, aber erstaunlicherweise nahm Jonas es ziemlich gelassen hin. Weniger gelassen war er, als ich drei Monate nach der Geburt unserer ältesten Tochter erneut schwanger war. Diesmal mit Zwillingen. Außer sich geriet er dann, als ich genau sieben Monate nach den Zwillingen zum dritten Mal schwanger wurde. Jetzt wollte er die Abtreibung. Die verweigerte ich, weil ich verdammt noch mal ein eigener Mensch bin und selbst über mich und meinen Bauch bestimmen kann. Also kam unser viertes Kind planmäßig zur Welt.

Als ich aus der Klinik kam, stellte Jonas mich vor vollendete Tatsachen und erklärte mir, daß er sich zwischenzeitlich hatte sterilisieren lassen. Sich mit mir zu beraten und mich in diese Planung, die ja auch mich betraf, einzubeziehen, war ihm überflüssig erschienen. Als Begründung führte er an, daß ich ihn ja schließlich auch nie in die Planung meiner Kinder einbezogen, sondern immer nur benutzt habe. So habe er sich leider zu diesem Schritt durchringen müssen, um gewährleistet zu sehen, daß keine weiteren Kinder mehr gegen seinen Willen gezeugt würden. Ich war so wütend und verletzt, daß ich mich Jonas im Bett total verweigerte. Die Sterilisierung hätte er sich also sparen können.

Diese Sache war der erste richtig tiefe Graben zwischen uns. Tiefer machte ich ihn, indem ich die Kinder anders erzog, als Jonas es wünschte. In seinen Augen vernachlässigte ich sie. In mei-

nen Augen tat ich das zwar nicht, aber Jonas hatte ja immer Recht.

Wenn ich die Kinder bei jedem Wetter draußen herumrennen ließ, damit sie abgehärtet und nicht ständig krank würden, sagte er, ich ließe sie verkommen. Wenn ich ihnen nicht ständig mit dem Taschentuch hinterherrannte und ihnen nicht alle fünf Minuten die Finger wusch, sagte er, ich sei schlampig. Wenn sie statt mit Designerklamotten aus dem Secondhandshop eingekleidet wurden, bekam Jonas die Motten. Und als ich ihre Spielkameraden ganz bewußt aus der Waldorfszene auswählte und sie in einen alternativen Kindergarten brachte, hatten wir endgültig jeden Tag Krach miteinander.

Jonas behauptet noch heute, daß ich unsere Ehe zerstört habe, weil es mir zu gut ging. Ich behaupte, sie ist kaputtgegangen, weil Jonas nicht nach seinen eigenen Theorien zu leben imstande ist.

Als ich angefangen habe, das, was Jonas mir geistig vermittelt hatte, auf mich selbst anzuwenden, habe ich eigentlich erwartet, daß er das gut finden würde. Ich war eigentlich tief verletzt, als er es nicht gut fand. Und wenn ich mich verletzt fühle, werde ich bockig. Dann gibt es auch keinen Kompromiß mehr für mich. Dann ziehe ich das durch.

Folglich ging meine innere Veränderung nur mit Krach und Stunk ab. Jonas entfernte sich innerlich immer weiter von mir. Und ich entfernte mich auch immer weiter von ihm. Er aus Enttäuschung und ich aus Trotz. Und schließlich hatten wir uns so weit auseinandergestritten, daß wir bloß noch scharf darauf waren, einer dem anderen so weh wie möglich zu tun. Das funktionierte am nachhaltigsten, indem jeder von uns fremdging und sich dann gewollt zufällig verriet. Das war wie ein Zwang, immer noch eins obendraufzusetzen. Wir haben uns innerlich total zerfleischt.

Vermutlich hätte ich Jonas trotz allem nicht verlassen, wenn ich nicht Markus kennengelernt hätte. Mit Markus im Hintergrund schaffte ich es, Jonas den letzten Treffer zu verpassen. Während er auf einer Dienstreise war, ging ich zur Anwältin und ließ mich beraten. Dann ließ ich einen Möbelwagen kom-

men, nahm meine Lieblingsmöbel und die Kinder und verschwand. Schade war eigentlich nur, daß ich nicht mit ansehen konnte, wie Jonas reagierte, als er in seine ausgeräumte Wohnung kam und die Kinder weg waren. Er muß total zusammengebrochen sein.

Meine Eltern nahmen die Kinder und mich eine Zeitlang auf. Ein paar Monate später zogen wir in eine Wohngemeinschaft. Geld genug hatten wir, weil Jonas Unterhalt zahlen muß. Außerdem hatte ich ja Markus, der mir bei Engpässen unter die Arme griff und nur darauf wartete, daß wir für immer zu ihm kommen würden.

Nach dem vorgeschriebenen Trennungsjahr wurden Jonas und ich geschieden. Er kämpfte wie wahnsinnig um die Kinder, die ja auch an ihm hängen. Aber kämpfen heißt ja noch lange nicht siegen. Die Kinder wohnen jedenfalls bei mir. Und das wird auch so bleiben, ganz egal, ob unsere älteste Tochter tatsächlich mit 12 Jahren zu ihrem Vater ziehen will oder nicht. Wenn sie es tatsächlich so weit treibt, dann werde ich dafür sorgen, daß Jonas das Sorgerecht für die drei anderen verliert. Und das riskiert er nicht. Das heißt, die Indra wird nicht gehen.

Eines weiß ich jedenfalls: Ganz egal, ob Jonas und ich geschieden sind und andere Partner haben oder nicht – über die Kinder habe ich immer das letzte Wort bei ihm. Über die Kinder kriege ich ihn klein.

Dumme Väter?

Ein Foto, schwarzweiß. Ein Mann in Sportbekleidung sitzt neben einem Knirps in viel zu großem Hemd in der Hocke, Augenhöhe in Augenhöhe. Fasziniert betrachten beide eine Minihantel.

Vater und Sohn? Ein Bild, das anrührt.

Und dann daneben:»Dumme Väter.« In dicken schwarzen Buchstaben springt die Schlagzeile ins Auge. Rot der Untertitel:»Mütter mißtrauen dem väterlichen Sachverstand.«

So gesehen in der Ausgabe 3/1995 des Frauenmagazins ›Cosmopolitan‹. Ein Aufmacher zum Hingucken, zum Nachlesen.

In einer kurzen Mitteilung erfahren wir es ganz genau: Was Frauen einander seit jeher klagen und was kleine Mädchen bereits von ihren Müttern und Großmüttern als Lebensweisheit für die Zukunft mit auf den Weg bekommen, jetzt brachte es eine breit angelegte Studie an den Tag: Männer haben nicht nur vom Kinderkriegen keine Ahnung. Auch in Sachen Kindererziehung haben sie keinen blassen Schimmer, und deshalb fragen Frauen lieber fremde Männer als ihre eigenen.

Laut einer Meinungsumfrage von ›Redbook‹ halten die meisten Frauen nämlich äußerst wenig von den pädagogischen Fähigkeiten ihrer Männer. Zwar sind Väter stundenweise als Babysitter heiß begehrt, aber nur elf Prozent der Frauen beziehen ihre Männer aktiv in die Erziehung mit ein und beherzigen deren Tips in Erziehungsfragen. Alle anderen Frauen suchen lieber außerhalb der eigenen vier Wände Rat, wenn sie mit ihren Kindern nicht weiterwissen.

16 Prozent von ihnen halten zum Beispiel die erzieherischen Ansichten und Anregungen ihrer Freundinnen oder naher Verwandter für klüger. Die große Mehrheit der Frauen, nämlich 45 Prozent, wendet sich jedoch am vertrauensvollsten an Außenstehende wie Lehrer und Ärzte, deren Urteils-

vermögen und fachmännischer Sachverstand im Umgang mit Kindern am höchsten geschätzt werden.

Wenn man dieser Meinungsumfrage Glauben schenkt, läßt sie die Schlußfolgerung zu, daß Frauen sich überwiegend in Männer verlieben, deren Befähigung zum Vatersein sie gleich Null einschätzen. Jeder außenstehende, weitgehend unbekannte, aber professionell mit Kindern arbeitende Mann genießt bei Frauen – laut dieser Umfrage – nicht allein in schweren Krisenzeiten, sondern generell bei Erziehungsfragen mehr Vertrauen als der Mann, der einmal aus Liebe und in der Überzeugung der bestmöglichen Wahl zum Lebensgefährten erkoren wurde.

Auffällig ist, daß dieses mangelnde Vertrauen in den eigenen Mann keinesfalls nur bei Frauen auftritt, die im Laufe einer enttäuschenden Ehe aus bitteren Erfahrungen gelernt haben könnten, ihren Partnern zu mißtrauen. Nichts an der ›Redbook‹-Studie weist darauf hin, daß vorzugsweise Frauen mit einer belasteten Partnerschaftsbeziehung befragt wurden. Im Gegenteil, es geht auch um Mütter, die frischverliebt und jung gebunden sind. Und auch sie wenden sich vertrauensvoller fremden als den eigenen Männern zu.

Ist somit der Schluß erlaubt, daß die meisten Frauen den Mann fürs Leben von Anfang an ausklammern, wenn es bei der Erziehung gemeinsamer Kinder um mehr als die materielle Versorgung und eine oberflächliche Gefühlsbindung geht? Und beinhaltet dies, daß Frauen schon vor der Ehe das Risiko, einen wenig bis schlecht zur Kindererziehung geeigneten Mann zum Vater zu machen, nicht nur akzeptieren, sondern seine mangelhaften Vaterqualitäten fast voraussetzen? Unzweifelhaft steht gemäß dieser Studie fest, daß im Vordergrund des Interesses einer Frau an einem Mann keineswegs der Gedanke an Mutterschaft und Vaterschaft rangiert. Es stellt sich daher die Frage, welche Kriterien denn heute überhaupt zählen, wenn eine Frau beschließt, es auf immer und ewig mit einem Mann zu wagen?

Umfragen zeigen, daß der Traummann unserer Tage weder ein Richard-Gere-Verschnitt noch der Rambo-Typ eines Sylvester Stallone oder ein Beau im Stil Robert Redfords ist. Laut Sample-Institut in Mölln muß der Mann des Lebens vor allem treu (99 %) und ehrlich (91 %) sein, damit frau mit ihm ein Bollwerk gegen den Rest der Welt bilden will.

Mit über 10 Prozentpunkten Abstand folgen weitere Idealvorstellungen, wie der Mann fürs Leben beschaffen sein soll, und zwar wünschen sich 79 Prozent der Frauen einen zärtlichen Mann, 78 Prozent einen gut erzogenen, 73 Prozent einen geselligen, 70 Prozent einen optimistischen, 69 Prozent einen intelligenten. Anspruchslose 61 Prozent der Frauen träumen von einem Mann, der kinderlieb ist, 60 Prozent von einem häuslichen, 56 Prozent von einem ehrgeizigen, beruflich engagierten und erfolgreichen Mann.

Weit abgeschlagen rangieren als Schlußlichter die Wunschvorstellungen an den Mann fürs Leben mit sexy 36 Prozent, gutaussehend 25 Prozent, reich 12 Prozent.

Anders als Berichterstattungen der Regenbogenpresse glauben machen wollen, ist der Mann fürs Leben also nicht der millionenschwere »Mister Body«. Viel entscheidender werten Frauen innere Harmonie mit einem verläßlichen Partner zum Kuscheln und Spaßhaben, der alle Qualitäten eines besten Freundes hat.

Allerdings streicht auch die Studie des Sample-Instituts bei nahezu der Hälfte aller Frauen ein geringes Interesse an Vaterqualitäten ihrer Traummänner heraus. Analog zu dem durch ›Redbook‹ ermittelten Umfrageergebnis, daß 89 Prozent der Frauen keinen Wert auf väterliche Einmischung in Erziehungsfragen legen, bestätigt die Sample-Befragung die sich aufdrängende Vermutung, daß es Frauen (bis zu 39 Prozent von ihnen) absolut nicht interessiert, ob der Mann fürs Leben ein verantwortungsbewußter Vater sein wird. Und die Mehrheit von 61 Prozent der Frauen erwartet auch nur, daß er kinderlieb ist. Eben ein guter Babysitter. In dieser, und nur in dieser Qualität ist er gefragt.

Der verantwortungsbewußte Vater, der sich aktiv und die Mutter entlastend um Kinderbetreuung und Erziehungsfragen kümmert, ist anscheinend nicht gefordert. Diese Spezies

Mann und Vater kommt in der Lebensplanung der meisten Frauen ganz einfach nicht vor.

Seit es die ›Redbook‹-Studie gibt, weiß alle Welt ja endlich auch, warum. Derartige Qualitäten und ein solches Engagement werden einem Mann, der »nur« Vater ist, von der Frau seines Lebens ganz einfach nicht zugetraut. Ja, weit mehr als das. Wie die lediglich elf Prozent Frauen bezeugen, die die Väter ihrer Kinder aus freien Stücken in die Erziehung mit einbeziehen, ist bei 89 Prozent der Frauen ein aktiver Vater nicht einmal erwünscht.

Ja, auch ein beträchtlicher Anteil meiner Gesprächspartnerinnen für dieses Buch mußte zugeben, ihren Männern im Umgang mit ihren Kindern tatsächlich nicht viel zuzutrauen. Die meisten erklärten ihre Abwehrhaltung mit eigenen Kindheitserfahrungen. Viele von ihnen hatten ihren Vater als aggressiv und launenhaft oder für alles zu müde und der Kinder überdrüssig erlebt und gleichzeitig die Mutter als schwach, dem Vater und seiner Willkür ausgeliefert. Diese Kindheitserfahrungen lagen dem Beschluß der Frauen zugrunde, selbst eine starke, beschützende und Widerstand leistende Mutter sein zu wollen und als gefährlich oder unzulänglich eingeschätzte Väter ins Abseits zu drängen.

Zwar war diesen Frauen durchaus bewußt, daß nicht jeder Mann eine so negative Haltung gegenüber Kindern einnehmen müsse wie ihr eigener Vater, und ihre Ehepartner schon gar nicht. Gefühlsmäßig aber waren die Erfahrungen der Kindheit in den Frauen präsent geblieben und hielten das alte, eigentlich dem eigenen Vater geltende Mißtrauen gegenüber dem Personentypus Vater wach. Wobei jeder Fehler, der dem eigenen Mann im Umgang mit seinen Kindern je unterlaufen war, dieses Mißtrauen schürte und nährte.

Andere Frauen schilderten ihre Kindheit in einem Haushalt ohne Vater, aber mit Müttern und Großmüttern, die an Männern kein gutes Haar ließen. Eine Frau sagte: »In mir drinnen, das war wie frisch umgebrochenes Land. Alles, was meine Mutter mir über Männer sagte, fiel wie Samen in mich hinein und ging darin auf. Und als ich dann soweit war, einen Mann haben zu wollen, da merkte ich, daß ich von jedem nur das erwartete, was ich aus den Erzählungen meiner Mutter von Männern wußte.« Auch diese nicht selbst erfahrenen, quasi ererbten negativen Männerbilder führten dazu, daß Frauen ihre Männer vorbeugend aus der Kindererziehung ausklammerten und jeden Versuch des Vaters vereitelten, engere Beziehungen zu den Kindern herzustellen.

Wieder andere Frauen hatten eine Kindheit erlebt, in der sie immer am Rand gestanden waren. Entweder hatten sie eine Schwester, die hübscher oder schmeichelkatzenhafter oder gescheiter oder musikalischer, auf jeden Fall aber beliebter war; oder einen Bruder, der allein wegen seines Geschlechtes vorgezogen wurde. Als diese Frauen Mütter wurden, genossen sie das berauschende Gefühl, endlich einmal die Nummer eins zu sein. Und dieses Gefühl mit einem Mann zu teilen war ihnen schlechterdings unmöglich.

Als übereinstimmendes Ergebnis fast aller dieser Gespräche ergab sich, daß nahezu jede Frau den Vater ihrer Kinder zwar nicht bei schönen, aber doch bei unangenehmen erzieherischen Maßnahmen um tatkräftige Unterstützung bittet und mitunter auch mit entsprechenden Maßnahmen in Vaters Namen droht.

Die Prägung, die ihre Kinder dabei erfuhren, daß nämlich der Vater der »böse Mann« im Haus ist, nahmen alle Frauen mehr oder minder gelassen in Kauf. Eine brachte es auf den Punkt, indem sie sagte: »Bei mir, da wissen die Kinder, daß sie höchstens einen Klaps kriegen. Aber vor dem Papa, da haben sie Respekt; da wissen sie genau, daß es kracht.« Befragt, ob es im Hinblick auf eine spätere Ehe der Kinder nicht vielleicht sinnvoller wäre, den Vater nicht zu verteufeln, meinte eine andere Frau nur: »Warum? Es ist mir doch lieber, sie kuschen vor dem Mann als vor mir.«

Darauf, daß eine aktive, regelmäßige und aus freien Stücken betriebene Einmischung des Vaters in die Kindererziehung erfolgt, sind Frauen hingegen nicht eingestimmt. Als Hauptargumente wurden dabei angeführt, daß dies die erzieherische Freiheit und destinierte Zuständigkeit der Frau als

Erzieherin einschränken und neben einer Reihe von Kompromissen auch Diskussionen und Kontrollen des Mannes mit sich bringen würde. Nicht zuletzt aber sehen viele Frauen durch eine intensiv ausgelebte Vaterschaft ihre eigene emotionale Sonderrolle auf der Werteskala des Kindes gefährdet.

Einfacher und besser für die eigene Eitelkeit scheint da zu sein, sich selbst und jede Frau als erzieherisches Naturtalent hochzustilisieren und Männer als zwar sexuell potente, ansonsten aber unfähige Dummköpfe in Sachen Kinder abzutun. Bestätigung für die Stimmigkeit und Berechtigung dieser Einschätzung finden sich ja glücklicherweise immer wieder in den Ergebnissen von Meinungsumfragen der hier zitierten Art. Und sollte eine Frau tatsächlich anderer Ansicht sein, nun, dann gehört sie eben zu der Minderheit der aufgeführten elf Prozent. »Die haben eben noch nicht kapiert, daß Männer sowieso schon viel zuviel zu sagen haben und überall mitmischen wollen«, meinte eine der Frauen aus meiner Lübecker Gesprächsrunde. »Aber wenn wir Frauen jetzt auch noch die Erziehung der Kinder aus der Hand geben, dann haben wir nicht mal mehr die Spur einer Chance, aus unseren Söhnen die Männer von morgen zu machen, mit denen eine Frau es dann vielleicht auch aushalten kann.«

Vor dem Hintergrund einer tief aus dem Unterbewußten stammenden negativen Erwartungshaltung von Frauen gegenüber Vätern darf es kaum verwundern, daß die meisten Frauen mit größter Selbstverständlichkeit davon überzeugt sind, daß ihre Kinder ausschließlich bei ihnen am besten aufgehoben sind und den Vater im Scheidungsfall leicht entbehren und verschmerzen können. Obwohl unsere gegenwärtige Gesellschaft sich mit der Behauptung schmückt, am bewußtesten den Bedürfnissen von Kindern gerecht zu werden, haben ganz offensichtlich immer noch nur die wenigsten Mütter das Kopfwissen von der Eigenständigkeit und den persönlichen berechtigten Ansprüchen eines Kindes verinnerlicht. Oder wie erklärt es sich sonst, daß es Frauen so selten gelingt, auch dann Grenzen zwischen ihren Kindern und sich selbst zu erkennen und zu respektieren, wenn dies ihren mütterlichen Interessen widerspricht?

Eines der folgenschwersten Beispiele für mütterliche Selbstüberschätzung und daraus resultierende Grenzverletzungen an Kindern ist geboten, wenn Eltern sich scheiden lassen oder unverheiratet auseinandergehen und die Mutter den Vater nicht nur als Lebenspartner aus ihrem eigenen Leben, sondern auch aus dem Leben ihrer gemeinsamen Kinder aussperrt. Was problemlos dadurch gelingt, daß sie ihm mit Hilfe des Gesetzes das emotional geprägte Sorgerecht entzieht und ihm als einzigen Bezug zu seinem Kind die materielle Unterhaltspflicht aufbürdet.

Daß Kinder ihre Väter lieben, und zwar selbst dann, wenn es erwiesenermaßen gewalttätige, mißhandelnde und/oder sexuell ausbeutende Väter sind, wird von den wenigsten Müttern anerkannt und ernstgenommen.

Möglicherweise gehen sie davon aus, daß sie den Vater des Kindes auch einmal geliebt haben und diese Liebe verging. Möglicherweise schließen sie aus der eigenen Erfahrung, daß dieser Mann so wenig liebenswert war, daß auch die Liebe des Kindes zu diesem Mann keinen Bestand haben darf und unangebracht ist. Möglicherweise sehen sie es auch als ihre Pflicht an, das Kind vor einem solchen Vater zu schützen.

In fast jedem Fall stellt es jedoch eine gravierende Grenzverletzung dar, dem Kind die eigene Lebenserfahrung überzustülpen. Ganz besonders dann, wenn der Vater für sein Kind nur deshalb als schädigend angesehen wird, weil die Mutter keine Lust mehr hat, ihn zu sehen.

»Dumme Väter« – wie die Schlagzeile lautet, die mich dazu anregte, die Meinung von Frauen über Väter tiefergehend zu hinterfragen, ist nach meinem Dafürhalten eine unzutreffende, in Bausch und Bogen abwertende Disqualifizierung von Väter verachtenden und mißachtenden erwachsenen Frauen, die sich selbst und ihre mütterlichen Qualitäten in gefährlicher Überheblichkeit überschätzen.

Kinder nennen ihre Väter anders. Für sie ist er der wichtigste Mann in ihrem Leben. Weder dumm noch blöd noch unfähig, sondern klug und stark und mutig und der beliebteste Spielkamerad obendrein.

Wie überlebensnotwendig der Vater für Kinder ist, mag man an den Kindern ablesen, die von ihren Vätern grausam behandelt worden sind oder werden und es dennoch nicht schaffen, diesen Mann aus ihrem Herzen zu reißen. Selbst in ihrer Kindheit von ihrem Vater sexuell mißbrauchten Frauen gelingt eine Abnabelung fast nie.

Wie tief die Seele bis ins Erwachsenenalter die Spuren des Verlustes trägt, wenn die Mutter den Vater aus dem Leben ihrer Kinder auslöscht, gelangt seit einigen Jahren immer stärker ins gesellschaftliche Bewußtsein. Spätestens dann, wenn aus dem Kind ein/e Jugendliche/r geworden ist, entfaltet sich die zerstörerische Wirkung einer solchen Erfahrung.

»Als ich klein war«, sagt Maja S. aus Nürnberg, »habe ich den Vati nur immer sehr vermißt. Aber ich habe nicht begriffen, daß er gern zu mir gekommen wäre und meine Mutter das verhindert hat. Seit ich das weiß und so richtig voll kapiert habe, ist meine Mutter mir irgendwie unheimlich. Ich kann seitdem nicht mehr alles glauben, was sie sagt. Ich kann ihr auch nicht mehr alles anvertrauen. Sie ist für mich ein Mensch mit zwei Gesichtern geworden. Und eigentlich habe ich dadurch jetzt alle beide verloren. Das tut schon arg weh.«

Sehnsucht nach Papi: Niclas, Sabine, Jacko, Jennifer

NICLAS: Papis Foto

7 Jahre. Seit anderthalb Jahren Scheidungswaise. Lebt bei seiner Mutter und deren Freund
Vater: alleinlebend
Scheidungsgrund: außereheliche Beziehung der Mutter und Trennung auf ihren Wunsch
kein gemeinsames Sorgerecht

Ich habe meinen Papi unheimlich lieb. Am liebsten wäre ich immer bei ihm. Aber Mama sagt, daß sie dann ja keinen Beschüt-

zer mehr hat und mich braucht. Deshalb bleibe ich bei ihr. Ich habe ein Foto von meinem Papi über das Bett gehängt. Manchmal stelle ich mir vor, daß das Bild lebendig ist. Dann denke ich, daß es lebendig ist und mein Papi da ist. Tja, so ist das nun mal im Leben.

SABINE: Ich finde es total blöd

9 Jahre. Seit anderthalb Jahren Scheidungswaise. Lebt bei ihrer Mutter und deren Freund

Vater: alleinlebend

Scheidungsgrund: außereheliche Beziehung der Mutter und Trennung auf Wunsch des Vaters

kein gemeinsames Sorgerecht

Meine Mutter ist sehr lieb. Sie nimmt mich oft in den Arm und schmust mit mir. Wenn ich Kummer habe, hört sie mir zu und ist immer für mich da. Ich finde es total blöd, daß sie und mein Vater sich nicht mehr lieben. Als wir noch alle zusammen waren, war alles viel schöner. Darum wäre ich gern wieder eine richtige Familie.

Meine Mutter sagt, daß wir ja bald wieder eine Familie sind, weil sie wieder heiratet. Ihr Freund ist ja auch ganz okay. Aber er ist eben nicht mein Vater. Und ich will keinen neuen Vater, sondern meinen richtigen. Mein Vater und ich sind ja aus einem Stück gemacht. Ich bin ja auch ein Stück von ihm. Das kann man doch nicht so einfach wegmachen. Das geht doch nicht.

JACKO: Ein Stück von meinem Herzen

9 Jahre. Seit drei Jahren Scheidungswaise. Lebt bei seiner Mutter und deren Freund

Vater: lebt mit einer Freundin und deren Kindern zusammen

Scheidungsgrund: außereheliche Beziehung der Mutter und Trennung auf ihren Wunsch

gemeinsames Sorgerecht

Wenn mein Papa krank ist, tut mir immer ein bißchen das Herz weh. So was habe ich auch gemerkt, als mein Opa sich mal in den Finger geschnitten hat. Das kommt daher, weil ein Stück von meinem Herzen ja von meinem Opa ist. Und von meinem Papa auch.

JENNIFER: Mein Papi ist lieb

7 Jahre. Seit einem Jahr Scheidungswaise. Lebt bei ihrer Mutter und deren Freund

Vater: wiederverheiratet. Lebt mit der Familie seiner zweiten Frau zusammen

Scheidungsgrund: außereheliche Beziehung der Mutter und Trennung auf ihren Wunsch

kein gemeinsames Sorgerecht

Mein Papi ist lieb. Meine Mami ist auch lieb. Ich habe sie alle beide ganz doll lieb. Meine Mami will, daß ich nur sie lieb habe. Aber das geht doch nicht. Ein Mädchen muß doch seinen Papi haben.

Väter, die Unterhaltsmuffel der Nation?

Jugendämter, Sozialämter, Finanzämter, Arbeitsämter, die Justiz, die unterhaltsberechtigten Frauen und Mütter und allen voran die Frauen-Lobby schreien es zum Himmel: Männer und Väter sind Unterhaltsmuffel. Erregte Öffentlichkeit. Keine Talk-Show, keine Zeitschrift, kein Nachrichtenmagazin ohne Kommentar zum neuesten Skandal typisch männlicher Egoistenmentalität.

»Alles feministische Propaganda!« halten Vertreter von Verbänden und Vereinigungen dagegen, die sich in immer stattlicherer Zahl auf dem Sektor der Scheidungsprobleme nicht nur, aber doch eindeutig für Männer und Väter stark machen.

Richtig ist: Immer mehr Kinder, vor allem Trennungs- und Scheidungswaisen verarmen.

Richtig ist: Immer mehr alleinerziehende Mütter und unterhaltspflichtige Väter verarmen.

Richtig ist: Immer mehr Männer und Väter (beziehungsweise Mütter) leisten keine Unterhaltszahlungen.

Aber: Anders als Radikalfeministinnen und mit ihnen die breite Front der sogenannten Frauen-Lobby und in ihrem Schlepptau auch viele Politikerinnen proklamieren, resultiert die zunehmende Zahlungsverweigerung der Männer nicht generell und mehrheitlich aus chauvinistischer Frauenverachtung und Gefühlskälte den eigenen Kindern gegenüber. Weit eher sind sowohl die mangelnde Bereitschaft als auch die Unfähigkeit zur Zahlung von Unterhalten für Ex-Frau und Kind/er die Quittung für die verfehlte Eherechtsreform von 1977.

Viele geschiedene Männer und Väter nehmen sich als zweifach gestrafte Unschuldige und geschröpfte Opfer des Staates und – unter dessen Schirmherrschaft – auch ihrer Ex-Frauen wahr. Zu einer solchen Interpretation ihrer Lage gelangen sie angesichts der Tatsache, daß nicht sie selbst, sondern ausschließlich ihre Ehefrauen während der Ehe fremdgingen und dann auf einer Scheidung bestanden oder überhaupt keinen besseren, objektiv nachvollziehbaren Grund zur Scheidung hatten als den bloßen Scheidungswillen.

Gestraft und geschröpft sehen viele Ex-Ehemänner sich dadurch, daß mit dem Zusammenbruch der Ehe nicht nur die Frau aus dem Leben zu streichen war, mit der man sich einmal für immer und ewig gegenseitige Treue in guten und in bösen Tagen versprochen hatte, sondern auch das Vertrauen in dauerhaft verläßliche Bindungen. Gestraft und geschröpft obendrein dadurch, daß mit dem Verschwinden der Frau die gemeinsamen Kinder gezwungen wurden, ebenfalls zu gehen, obwohl die Väter gute, liebevolle, fürsorgliche und zuverlässige Väter waren und gern zeitlebens geblieben wären. Ein drittes Mal gestraft und geschröpft durch den Ruin all dessen, was man sich in mühsamen Jahren aufgebaut hatte. Und ein viertes Mal gestraft und geschröpft, da es nur unter größten Opfern der neuen Frau fürs Leben möglich ist, eine zweite Ehebindung einzugehen, weil die Erstfamilie nach dem Willen des Gesetzgebers immer vorgeht.

Im Bewußtsein und vollen Empfinden der eigenen Unschuld eine so lebensverändernde, lebenslängliche Strafe wie den Verlust der eigenen Kinder, den Verlust der sozialen Position und der materiellen Zukunftssicherung inklusive der Hoffnung auf ein neues Glück hinzunehmen – wem liegt das schon?

»Die meisten Männer und Väter erfahren das Scheitern ihrer Ehe und ihre eigene Ohnmacht hinsichtlich des Scheiterns, ihre Familie zusammenzuhalten und zu beschützen, als persönliches Versagen«, erklärte mir Joachim Matthies, der als Psychologe und Therapeut schon zahlreiche Männerselbsthilfegruppen für Männer nach der Scheidung aufgebaut hat. »Weil dieses Versagen für einen Mann aufgrund seiner größtenteils anerzogenen inneren Einstimmung, als Sieger durch das Leben gehen zu müssen, unglaublich schwer zu ertragen ist, drängt ihn sein Selbstschutzsystem, alles, was mit diesem Versagen zusammenhängt, aus seinem Leben auszuklammern. Daher kann es sein, daß ein Mann, dessen Psyche mit dem Gefühl des Versagens nicht fertig wird, eine ganz beachtliche Phantasie entwickelt, um Auswege zu finden. Für einen aus meiner Berufserfahrung heraus vergleichsweise geringen Anteil an Männern ist einer dieser Auswege dann auch die Verweigerung jeder Unterhaltsleistung.«

Mitteilungen der Bundesregierung aus dem Jahr 1993 zufolge, beträgt die Anzahl der aus Enttäuschung, Wut, Rachebedürfnis, Schmerz oder anderem Antrieb keine Unterhaltsleistung erbringenden Männer und Väter maximal 25 Prozent. Dies bestätigt die Erfahrungen von Joachim Matthies ebenso wie die der meisten anderen mir bekannten »Männerspezialisten«.

Schlupflöcher für Zahlungsverweigerer gibt es indessen wenige, denn wer Unterhaltsforderungen aus eigenem Verschulden nicht nachkommt und ertappt wird, muß mit Haftstrafen bis zu drei Jahren rechnen.

»Wenn der Unterhalt einmal festgelegt ist«, so Josef Linsler vom Würzburger Verband für Unterhalt und Familienrecht in Leserbriefen an ›Focus‹ (42/1994) und ›Stern‹ (30/95), »wird er auch eingetrieben, im Extremfall über Pfändung bis zum Offenbarungseid des Unterhaltspflichtigen.« – »Probleme gibt es nur dann, wenn vom Sorgeberechtigten – in 87 Prozent der Fälle die Mutter – das Umgangsrecht grob behindert wird, wenn der Unterhaltspflichtige arbeitslos ist oder wenn das Kind ›Mittel zur Ehebeschleunigung‹ war.«

Doch Not und der Drang zur Selbstjustiz machen bekanntlich erfinderisch, und so ziehen Zahl-Väter als letztes Mittel zur Selbsthilfe immer öfter krumme Tricks aus dem Zauberhut. Schwarzarbeit, frisierte Einkommensnachweise, offiziell gesenkte und frei auf die Hand ausbezahlte Gehälter sowie willentlich aufrechterhaltene Arbeitslosigkeit, bewußte Verschuldung mit Anspruchsprioritäten der kreditgebenden Institute bei Rückzahlungsleistung, Geschäftsaufgaben und Flucht ins Ausland führen die Liste an. Männer und Väter aus den neuen Bundesländern machten sich überdies in Zeiten der allgemeinen Verwirrung über die deutsch-deutsche

Grenze auf Nimmerwiedersehen davon und ließen Frau und Kind/er skrupellos im Regen stehen.

Allein im Münchener Stadtgebiet waren Presseberichten zufolge im Jahr 1994 rund 500 Familienväter untergetaucht und auf der Flucht vor dem berühmten Mann mit dem Kuckuck. Indem sie ihren festen Wohnsitz abmeldeten und ständig ihre Arbeitsstelle wechselten, waren sie praktisch verschollen. Nicht einmal der Gerichtsvollzieher war imstande, sie zu finden. Und wo niemand zu finden ist, kann auch keiner etwas holen.

Innerhalb Gesamtdeutschlands stieg die Anzahl von Vätern, die ihren Ex-Familien den Unterhalt verweigern, von 1994 zu 1995 um rund 20 Prozent. Siegfried Willutzki, Vorsitzender des Deutschen Familiengerichtstages, stellte am 9. 10. 1995 gegenüber der ›taz‹ dar, daß die Anzahl derer, die Leistungen aus der staatlichen Unterhaltsvorschußkasse beziehen müßten, weil die geschiedenen Männer und Väter nicht (mehr) zahlten, im Jahr 1994 auf 420 000 explodiert sei. Da viele gutverdienende Mütter sich anläßlich einer Zahlungsverweigerung des Vaters gar nicht erst bei der Unterhaltsvorschußkasse meldeten, sondern den Unterhalt der Kinder nunmehr aus eigener Tasche bestritten, müsse man eine nahezu gleich hohe Dunkelziffer unterstellen und tatsächlich von rund 850 000 unterhaltssäumigen Männern und Vätern ausgehen.

Alarmiert durch die umlaufenden Zahlenangaben, richteten mehrere weibliche Abgeordnete und die Fraktion der SPD eine (als Drucksache 12/5052 vom 28. 5. 1993 veröffentlichte) kleine Anfrage zur ›Unterhaltspflicht und Unterhaltsflucht von Vätern und Müttern‹ an den Deutschen Bundestag.

Vor dem Hintergrund, daß der Verband Alleinstehender Mütter und Väter den Vorwurf erhebe, in der Bundesrepublik werde eine »Väterschonpolitik« betrieben, so daß es unterhaltspflichtigen Vätern nicht nur möglich sei, sich ihrer Unterhaltspflicht zu entziehen, sondern sie überdies durch rechtliche Regelungen gegenüber den unterhaltsberechtigten Müttern begünstigt würden, lautete die erste Frage:

»Trifft es zu, daß der Regelunterhalt nicht einmal die Höhe

der Sozialhilfeleistungen erreicht?« Anstelle einer detaillierten Antwort gab die Bundesregierung bekannt, daß laut Bilanz der staatlichen Unterhaltsvorschußkassen im Jahr 1991 genau 243,42 Millionen Mark ausschließlich für den Bedarf bundesdeutscher Scheidungskinder aufzubringen waren. Bereits 1992 waren rund 50 Millionen Mark mehr, nämlich 297,38 Millionen Mark zu verauslagen; davon 255,94 Millionen für Kinder aus den alten und 41,44 Millionen für Kinder aus den neuen Bundesländern. Ergänzend wurde hinzugefügt, daß nur maximal 31 Prozent der per Unterhaltsvorschuß geleisteten Zahlungen irgendwann bei unterhaltspflichtigen Eltern wieder eingetrieben werden.

Auf die Frage, wie die Bundesregierung sich die Differenz erkläre, folgte die Erläuterung, daß »die Leistungen ... nicht nur bei Unterhaltspflichtverletzung – als Unterhaltsvorschuß – gezahlt werden, sondern auch bei Leistungsunfähigkeit des familienfernen Elternteils – als Unterhaltsausfalleistung. Der weitaus größere Teil der UVG-berechtigten Kinder erhält Ausfalleistungen ... In etwa 70 v. H. bis 75 v. H. der Fälle (ist) die Strafverfolgung des Unterhaltsanspruchs des Kindes aussichtslos ... In diesen Fällen haben sich die Kinder auf die Ausnahmeregelung berufen, die insbesondere in Fällen der Leistungsunfähigkeit des anderen Elternteils Anwendung gefunden haben – z. B. bei Arbeitslosigkeit, Sozialhilfebezug, niedrigem Einkommen oder Inhaftierung. (Es) kommt ein nicht unerheblicher Anteil der Fälle hinzu, ... in denen ... die Vollstreckung wegen nach-träglich eingetretener Leistungsunfähigkeit ausgeschlossen ist. Dieser Anteil kann mit 10 v. H. bis 15 v. H. angenommen werden«.

Zur Frage: »Gegen wie viele barunterhaltspflichtige Eltern wurde in den Jahren 1991 und 1992 wegen des Verdachts der Unterhaltsverletzung ermittelt, und wie viele wurden rechtskräftig verurteilt?« wurden Angaben der Polizeilichen Kriminalstatistik Wiesbaden herangezogen. Nach § 170 b StGB wurden 10 880 Fälle für 1990, 14 259 Fälle für 1991 und 14 639 Fälle von Verletzung der Unterhaltspflicht für 1992 erfaßt. Rechtskräftig verurteilt wurden 1990 insgesamt 3952 säumige Unterhaltspflichtige, also 6 938 Fälle weniger als ermittlungstechnisch erfaßt. Aktuellere Daten für die nachfolgenden Jahre lagen bis 1996 nicht vor.

Die Frage nach der Anzahl der sich Unterhaltszahlungen entziehenden, innerhalb Deutschlands und dem europäischen Ausland untergetauchten Eltern konnte nicht beantwortet werden. Ebenso mußte die Bundesregierung die Antwort darauf schuldig bleiben, wie viele Eltern durch eine Strafandrohung oder ausgesetzte Freiheitsstrafe auf Bewährung dazu zu bewegen waren, ihren Verpflichtungen nachzukommen und doch zu zahlen.

Absolut eindeutig klärt die Offenlegung der Fakten und Zahlen die aktuelle Skandalfrage der Öffentlichkeit, ob Männer und Väter pauschal zu Recht als böswillige Verursacher der wachsenden Kinder- und Frauenwarteschlangen vor den Kassen der Unterhaltszahlstellen verschrien und öffentlich angeprangert werden müssen und ob sie tatsächlich ungeniert Vater Staat die Kosten auf beide Augen drücken, anstatt selber in verantwortungsvoller Weise Vater zu sein: Ohne Zweifel weist das Ergebnis der kleinen SPD-Anfrage nach, daß Männer und Väter allen Anschuldigungen zum Trotz keinesfalls in überwältigender Mehrheit von böser Absicht getriebene Unterhaltsmuffel sind.

Die aufgrund von Unterhaltszahlungen in die Unterhaltskassen des Staates gerissenen Löcher entstanden nämlich nicht überwiegend oder gar ausschließlich durch Verschulden verantwortungsloser Männer und Väter. Vielmehr wurden diese Löcher in bis zu 75 Prozent aller Fälle von Männern und Vätern notgedrungen offengelassen, weil sie selbst entweder arbeitslos oder auf andere Weise mittellos geworden waren und das Geld für den Unterhalt schlichtweg nicht aufbringen konnten. Selbstverständlich entlastet dies diejenigen Männer und Väter nicht, die schamlos und aus niedrigen Motiven gewissenlos gegen ihre Kinder und geschiedenen Frauen handeln, indem sie ihnen den gesetzlich festgeschriebenen Unterhalt verweigern. Ebenso selbstverständlich aber darf es nicht geschehen, daß in der berechtigten Empörung über die echten Übeltäter pauschal und generell Männern und Vätern die Ehre abgeschnitten und der Strick gedreht wird.

Wie dergleichen ausarten könnte, mag der folgende Vorschlag einer ›Stern‹-Leserin (in der Ausgabe 30/95) zur Abschreckung vorführen:»In Kanada soll es eine Frauenorganisation geben, deren Gruppen sich mit Plakaten u. ä. vor dem Haus oder Arbeitsplatz eines unterhaltspflichtigen Mannes aufstellen und die Öffentlichkeit wissen lassen, was für ein nobler Mensch der jeweilige Herr ist. So ein bißchen Öffentlichkeit wirkt manchmal Wunder.«

Klüger und vor allem wirksamer wäre es, mit gesellschaftlichen Mitteln für die Zukunft Sorge zu tragen: daß Arbeitslosigkeit und vor allem Langzeitarbeitslosigkeit, Inflationsrate, Preisverfall und die Unattraktivität des Industriestandorts Deutschland abgebaut werden, daß dem grassierenden sittlichen und moralischen Werteverfall entgegengesteuert wird, daß es sich aus den unterschiedlichsten Blickwinkeln heraus wieder lohnt, Kinder und Familie zu haben, und daß der Mensch als Mensch nicht allein an dem gemessen wird, was er einkommensmäßig zu leisten imstande ist. Denn jeder Fortschritt in diese Richtung ist ein Schritt zur wahrhaftigen Gleichstellung von Mann und Frau.

ENNO, 33 Jahre, und ANTONIA, 28 Jahre

ENNO: Ich zahle keinen Unterhalt

Meine Ehe wurde geschieden, weil meine Frau einen anderen hatte. Damals habe ich als Fernfahrer gearbeitet und war nur an den Wochenenden oder manchmal auch zwei, drei Wochen gar nicht zu Hause. Während ich mich also krumm gelegt habe, um der Frau ein schönes Leben zu bereiten, lachte sie sich einen anderen an, der meinen Platz im Bett warm hielt.

Aus der Ehe mit meiner Frau habe ich zwei Kinder, einen Jungen und ein Mädchen. Sie sind heute zehn und zwölf Jahre alt.

Seit der Scheidung vor vier Jahren habe ich die Kinder nicht mehr gesehen.

Wegen meiner häufigen Abwesenheit wurde meiner Frau das alleinige Sorgerecht zugesprochen. Ich erhielt ein Besuchsrecht und die Erlaubnis, meine Kinder in den Ferien für ein paar Wochen zu mir zu holen. Im übrigen wurde ich dazu verdonnert, meiner Frau und den Kindern monatlich Unterhalt zu zahlen.

Während der Ehe hatte ich das Elternhaus meiner Frau gekauft und renoviert. Die Kredite, die aufgenommen werden mußten, hatte ich finanziert. Ich war der, der die Kiste am Laufen gehalten hat. Ich mit meiner Arbeit und mit meiner Leistung. Mit der Scheidung ging alles den Bach runter. Zwei Haushalte konnte ich einfach nicht finanzieren.

Das heißt, das Haus wurde verkauft. Mit dem Geld wurden die Kredite abgelöst und die Scheidungskosten bezahlt. Da wir das Haus verkaufen mußten, ehe es fertig renoviert war und wir außerdem keine Zeit hatten, einen geeigneten Käufer zu suchen, mußten wir alles unter Wert abgeben. Es kam nur gerade so viel dabei heraus, daß wir nicht auch noch auf Schulden sitzenblieben. Bis zu dem Verkauf war meine Frau eigentlich noch ganz normal, wenn man das so sagen kann. Sie hatte zwar den anderen Macker, und ich hatte eine Mordswut auf alle beide. Aber bis zu dem Zeitpunkt hatten wir trotzdem noch einigermaßen anständig miteinander umgehen können. Als das Haus dran war, fing meine Frau an durchzudrehen. Sie hatte sich das wohl anders gedacht. Sie hatte gedacht, daß es ja ihr Elternhaus ist und sie das auch behält und dann nach der Scheidung mit ihrem Macker einen schönen Lenz in den eigenen vier Wänden schieben wird. Das war ja nun nichts. Und wer kriegte die Schuld aufgebrummt? Ich, ganz klar.

Als das Haus verkauft war, mußte sie sich eine eigene Wohnung nehmen und Miete zahlen. Da merkte sie erst, daß das an ihre Substanz ging und für das süße Leben mit dem Macker nicht mehr viel übrig war. Vor allem merkte das der Macker. Der ließ sie nämlich sitzen.

Meine Frau fing dann an, mich anzubaggern und mir große Reue vorzumachen und mir zu erklären, daß sie zu mir zurück will. Aber wenn bei mir der Ofen aus ist, ist er aus. Von dem Moment an fing sie an, mich bei den Kindern madig zu machen. Sie redete ihnen ein, daß ich mich nicht für sie interessieren würde und deshalb dauernd auf Achse wäre, daß ich ein schlechter Vater sei und sie mich deshalb verlassen habe. Die Kinder glaubten das natürlich und wollten mich dann auch nicht mehr sehen.

In den ersten Wochen nach der Scheidung habe ich versucht, uns alle irgendwie über Wasser zu halten. Ich dachte immer, die Frau würde schon wieder Verstand annehmen. Aber da lief nichts. Wenn ich bei den Kindern anrufen wollte, ließ sie sie nicht ans Telefon und behauptete, daß die beiden keine Lust hätten, mit mir zu reden. Wenn ich die Kinder besuchen wollte, sagte sie, daß sie an dem und dem Tag schon etwas anderes geplant hätten oder daß die Kinder krank seien oder einen Ausflug mit der Schule machten oder bei einem Kindergeburtstag wären oder im Schwimmbad. Sie hatte immer eine andere Ausrede und ich das Nachsehen.

Ein paar Wochen habe ich mir das alles bieten lassen. Dann hatte ich die Faxen dicke. Für eine Frau und für Kinder, die nichts mehr von einem wissen wollen und bloß noch abkassieren, zu bezahlen und zu ackern, daß die Schwarte kracht, ist mein Ding nicht.

Ich habe da einen Freund, der auch geschieden ist und sich in den Sachen auskennt. Mit dem habe ich gesprochen. Danach habe ich auf arbeitslos gemacht und bin erst mal eine Zeit lang weg aus Deutschland. Meine Firma hat mich dann im Ausland wieder eingestellt. Aber das haben wir so geregelt, daß es unter uns bleibt. Jedenfalls sieht meine Frau seitdem keinen Pfennig mehr von mir.

Das Jugendamt zahlt jetzt für die Kinder, was bedeutet, daß jede müde Mark auf meiner Minusseite angekreidet wird und mir sofort abgeschröpft würde, wenn ich so blöd wäre, jemals wieder in Deutschland zu arbeiten. Habe ich aber nicht vor. Ich baue mir gerade ein Haus im Ausland.

Vielleicht heirate ich auch noch mal. Die Frauen da unten sind anders als Europäerinnen, nicht so auf ihren Vorteil aus und auch nachgiebiger. Manchmal denke ich an meine Kinder. Die beiden fehlen mir vor allem an so Tagen wie Weihnachten oder wenn sie Geburtstag haben. Da könnte ich immer noch das heulende Elend kriegen. Andererseits weiß ich, daß die zwei mich nicht mehr haben wollen und total auf ihre Mutter abgefahren sind. Das zu wissen, das legt sich immer wie ein Panzer um mein Herz. Das macht mich dann auch hart. Aber nur so kann ich das alles überhaupt ertragen.

ANTONIA: Ich fühle mich von ihm im Stich gelassen

Ich war zehn Jahre verheiratet. Wenn ich Glück hatte, habe ich meinen Mann in diesen zehn Jahren an den Wochenenden gesehen, also in zehn Jahren höchstens rund eintausend Tage. An diesen Tagen ist er meistens vor dem Fernseher gelegen, mit Freunden in der Kneipe gesessen und hat ziemlich oft an meinem Elternhaus gebaut. Außer den paar Minuten pro Wochenende im Bett hatten wir kaum Gemeinsames.

Nach neun Jahren Ehe habe ich einen anderen Mann kennengelernt. Ich habe immer gewußt, daß er nichts Besonderes ist. Aber Enno, mein Mann, war auch nie das Gelbe vom Ei. Nur, der andere war wenigstens da. Er redete mit mir und nahm mich mal in den Arm, und wenn ich mal weinen mußte, hielt er mich fest.

Ich habe dann die Scheidung verlangt. Als Enno erfuhr, daß da ein anderer war, hat er mir keine Steine in den Weg gelegt. Er wollte nur zu den Kindern Zugang behalten. Das hatte ich da auch versprochen.

Dann kam die Sache mit dem Haus. Es war mein Elternhaus. Als meine Eltern starben, vererbten sie es meinem Bruder und mir zu gleichen Teilen. Weil Enno und ich immer schon in dem Haus gewohnt hatten, nahmen wir einen Kredit auf und zahlten meinen Bruder aus.

Als ich die Scheidung wollte, machte ich mit Enno ab, daß ich das Haus behalten und versuchen würde, Enno seinen Anteil so nach und nach zurückzuzahlen. Ich hatte mir vorgestellt, daß *ich nebenher vielleicht putzen gehen würde und Enno das Geld bekommen sollte. Damit war er auch einverstanden. Aber als es dann soweit war, hielt er sich an nichts mehr und verlangte, daß das Haus verkauft würde. Er behauptete, daß er mir nicht mehr vertrauen würde und ich ihn mit dem Haus nur reinlegen wollte.*

Ich habe zwar noch versucht, das Geld aufzutreiben und das Haus selbst zu kaufen, aber ich brachte die Summe nicht zusammen, also kam das Haus unter den Hammer. Auf die Art hat Enno mich um mein Elternhaus gebracht und die Kinder um ihr Erbe. Das verzeihe ich ihm nie.

Weil er sein Versprechen nicht gehalten hat, hatte ich es auch nicht nötig, meins zu halten. Ja, ich gebe schon zu, daß ich ihm die Kinder vorenthalten habe. Die beiden kannten ihren Vater allerdings sowieso kaum. Er war doch nie da, wenn sie ihn gebraucht haben. Und als wir dann geschieden waren, haben sie ihn auch nicht groß vermißt. Wenn Enno nicht zu Besuch kam, weinten sie ihm keine Träne nach.

Ungefähr fünf Monate nach der Scheidung blieb dann das Geld von Enno aus. Die Bank sagte, sein Konto sei aufgelöst worden. Sein Chef sagte, Enno habe gekündigt und in den Sack gehauen. In seiner Bude, die er sich nach der Scheidung genommen hatte, war er nicht mehr. Die Vermieterin sagte, er habe gekündigt und ihr die paar Möbel, die er von uns mitgenommen hatte, für die Miete in Zahlung gegeben. Also konnte ich nicht mal die mehr kriegen.

Von einem Tag auf den anderen hatten ich und die Kinder keinen Pfennig mehr. Ich wußte nicht, wo mir der Kopf stand. Ich hatte ja auch laufende Verpflichtungen und Daueraufträge und so weiter. Mir blieb also nichts anderes übrig, als zum Sozialamt zu gehen und Hilfe zu beantragen. Dabei ist es bis heute geblieben, denn wegen der Kinder kann ich nicht regelmäßig arbeiten gehen.

Mein Mann macht jetzt den dicken Molli in der Türkei. Das weiß ich. Der läßt sich's auf meine Kosten wohl sein. Uns hat er voll im Stich gelassen. Und dann traut er sich auch noch zu behaupten, das hätte ich mir selbst zuzuschreiben.

Wenn Mütter zu Rufmörderinnen werden

Ernst Ell, bekannter Karlsruher Gerichtsgutachter und promovierter Psychologe, schrieb in der Juni-Ausgabe 1992 der Zeitschrift ›Eltern‹: »In jeder dritten Akte, die ein Gutachter heute zu Gesicht bekommt, spielt der Vorwurf des sexuellen Mißbrauchs eine Rolle. Harmlose Dinge wie wunde Stellen durch Kratzen an der Scheide oder durch Madenwürmer werden gar nicht mehr anders erklärt.«

Arthur Krajc vom Bürgerbund faire Scheidung und dem Arbeitskreis Elterliche Sorge und Kindeswohl Hannover erklärte dazu: »In streitigen Scheidungsverfahren ... wird das Vorbringen des Verdachts sexuellen Mißbrauchs inzwischen als heißer Tip gehandelt, wenn man Männern das Recht des Umgangs mit den leiblichen Kindern verwehren oder die Zuweisung der elterlichen Wohnung erreichen will. Die von manchen Wissenschaftlern vertretene These, daß Frauen dies in der Regel nur aus echter Besorgnis und unter Einfluß der allmählich groteske Formen annehmenden Mißbrauchsdiskussion in den Medien tun, ist unzutreffend. Vielfach wird der Mißbrauchsverdacht in Scheidungsverfahren ganz bewußt einzig und allein zu dem Zweck vorgebracht, um damit das erwünschte Ziel (z. B. Ausschluß des Umgangsrechts, Wohnungszuweisung usw.) zu erreichen. Dieses Ziel wird mit dem Vorbringen eines solchen Verdachts in der Regel auch fast immer erreicht, ohne daß überhaupt irgendwelche Untersuchungen durchgeführt werden. Zumindest wird damit erreicht, daß Besuche des Kindes beim verdächtigten Elternteil nur unter Aufsicht Dritter stattfinden dürfen.

Daß dieses Vorbringen in Scheidungsverfahren kaum einmal strafrechtliche Konsequenzen hat, beweist allerdings, daß die Familiengerichtsbarkeit solche Vorbringen richtig einschätzt. Würde sie solche Vorbringen auch nur als im Bereich des Möglichen liegend betrachten, wäre sie verpflichtet, dies der Staatsanwaltschaft zur Kenntnis zu bringen, die dann gemäß § 160 StPO zumindest ein Ermittlungsverfahren einleiten müßte und beim Vorliegen zureichender tatsächlicher Anhaltspunkte gemäß dem Legalitätsgrundsatz Anklage zu erheben verpflichtet wäre.«

Auch Sigrid Rösner und Burkhard Schade kommen in der ›Zeitschrift für das gesamte Familienrecht‹ (10/1993) zu dem Schluß, daß sich »vor allen Dingen innerhalb familiengerichtlicher Verfahren ... jene Fälle (mehren), in denen ein Elternteil – meistens der Vater – zu Unrecht bezichtigt wird, ein Kind sexuell mißbraucht zu haben ... Ganz besonders bedauerlich ist dabei, daß ausgerechnet ... den sogenannten professionellen Helfern ... angelastet (wird), über die mit Sicherheit ehrenhafte Zielsetzung ... hinauszuschießen ... und den Verdacht des sexuellen Mißbrauchs mit der erwiesenen Tatsache gleichzusetzen und so daran mitzuwirken, daß Mütter oder Väter zu Unrecht beschuldigt werden ...«

Weiter schreiben sie: »Manche Aktivitäten dieser Beratungseinrichtungen muten an wie die Hexenverfolgung im Mittelalter. So wie damals Frauen nach dem Ausschreien (öffentliches Verleumden einer Frau als Hexe) nur noch minimale Chancen hatten, sich gegen den Vorwurf, eine Hexe zu sein, erfolgreich wehren zu können, so ähnlich erleben sich bisweilen beschuldigte Mütter oder Väter, wenn ihnen gegenüber der Verdacht geäußert wird, ihr Kind sexuell mißbraucht zu haben.«

In der Mehrheit aller im Scheidungskrieg erhobenen Mißbrauchsvorwürfe klagen Mütter die Väter ihrer Kinder an, indem sie eigene Beobachtungen oder Äußerungen von Kindern bereitwillig zu Verdachtsmomenten verdichten und wiedergeben.

Selbstverständlich bleibt unbestritten, daß jedes tatsächlich sexuell mißbrauchte Kind ein Kind zuviel ist und daß die meisten Anschuldigungen auf grausamster Wahrheit beruhen. Ebenso unbestritten bleibt, daß das Verbrechen des sexuellen Kindesmißbrauchs ebensowenig verjähren sollte wie Mord und mit weit schwereren und nachdrücklicheren Strafen belegt werden sollte, als dies heute der Fall ist. Es kann nicht angehen, daß man mit einem so zerstörerischen Verbrechen, das die Opfer ein Leben lang auf grausamste und tiefgreifendste Weise schädigt, wie mit einem Kavaliersdelikt verfährt und die Täter/innen überwiegend zur Bewährung auf freiem Fuß beläßt. Therapiemaßnahmen für Täter/innen müssen ausgebaut und sowohl als Nachsorge wie auch als Vorsorgemaßnahme per Gerichtsbeschluß auferlegt werden. Hier den Rotstift anzusetzen, ist vom Gesetzgeber unverantwortlich kurzsichtig und zum Schaden unserer gesamten Gesellschaft.

Dennoch darf nicht verschwiegen werden, daß auch jede falsch angeschuldigte Person eine Person zuviel ist. Und daß es in jeder Weise abscheulich und verwerflich ist, aus böser Absicht oder Leichtgläubigkeit einen unschuldigen Menschen mit einer bereits als Verdacht gesellschaftlich so nachhaltig ausgrenzenden und verpönenden Beschuldigung wie dem sexuellen Kindesmißbrauch zu verleumden.

Wer immer dies im Scheidungskrieg als Waffe gegen den anderen einsetzt, hat sich damit selbst die Qualifizierung abgesprochen, Kinder zu verantwortungsbewußten Erwachsenen heranzubilden. Und wenn einer derartigen Verleumdung schon keine rechtlichen Konsequenzen folgen, so sollte dem/der Verleumder/in doch niemals das Sorgerecht und damit das Erziehungs- und Fürsorgerecht für Kinder zugesprochen werden.

Bertolt Brecht schrieb in ›Der kaukasische Kreidekreis‹, daß die wahre Mutter die sei, die es nicht ertrage, ihrem Kind Leid und Schaden zuzufügen. Eine Mutter, die den Vater ihres Kindes als Mißbrauchstäter verleumdet und in sozialen Mißkredit bringt, es möglicherweise sogar darauf ankommen läßt, den Seelenfrieden ihres Kindes zu stören, um es mit suggestiven Fragen dazu zu bringen, Falschaussagen zu machen – eine solche Mutter hat im Sinne Brechts keine Mutterqualität. Und jede Gerichtsbarkeit sollte angesichts dessen ebenso weise Recht sprechen wie im ›Kreidekreis‹ und dem Vater das Sorgerecht überantworten.

214

Wie schnell und wie oft verleumderisch des sexuellen Kindesmißbrauchs bezichtigt wird, zeigt eine interessante Studie von David P. H. Jones am Park Hospital for Children in Oxford. Sie ergab, daß von 576 Vorwürfen des sexuellen Kindesmißbrauchs insgesamt 16 Fälle von Erwachsenen frei erfunden wurden. Weitere 155 Fälle wurden von Erwachsenen falsch interpretiert und ungerechtfertigt als Mißbrauchshandlung angesehen. Im Vergleich zu den 171 Falschanschuldigungen durch Erwachsene wurden allerdings nur der geringe Anteil von fünf der 576 Vorwürfe fälschlich von Kindern erhoben!

Zwar sagt die Studie nichts darüber, wie viele der Mißbrauchsvorwürfe im Zusammenhang mit Scheidungskriegen erhoben wurden. Nach der Glaubwürdigkeit von Mißbrauchsvorwürfen gefragt, wird jedoch zweifelsfrei nachgewiesen, daß Kinder, die aus eigenem Antrieb und eindeutig erkennbar von sexuellen Mißbrauchshandlungen berichten, nahezu immer wahre Anschuldigungen erheben. Ebenso eindeutig zeigen sich die Schwierigkeiten, die Erwachsene diesbezüglich mit der Wahrheit haben. Ein Lügengebäude aus rund 30 Prozent legt beredtes Zeugnis dafür ab.

Auch deutsches Zahlenmaterial scheint dieses Ergebnis zu bestätigen. In Baden-Württemberg zum Beispiel wurden 1993 von allen erhobenen Anschuldigungen des sexuellen Kindesmißbrauchs nur 45 Prozent richterlich bestätigt und die Täter/innen rechtskräftig verurteilt. Aus den Statistiken unersichtlich ist, warum 55 Prozent der Tatverdächtigen straffrei ausgingen. Hier mag es sein, daß die Richter zwar den Anschuldigungen der meisten Opfer dieser 55 Prozent geglaubt haben, die Mißbrauchshandlung aber im juristischen Sinne nicht zweifelsfrei zu beweisen war. Es wäre ebenso denkbar, daß zahlreiche zur Anzeige gekommenen Mißbrauchshandlungen bereits verjährt und daher strafrechtlich nicht mehr zu ahnden waren. Nicht zuletzt aber kann man sich ausrechnen, daß ein großer Prozentsatz der Anzeigen zustande kam, weil die Anzeige erstattenden Erwachsenen Beobachtungen oder Äußerungen oder Zeichnungen usw. von Kindern falsch interpretierten. Daß von diesen Anzeigen die meisten nach bestem Gewissen und Wissen erfolgten, soll nicht bestritten werden.

Eine Statistik, die exakt die Anzahl der im Scheidungsverfahren verleumderisch erhobenen Vorwürfe des sexuellen Kindesmißbrauchs belegt, gibt es derzeit leider noch nicht.

Angesichts der Erfahrung von Fachleuten, die als Scheidungsanwälte, Gutachter, Richter oder Staatsanwälte (jeweils beiderlei Geschlechts) täglich damit konfrontiert sind, daß jede dritte Scheidung mit dem von der Mutter erhobenen Vorwurf des sexuellen Kindesmißbrauchs durch den Vater einhergeht, nimmt es nicht wunder, daß immer mehr Rechtsanwälte und Familienrichter vor allem Vätern im besten Fürsorgesinn empfehlen, sich während der Scheidungsphase von ihren Kindern fern zu halten und jede Handlung zu vermeiden, die mißverständlich sein könnte.

Holger aus Mainz, der geschiedener Zahlvater von zwei Mädchen im Alter von vier und sechs Jahren ist, erklärte mir dazu: »Der Anwalt sagte mir klipp und klar, daß ich die Finger von den Kleinen lassen sollte. Ich sollte nicht mehr mit ihnen in die Badewanne steigen, ihnen auf der Toilette nicht mehr helfen, sie nicht mehr abduschen und abfrottieren oder eincremen, sie nicht mehr anziehen, sie nicht in den Arm nehmen, solange sie oder ich nackt sind, sie nicht mehr in mein Bett lassen, keine Hoppe-Reiter-Spiele mit ihnen machen, sie nicht durchkitzeln oder sonst irgendwie am ganzen Körper berühren, sie nicht knuddeln und ihnen keine Geheimnisse erzählen. Ich sollte ihnen auch keine besonderen Geschenke machen und überhaupt alles unterlassen, um mir die Zuneigung der Mädels zu erhalten. Als ich den Mann fragte, ob er selbst Kinder habe und wisse, was er da verlange, sagte er bloß, daß er es gut mit mir meine und mich nur vor etwas bewahren wolle, was er und seine Kollegen und Kolleginnen seit ein paar Jahren immer öfter erleben müßten. Vielen Frauen sei heute jedes Mittel recht, um die Kinder zu bekommen, weil mit den Kindern auch das Geld ins Haus komme. Und zu behaupten, daß man Angst habe, der Mann

216

würde die Kinder sexuell mißbrauchen, sei ja ohne Risiko. Keine Frau, die weiß, daß es passiert, ist verpflichtet, das anzuzeigen.«

»Eine Anzeige ist ein Kann, aber kein Muß«, erklärte auch Burkhart Denger, Staatsanwalt vom Sonderdezernat für sexuellen Mißbrauch an Kindern und Jugendlichen bei der Staatsanwaltschaft Landau, in meinem Buch über die Täter des sexuellen Kindesmißbrauchs. Man kann »keine Privatperson ... wegen zum Beispiel unterlassener Hilfestellung belangen, wenn sie von dem sexuellen Mißbrauch an einem Kind erfährt und nicht zur Polizei geht. Dabei kann von einer strafbaren unterlassenen Hilfestellung nur die Rede sein, wenn man bei einer soeben, akut begangenen Straftat nicht einschreitet. Hier geht es hingegen um einen Fall, in dem man akut nicht mehr helfen kann, weil er bereits in der Vergangenheit begangen wurde. Selbst Mitarbeiter im Jugendamt, die dazu berufen sind, Kinder zu schützen, müssen zwar etwas unternehmen, aber nicht strafanzeigen. Wobei man prinzipiell berücksichtigen muß, daß eine Strafanzeige nur eine von vielen Möglichkeiten ist und in meinen Augen eher nur ein Weg, die Verantwortung auf die Strafjustiz abzuschieben. So etwas kann man machen, muß es aber nicht«.

In einem ergänzenden Gespräch vom Februar 1996 antwortete Burkhart Denger mir auf die Frage, ob ein Anwalt oder Familienrichter Anzeige erstatten müsse, wenn er in einem Scheidungsfall mit einem Mißbrauchsvorwurf konfrontiert werde: »Nein, keinesfalls! Strittig ist sogar, ob dies nicht gegen Datenschutzvorschriften verstoßen würde. Auch wenn mir als Staatsanwalt ein solcher Fall vorgetragen wird, muß dies nicht automatisch zur Strafanzeige führen. Dies wäre nur dann der Fall, wenn ausdrücklich Strafanzeige erstattet wird und ich die Anzeige zu Protokoll nehme und dann entsprechende Schritte einleite.«

»Im Normalfall erfahre ich von dem Vorwurf des sexuellen Mißbrauchs in einem vertraulichen Gespräch«, kommentierte auch Scheidungsspezialist J. Bauer aus dem Großraum München. »Meistens ist es die Mutter, die irgendwann damit herauskommt und aber gleich sagt, daß sie den Mann nicht anzeigen will, um dem Kind die Belastung zu ersparen. Die Sache geht dann ihren Gang, das heißt, es wird eine Fachperson, meistens eine Fachfrau, als Gutachterin eingeschaltet, die Gespräche mit dem Kind führt und herausfindet, ob da etwas vorgefallen ist.

Oft ist es so, daß bei den Gutachten kein konkretes Ergebnis gefunden wird. Teils weil das Kind schon vorher mehrfach durch die Mutter oder deren Freundinnen oder andere Personen ihres Vertrauens befragt worden ist, so daß man hinterher nicht mehr erkennen kann, was kommt von dem Kind selbst und was sagt es, weil es da eine bestimmte Erwartungshaltung gespürt hat. Kinder sind da ja hochsensibel, die merken schnell, worauf jemand hinauswill. Und besonders Kinder, die gerade durch eine Scheidung oder Trennung der Eltern traumatisiert werden, klammern ja unbewußt ungeheuer an der Mutter als der einzigen ihnen sicher verbliebenen Bezugsperson. Oft erleben wir dann, daß das Kind jedesmal eine neue Version der Geschichte vorträgt und keine mit dem übereinstimmt, was die Mutter von dem Kind erfahren haben will. In solchen Fällen läßt sich nichts mit Bestimmtheit ausschließen, aber auch nichts Konkretes bejahen.

Die Krux ist, daß es das Verbrechen des sexuellen Kindesmißbrauchs nun einmal gibt. Wir können nicht so tun, als wäre jede Anschuldigung einer Mutter im Scheidungsfall an den Haaren herbeigezogen. Und auch wenn der Vorwurf nicht eindeutig zu beweisen ist, müssen wir ihn ernst nehmen. Auf der Täterseite gibt es Strategen genug, die wie lauterste Biedermänner wirken, aber mit allen Wassern gewaschen sind und jahrelang Tarnen und Täuschen geübt haben und genau wissen, wie man Aussagen von Kindern als unglaubwürdig darstellt.

Aus diesem Grund wird das Familiengericht in der Regel der Mutter das alleinige Sorgerecht zusprechen, weil erstens letzte den Vater betreffende Zweifel nicht ausgeräumt werden konnten und zweitens davon ausgegangen werden muß, daß das Zerwürfnis der Eltern zu tiefgreifend ist, als daß eine gemeinsame Sorge für das Kind zu verwirklichen wäre. Und die Mutter ist nach heutigem Verständnis nun mal der Mensch, dem das Kind naturgemäß am nächsten steht.

Für den Vater, der sich mit der Situation nun ganz und gar nicht abfinden kann und sich absolut unschuldig weiß, bliebe in einem solchen Fall ja immer noch das Mittel der Klage gegen die Mutter. Allerdings muß ich sagen – das habe ich noch nicht erlebt.«

Jörg, der seine Tochter wegen einer Mißbrauchslüge seiner Frau verloren hat, schrieb mir in einem Brief: »Ich kann nichts gegen diese Frau unternehmen. Sie ist die Mutter meiner Tochter. Egal, was ich gegen sie unternehme, es trifft immer das Kind. Wo soll meine Tochter denn hin, wenn ich ihr die Mutter nehme? Zu mir, von dem sie doch nur eingeredet bekommen hat, daß er ihr etwas zuleide getan, sie mißbraucht hat, würde sie doch gar nicht wollen. Vermutlich würde sie mich hassen und verabscheuen und Angst vor mir haben und mir die Schuld daran geben, daß ihre Mutter weg ist. Das wäre doch keine Basis, nicht für mich und nicht für das Kind. Es gibt Tage, an denen ich glaube, es wäre am besten, ich bringe mich um. Da ist dieses Nicht fassen können, diese absolute Ohnmacht, mit der ich meiner Ex-Frau und ihren Lügen ausgeliefert bin, obwohl ich Gutachten vorweisen kann, aus denen hervorgeht, daß meine Tochter mit an Sicherheit grenzender Wahrscheinlichkeit nie von mir sexuell mißbraucht wurde! Wäre da nicht diese irre Hoffnung, daß meine Tochter eines Tages erwachsen sein wird, daß sie ihren Vater suchen und zur Rede stellen wird, daß ich dann endlich die Wahrheit sagen kann, endlich wieder das sein darf, was ich immer sein wollte: ihr Vater – wäre dies nicht, ich weiß nicht, ob ich nicht längst schon Schluß gemacht hätte. Dann hätte meine Ex-Frau erreicht, was sie mir in ihrem letzten Brief als Lösung vorgeschlagen hat: ›Häng dich auf.‹ Ich muß lachen. Aber den Triumph gönne ich ihr nicht, wenigstens diesen einen nicht. Irgendwann, das spüre ich, das weiß ich, irgendwann wird meine Tochter vor mir stehen, und wir werden unsere Chance haben. Für diesen Tag lebe ich.«

FRIEDRICH, 39 Jahre, mit VIVIAN, 27 Jahre, und SVENJA, 31 Jahre

FRIEDRICH: Meine Frau hat mein Leben zerstört

Meine Mutter hatte das komischerweise alles vorausgesehen. Ich weiß es noch wie heute, wie sie mich warnte und zu mir sagte: »Wenn du nicht aufpaßt, Junge, dann hängt dir die Vivian noch was an. Die kriegt das fertig und behauptet, daß du deine Tochter mißbrauchst, bloß damit sie dich endgültig weg hat.«

»Quatsch!« habe ich damals gesagt. »So was macht die Vivian nicht. Schließlich haben wir uns mal geliebt.«

Ja, und dann passierte es. Es war bei einem Gesprächstermin mit Vivians Anwältin. Wir hatten über diesen ganzen Mist gestritten, wer was von den Möbeln bekommt und die Stereoanlage und Platten und CDs und den Video und die Kamera und was da sonst noch war. Irgendwie kriegten wir uns wegen einer Münzsammlung, die ich in die Ehe eingebracht und während der Ehe weitergeführt hatte, und Schmuck, den meine Mutter Vivian als so eine Art Leihgabe überlassen hatte, in die Plünnen. Ich wollte die Münzen und den Schmuck zurück, der einen ziemlichen Wert hat. Da rastete Vivian aus und schrie, daß ich sie betrügen würde und schon immer betrogen hätte und sie jetzt endgültig wüßte, daß von einem Schwein wie mir nichts Gutes zu erwarten sei, und deswegen könne ich mir das Sorgerecht für unsere Tochter abschminken. Sie hätte genug davon. Sie würde es jetzt öffentlich machen.

»Was öffentlich machen?« habe ich noch blöd gefragt und an eine Zeitung gedacht, der sie vielleicht unsere Story verkaufen wollte. Und da sagte sie: »Daß du unsere Tochter mißbrauchst!«

Ich kann das heute noch immer nicht fassen. Ich saß da und starrte sie an und war zu nichts fähig.

Dann die Anwältin meiner Frau. Sie fragte etwas. »Heißt das, Sie wollen Ihren Mann anzeigen?« oder so ähnlich. Da war kein Zweifeln, keine Unsicherheit, keine Mahnung an meine Frau, doch um Himmels willen bei der Wahrheit und sachlich zu bleiben.

»Aber das ist doch Blödsinn!« schrie ich und fing zu zittern an und sprang auf meine Frau zu und packte sie am Arm und wollte sie schütteln, damit sie sagt, daß es nicht wahr ist.

Aber meine Frau fing an, auf mich einzuschlagen, und die Anwältin griff nach dem Telefon. Und dann sagte sie, daß sie die Polizei anrufen würde, wenn ich nicht sofort den Raum verlassen und gehen würde. Ich würde von ihnen hören.

»Ich mach doch so was nicht!« sagte ich noch. »Ich bin doch kein Schwein. Ich doch nicht! Das ist doch gelogen! Vivian, das kannst du doch nicht machen!« Und während ich das sagte, schoben mich die Anwältin und ihre Vorzimmerdame aus der Kanzlei, und meine Frau, die diesen ganzen verdammten Scheiß frei erfunden hatte, stand da und sah ihnen zu und sah so aus, daß ich plötzlich Wut bekam und sie hätte erschlagen können.

Kein Mensch kann sich vorstellen, was so eine Anschuldigung für einen bedeutet.

Jetzt, wo Vivian mit der Lügerei angefangen hatte, zog sie das auch durch. Sie rief reihenweise unsere Freunde an. Sagte, unsere Tochter hätte ihr erzählt, ich würde von ihr verlangt haben, daß sie mich in der Badewanne am Penis streichelt, und ich hätte sie an der Scheide gekitzelt. Und daß ich meiner Tochter verboten hätte, es der Mutti zu erzählen, sonst würde ich sie totschlagen. Sie, Vivian, hätte das alles nur herausbekommen, weil das Kind mit seinen Puppen nachgespielt habe, was ich mit ihr getan hätte.

Ich hatte plötzlich das Gefühl, vor einer Mauer aus eisigem Schweigen, Verachtung, Abscheu und Haß zu stehen. Die vorher unsere, Vivians und meine, Freunde und Freundinnen gewesen waren – Leute, mit denen wir über Jahre zusammen gewesen waren, die mich alle gern gehabt hatten, von denen ich geschworen hätte, daß sie zu mir stehen, wenn es mal dick kommt –, alle die taten jetzt, als sei ich nur noch den elektrischen Stuhl wert. Auf einmal war ich der lebende Beweis dafür, daß tatsächlich jeder ein Kinderschänder sein kann, auch wenn man es bei dem nie vermutet hätte, sogar der beste Freund, sogar der Vater. Keiner kam auf die Idee zu sagen, so was tut der nicht. Keiner! Nicht einmal mein bester Freund, mit dem ich schon zur Schule gegangen bin und der mich kennt, wie mich keiner kennt.

Ich rief ihn damals an, am Abend des Tages, an dem Vivian den Stein ins Rollen gebracht hatte. Ich wollte ihm davon erzählen. Ich wollte eigentlich getröstet, beruhigt werden, so etwas wie Solidarität erfahren und so was hören wie: Das schaffen wir schon! Aber nichts. Er hatte schon etwas läuten gehört, ehe ich ihn anrief. Natürlich könne er sich das von mir nicht vorstellen, sagte er, aber irgend etwas müsse ja wohl an der Sache sein, wenn meine Tochter das so gesagt hatte. So kleine Kinder würden sich solche Sachen doch nicht ausdenken. Und wer würde denn schon zugeben, daß er so was macht? An dem Abend habe ich, seit ich ein kleiner Knirps war, zum ersten Mal stundenlang geflennt.

Vivian zog diese Geschichte bis zum bitteren Ende durch. Unsere damals erst zweijährige Tochter wurde einer Kinderpsychologin vorgeführt. Sie wurde befragt, was der Papi denn nun in der Badewanne so gern mit ihr gemacht habe und wie das denn gewesen sei. Ich war bei diesen Gesprächen nie dabei. Ich durfte meine Tochter ja nicht einmal mehr sehen, weil ich ja als Triebtäter enttarnt und existentiell bedrohlich für sie war. Aber ich erfuhr trotzdem, daß meine Tochter brav alles erzählte, was man von ihr hören wollte. Sie hatte zwar noch keine Wörter für das alles, und jeder, der sie kennt, weiß, daß sie mit Begeisterung alles nachplapperte, was ihr vorgesagt wurde; aber sie sagte, sie hätte den Papi am Penis gestreichelt, und es wäre weißer Schaum rausgekommen. Und ich hätte sie an der Scheide gestreichelt, und das hätte so schön gekitzelt.

Ich wurde dann von der Therapeutin meiner Tochter zu einem Gespräch eingeladen und mit der Aussage konfrontiert. Was ich dazu zu sagen hätte?

Was sollte ich schon sagen? Meine Tochter und ich haben oft zusammen gebadet. Ganz sicher ist es dabei vorgekommen, daß sie mich aus Neugier oder zufällig auch einmal am Geschlecht berührt oder gestreift und betrachtet hat. Ganz sicher ist dabei auch Badeschaum auf meinem Penis gewesen. Und

*ebenso sicher habe ich während unserer Badewannenplan-
scherei auch mal den nackten Körper meiner Tochter angefaßt
und sie gekitzelt. Wir haben gern zusammen gebadet. Es ist für
uns immer ein Fest gewesen, ein tolles Plansch- und Spritzfest
mit viel Schaum und Playmobil-Schiffen und Quietschenten im
Wasser. Manchmal waren wir so lange im Wasser, daß wir total verschrumpelt wieder herauskamen.*

*Ja, sagte die Therapeutin, so harmlos sei es ja wohl nicht zu-
gegangen, sonst würde das Kind so etwas doch nicht erzählen.
Sie empfahl mir eine Therapie bei einem Kollegen, der Täter-
spezialist in einer Männerberatungseinrichtung sei. Im übrigen
habe ich jegliche Annäherung an meine Tochter zu vermeiden,
da mich die Mutter sonst anzeigen werde.*

*In meiner Notlage wandte ich mich tatsächlich an diesen Spe-
zialisten und erfuhr dort endlich auch Hilfe und Unterstützung,
und zwar in dem Maße, daß meine Frau ihre Behauptungen
zurücknehmen und einräumen mußte, daß sie Äußerungen
meiner Tochter möglicherweise falsch interpretiert habe. Reha-
bilitiert hat mich dieser Widerruf nicht.*

*Der Vorwurf, ein Kinderschänder zu sein, ist absolut nieder-
trächtig, ich möchte sagen, fast tödlich! Die Freundschaften, die
daran zerbrochen sind, ließen sich nicht wieder flicken. Das
Mißtrauen, das mir überall begegnet war, auch an meinem Arbeitsplatz, schlug in eine Art schlechtes Gewissen um, das die
Leute von mir fernhielt, und zugleich blieb so ein Rest Zweifel:
Na, ob er's nicht doch getan hat? Außerdem konnte ich selbst
das alles auch nicht vergessen. Daß keiner zu mir gehalten, keiner meiner Frau das Maul gestopft hatte – ich hab's einfach
nicht wegstecken können, hab das einfach irgendwie nie verwunden.*

*Ich zog die einzige mir verbleibende Konsequenz, indem ich
meinen Job kündigte und die Stadt verließ und ein paar hundert Kilometer weit weg ein neues Leben aufzubauen versuchte.*

*Vor dem Scheidungsrichter führte die elende Lügengeschich-
te schließlich dazu, daß mir ein gemeinsames Sorgerecht für
meine Tochter nicht eingeräumt wurde. Nicht, weil man glaubte, daß ich sie tatsächlich mißbraucht hätte. Nein, die Begrün-*

dung lautete: *Eltern, deren Beziehung so intensiv zerrüttet sei, könnten niemals gemeinschaftlich in einer dem Wohle des Kindes dienenden Weise Erziehungspflichten übernehmen. Zugleich befand man, daß ein Kind natürlicherweise zu seiner Mutter gehöre und dies vorrangig vor dem Anspruch des Vaters zu werten sei. Vorerst räumte man mir nicht einmal ein Besuchsrecht ein. Allerdings wollte man diesen Punkt in gewissen Abständen neu überprüfen. Das einzige Recht, das mir als Vater blieb, war das Recht zu zahlen, und zwar für Kind und Mutter. Zwar erklärte das Gericht, daß man der Rechtsauffassung sein könne, daß diese ihren Anspruch auf Unterhalt aufgrund der üblen Nachrede verwirkt habe, doch könne man dies nicht durchsetzen, da unsere Tochter mit ihren zwei Jahren die Mutter noch ständig brauche und der Mutter daher keine Erwerbstätigkeit zuzumuten sei.*

Auf diese Weise hat Vivian es tatsächlich geschafft, mir unsere Tochter endgültig zu entziehen. Vor allem aber hat sie es geschafft, allein über den Aufenthaltsort meiner Tochter bestimmen zu können. Und darum, nur darum war es Vivian letztlich ja gegangen. Als gebürtige Australierin hatte sie schon während unserer Ehe ständig versucht, mich zum Auswandern zu überreden. Jetzt stand ich ihr endlich nicht mehr im Weg.

Zwei Monate nach der Scheidung verließ Vivian mit meiner Tochter Deutschland, um sich in Australien erneut zu verheiraten.

Meine Tochter habe ich seitdem nicht mehr gesehen. Ich schreibe ihr, schicke ihr manchmal eine Kleinigkeit. Besucht habe ich sie noch nie. Nicht, weil ich sie nicht mehr liebe. Im Gegenteil, ich liebe sie zu sehr, als daß ich sie besuchen und nach ein paar Stunden oder Tagen erneut verlassen könnte. Ich bin kein Masochist. Ich hab's nicht so mit der Selbstquälerei. Und ich will auch nicht, daß das Kind ständig zwischen uns Eltern hin- und hergezerrt wird.

Trotzdem heißt das nicht, daß ich in die innere Kündigung gegangen bin. Ich wollte mich nicht von meiner Tochter trennen. Und damit, daß ich sie nicht sehe, verletze ich mich selbst vielleicht mehr als sie. Sie nicht zu sehen, bedeutet ja nicht, sie ver-

gessen zu haben. Ich denke ständig an sie. Ständig lebe ich in der Angst, es könnte ihr etwas passieren. Sobald ich etwas in der Zeitung über Scheidungskinder lese und über die seelischen Folgen der Scheidung, habe ich Alpträume vor Angst, es könnte meiner Tochter auch so gehen. Ganz egal, daß es meine Frau war, die die Trennung provoziert und betrieben hat – ich fühle mich dem Kind gegenüber trotzdem schuldig.

Frauen behaupten ja so gern, Väter machten sich nichts aus ihren Kindern. Aber das stimmt so nicht. Sicher gibt es Väter, die sich nichts aus ihren Kindern machen. Genauso wie es Mütter gibt, die sich nichts aus ihren Kindern machen. Ich selbst nehme mich davon aus und auch die Väter, die ich im Laufe der Zeit kennengelernt habe. Wenn die Frau dich sitzen läßt und dein Kind mitnimmt, dann sollen beide zum Teufel gehen, dann hast du eben nie ein Kind gehabt – damit kann ich nichts anfangen. Meine Tochter ist meine Tochter, und ich bin ihr Vater. Das kannst du dir nicht so einfach aus der Seele reißen und vergessen.

Ich hoffe auf die Zeit, wenn meine Tochter älter ist und begreifen kann, was ihr und mir damals von ihrer Mutter angetan worden ist. Vielleicht haben wir dann eine Chance, unsere Beziehung neu aufzubauen.

Manchmal frage ich mich, ob ich meiner Frau jemals verzeihen werde. Ob ich es jemals fertigbringe, über dieses alles zu lachen, oder zumindest nicht mehr dieses innerliche Zittern bekomme, sobald ich daran denke. Aber so wie sich das heute, nach fast fünf Jahren, in mir anfühlt, glaube ich, das geht nie. Meine Frau hat mein Leben zerstört. Wenn sie mich umgebracht hätte, wäre das weniger schlimm gewesen.

VIVIAN: Es war Notwehr

Ich habe Friedrich während einer Europareise kennengelernt, die meine Eltern mir zum College-Abschluß geschenkt hatten. Wir saßen uns im Zug gegenüber und unterhielten uns von Hamburg bis München, und als ich aussteigen mußte, stellte sich heraus, daß Friedrich eigentlich nur bis Frankfurt gemußt hätte und meinetwegen geblieben war. Wir gingen dann zusammen essen, und Friedrich eröffnete mir, daß er ein paar Tage Urlaub machen und bleiben könne, wenn ich wollte. Nach den paar Tagen mit ihm in München begleitete ich ihn zu sich nach Hause. Und als meine Reisezeit vorbei war, telegraphierte ich meinen Eltern, daß ich mich verlobt hätte und in Deutschland bleiben würde. Kurze Zeit später reisten Friedrich und ich zu meiner Familie nach Australien, damit sich alle kennenlernten. Ein halbes Jahr später heirateten wir.

Friedrich war ein zärtlicher Mann. Er bemühte sich sehr um mich. Aber ich kam in Kiel nicht zurecht. Ich bekam immer mehr Heimweh und versuchte alles, um Friedrich zu überreden, mit mir nach Australien zu gehen. Aber er wollte nicht.

Im zweiten Jahr unserer Ehe wurde ich schwanger. Natürlich freute ich mich. Aber ich hatte auch Angst. Meine Mutter fehlte mir jetzt so sehr, daß ich krank vor Heimweh wurde. Da mein Arzt befürchtete, daß ich eine Schwangerschaftspsychose bekommen könnte, riet er mir, einige Zeit zu meinen Eltern zu reisen. Friedrich war einverstanden.

In der Zeit bei meinen Eltern verliebte ich mich in einen anderen Mann. Aber natürlich wußte ich, daß das zwischen uns keinen Sinn hatte, weil wir beide verheiratet und ich außerdem schwanger war. Wir versuchten, unsere Gefühle geheimzuhalten. Aber meine Mutter bemerkte doch etwas und bestand darauf, daß ich zu Friedrich nach Hause flog.

Ich war im sechsten Monat, als ich zu meinem Mann zurückkehrte. Ich hatte wirklich die besten Absichten und gab mir aufrichtig Mühe, mit ihm glücklich zu sein. Aber ich konnte den anderen nicht vergessen und Australien schon gar nicht. Friedrich dachte wohl, daß ich wegen der Schwangerschaft zickig geworden wäre, und nahm es nicht so schwer, daß ich immer seltener mit ihm zusammensein wollte.

Als unsere Tochter geboren war, wurde es zwischen Friedrich und mir eine Zeitlang etwas besser. Ich hatte ja keine Mutter da, die ich um Rat hätte fragen können, und mußte mir alles selbst aneignen, was man wissen muß, wenn man ein Baby hat. Das lenkte mich die ersten Monate von meinem Heimweh ab. Als unsere Tochter dann nachts durchschlief und nicht mehr so oft gestillt werden mußte, fingen die alten Gedanken aber wieder zu bohren an. Ich bettelte Friedrich richtiggehend an, mit mir auszuwandern. Aber er blieb stur. Sein Haus und die Freunde und sein sicherer Job waren ihm einfach wichtiger. Ich glaube aber, daß es in Wirklichkeit die Angst vor den Sprachproblemen war, weil er nie Fremdsprachen gelernt hat.

Meine Tochter war ungefähr ein halbes Jahr, da kam ein Brief für mich aus Australien. Der Mann, in den ich mich bei meinem letzten Besuch verliebt hatte, hatte sich von seiner Frau getrennt. Er bat mich, mich auch scheiden zu lassen und für immer zu ihm zu kommen.

Tagelang trug ich den Brief mit mir herum. Friedrich merkte dann irgendwann, daß ich ihm auswich und schlecht gelaunt war. Wir bekamen Streit. Und plötzlich sagte ich, daß ich mich scheiden lassen wollte. Damals war ich darüber mindestens so erschrocken wie Friedrich. Aber obwohl wir uns wieder versöhnten und jeder von uns so tat, als wäre das, was ich gesagt hatte, bloß in der Wut herausgerutscht und nicht ernst gemeint, bohrte der Gedanke immer weiter in mir. Ich merkte, daß ich es doch ernst gemeint hatte und Friedrich wirklich verlassen wollte.

Jeden Tag wurde mir klarer, daß wir zwar zusammenlebten und auch mal miteinander ins Bett gingen, aber daß wir eigentlich nur unsere Tochter hatten, die uns beide gemeinsam interessierte. Friedrich und ich hatten völlig verschiedene Gedanken, verschiedene Vorstellungen vom Leben, verschiedene Wünsche, verschiedene Interessen. Wir paßten einfach nicht zusammen. Und das war eben nicht das, was ich mir von meinem Leben erwartet hatte.

Weil ich mich nicht traute, Friedrich ins Gesicht zu sagen, daß ich ihn verlassen wollte, ging ich heimlich zu einer Anwältin und ließ mir von ihr einen Brief an ihn schreiben, in dem alles stand. Ehe der Brief ankommen konnte, packte ich ein paar Sachen für meine Tochter und für mich und zog in ein Hotel. Ich hatte Angst, Friedrich würde ausrasten. Er konnte manchmal

*jähzornig sein und sich total vergessen. Vom Hotel aus suchte
ich mir eine Wohnung. Zu Friedrich ging ich nicht mehr
zurück.*

*Natürlich war das alles nicht so einfach und schnell vom
Tisch, wie ich das erzähle. Es ging ziemlich heftig zwischen
Friedrich und mir zu, vor allem wegen unserer Tochter. Er bestand auf einem gemeinsamen Sorgerecht für sie und darauf,
daß ich mit ihr in Kiel bleiben sollte. Ich war völlig verzweifelt.
Ich wollte nicht in Kiel bleiben. Ich wollte nach Australien, und
zwar mit meiner Tochter. Ich fühlte mich völlig in die Enge getrieben.*

*In dieser Situation fiel mir dann die Sache mit dem
Mißbrauch ein. Friedrich legte mir alles als Lüge und Böswilligkeit aus, aber ich muß sagen, daß ich das tatsächlich auch
mal beobachtet habe zwischen meinem Mann und meiner Tochter. Ich meine, wie er mit ihr in der Wanne saß und erregt war
und das dann, als ich reinkam, mit Badeschaum über dem
Bauch vertuschen wollte. Das hatte mich damals auch tatsächlich irritiert. Eigentlich wollte ich auch immer mal mit ihm darüber reden und ihm sagen, daß ich das nicht gut finde und so.
Aber ich hatte dann immer eine Scheu davor, weil das ja auch
eine sensible Sache ist und ich irgendwie auch Angst hatte, es
wäre mehr dahinter. Das heißt, ich wollte irgendwie auch nicht
wissen, warum ihn das erregt, wenn er mit seinem Kind in der
Wanne sitzt. Er hätte ja sowieso nicht die Wahrheit gesagt,
glaube ich.*

*Daß mich das dann aber immer mehr beschäftigt hat, er-
kennt man daran, daß ich anfing, mir Bücher darüber auszu-
leihen, und auch zwei Vorträge besuchte, die der Kinderschutz-
bund in Kiel veranstaltete. Mit einer Frau, die dort Beratungen
macht, habe ich anschließend auch mal über meine Beobachtungen gesprochen, und sie hat gesagt, daß ich das weiterhin
genau beobachten müsse, weil das ja schon verdächtig sei. Und
dann sagte sie noch, daß sich so etwas ja immer entwickle und
es nicht sofort zum richtigen Sex komme und daß das vielleicht
jetzt in einem Anfangsstadium sei, wo man noch vorbeugen
könne.*

Ich will damit sagen, daß ich also schon Gründe hatte, mei-
nem Mann das alles vorzuwerfen. Daß ich das nicht so ganz
aus der Luft gegriffen habe, wie er immer behauptet. Ich bin ei-
gentlich nur davon abgegangen, weil ich nicht wollte, daß mei-
ne Tochter mit Fragen gequält wird und womöglich als Zeugin
vor Gericht muß.

Das Scheidungsgericht hat dann entschieden, daß meine
Tochter bei mir leben soll und ich das alleinige Sorgerecht be-
komme. Ich halte das für eine richtige Entscheidung, weil mei-
ne Tochter und ich sonst nie die Chance bekommen hätten, un-
ser neues Leben in Australien anzufangen.

SVENJA: Immer nur angucken, nie anfassen

Ich habe Friedrich in einer Kneipe kennengelernt. Ich war hin-
eingegangen, um Zigaretten zu stechen. Er saß dort und war
sturzbetrunken und hielt mich an, um zu fragen, ob ich ihn
nach Hause bringen würde. Warum ich das tatsächlich getan
habe, weiß ich selbst nicht so genau. Meine Art ist das jedenfalls
nicht.

Als er in meinem Auto saß, war er von einer Sekunde zur an-
deren eingeschlafen. Er konnte mir nicht mal mehr sagen, wo-
hin ich ihn denn bringen sollte. Papiere hatte er auch keine bei
sich. Ich konnte ihn rausschmeißen oder mitnehmen. Also
nahm ich ihn mit. Zusammen mit einer Freundin, mit der mei-
ne Kinder und ich damals eine Wohnung hatten, schafften wir
den Mann auf die Couch. Am nächsten Morgen hatte er Früh-
stück fertig, als wir aufstanden. Er war total verkatert und un-
rasiert. Aber er hatte etwas an sich, das ich von Anfang an
mochte. Wir blieben dann zusammen. Das heißt, für mich war
das irgendwie schon ziemlich schnell klar, daß ich mit ihm zu-
sammenbleiben wollte. Für ihn wohl weniger.

Ich erfuhr dann nach und nach, daß er in Scheidung lebte
und eine Tochter hatte. Ganz zuletzt erfuhr ich auch, daß seine
Frau ihn beschuldigt hatte, sein Kind zu mißbrauchen. Zu dem
Zeitpunkt hatte seine Frau ihre Verleumdung bereits einge-

standen. *Vorher, sagte Friedrich, hätte er mir das nie erzählen können, weil er Angst gehabt hätte, ich schmeiße ihn sofort raus.*

Ich würde jetzt gern sagen, daß ich das nie gemacht hätte. Aber das wäre so nicht richtig. Ich weiß ehrlich nicht, was ich getan hätte. Ich hätte so etwas von Friedrich bestimmt nicht glauben können. Aber ich denke, daß da trotzdem ein Restzweifel geblieben wäre. Und ich habe Kinder, zwei Mädchen. Ganz sicher hätte ich Friedrich gegenüber so ein Mißtrauen gehabt, so eine Sorge, wenn er die Kinder anfaßt oder mit ihnen allein ist. Wahrscheinlich hätte ich Schluß gemacht.

Inzwischen ist meine Freundin aus- und Friedrich bei mir eingezogen. Ich glaube, wir haben ein ganz normales Leben, wie andere Paare auch. Außer in einem Punkt: Friedrich kann sich nicht überwinden, meine beiden Töchter anzufassen oder mit ihnen allein in der Wohnung zu bleiben. Und er weigert sich absolut, ein gemeinsames Kind mit mir zu haben. Beides ist für mich sehr schwer auszuhalten.

Nach einiger Zeit, als meine Kinder angefangen hatten, Friedrich in unserem Leben zu akzeptieren, versuchten sie beide, auch eine gewisse körperliche Nähe zu ihm herzustellen. Sie wollten sich schon mal an ihn kuscheln, wenn er auf dem Sofa saß und fernsah. Oder sie wollten beim Spazierengehen seine Hand. Oder sie nahmen ihn einfach mal so in den Arm, so spontan, wie Kinder eben sind. Er stand dann immer sofort vom Sofa auf und nahm den Sessel, so daß die Kinder allein sitzen mußten. Oder er steckte die Hände in die Hosentaschen, so daß sie ihn nicht anlangen konnten. Oder er schob die Kinder sofort von sich weg und machte dann ein Gesicht, daß sie glaubten, er sei wütend, obwohl er vielleicht unglücklich war.

Für die Kinder ist das irgendwie überhaupt nicht zu verstehen. Sie glauben, er kann sie nicht leiden. Und deshalb lehnen sie Friedrich allmählich auch immer stärker ab. Andererseits ist er sofort bereit, mit ihnen Hausaufgaben oder ihren Chauffeur zu machen, wenn sie zum Beispiel eine Freundin eingeladen haben und sie abends nach Hause bringen müssen. Das paßt dann wieder nicht zu dem abweisenden Friedrich, den sie sonst kennen. Für die Mädchen und mich ist das eine Belastung, weil wir immer wieder reden müssen und ich immer wieder als Vermittler gebraucht werde, damit sie ihn verstehen.

Daß das auch zwischen mir und Friedrich immer wieder ein Thema ist, ist ja klar. Ich begreife, daß er durch die Lügen seiner Frau einen furchtbaren Schock bekommen hat. Mir ist so etwas noch nie passiert, aber ich habe inzwischen schon sehr viel darüber gelesen. Und deshalb kann ich mir vorstellen, daß dieser Schock in Friedrich etwas zerstört hat. Er kann nicht mehr so richtig vertrauen und sich auch nicht mehr so ganz und gar auf einen anderen Menschen einlassen. Das ist wie eine Behinderung. Damit muß er nun leben. Aber damit muß auch jede und jeder leben, der ihn gern hat und seine Nähe will.

Ich bin die neue Frau in Friedrichs Leben. Ganz sicher bin ich die einzige, und er sagt, er liebt mich. Ich glaube, daß er mir alles gibt, was er an Liebe noch geben kann. Aber ich spüre sehr oft, daß es mir nicht reicht. Ich habe in manchen Punkten viel größere Erwartungen und Wünsche. Ich spüre aber auch, daß Friedrich alles das, was ich mir wünsche, in sich hat. Daß er es mir nur nicht zeigen kann. Einmal, als wir darüber sprachen, sagte er, er käme sich vor wie jemand, der einen Menschen umarmen soll und auch umarmen will, dessen Arme aber an einem Felsen angeschmiedet sind.

Ich merke, daß in Friedrich ein ganz, ganz tiefsitzendes Mißtrauen gegenüber Frauen, aber auch gegenüber allen anderen Personen steckt, die ihm etwas bedeuten. Wenn er merkt, daß sich jemand mit ihm anfreunden möchte, macht er sofort alle Schotten dicht. Dann wird er abweisend und kalt und geht hundertprozentig auf Distanz. Er läßt eigentlich niemanden an sich heran. Wir gehen höchstens dann mal aus, wenn es sich um eine Betriebsfeier handelt und alle da sind. Zu zweit mit einem anderen Paar einen Abend verbringen, das gibt es bei uns fast nie. Und wenn, dann nur ja nicht ein zweites Mal mit demselben Paar, oder wenn doch, dann höchstens alle Jahre einmal.

Wenn wir etwas unternehmen, sind wir fast immer allein. Das belastet. Vor allem, weil ich eigentlich ein eher geselliger Typ bin und Freunde oder Freundinnen auch wirklich brauche.

Aber diesen Teil meines Wesens muß ich immer für mich und separat von Friedrich ausleben. Das heißt, ich muß mich ohne ihn mit Leuten verabreden und kann nur dann jemanden zu mir einladen, wenn er nicht da ist. An seinen Fragen hinterher, wie es denn gewesen sei und was wir geredet haben, merke ich aber, daß er im Grunde schon das Bedürfnis gehabt hätte dabeizusein und daß er es nur nicht fertigbringt, weil diese Erfahrung mit seiner Frau wie ein Stein über allem liegt.

Selbst wenn ich ihm sage, daß ich ihn liebe, dann glaubt er mir das zwar, aber ohne richtiges Vertrauen. Es macht mich traurig, aber ich bin überzeugt, daß Friedrich nie ausschließen würde, daß ich ihm dasselbe antun könnte wie seine geschiedene Frau.

Durch dieses Mißtrauen, das Friedrich niemals zugeben würde, kann er einfach nicht unbefangen mit meinen Kindern umgehen. Er hat ja ständig die Befürchtung, man – oder ich – könnte ihm etwas anhängen, und alles würde wieder von vorne losgehen.

Das alles ist so schlimm und belastend für Friedrich, daß er meint, nicht einmal mehr mit seinem eigenen Kind normal umgehen zu können. Deshalb will er auch kein Kind mit mir haben, obwohl er im Grunde ebenso gerne eines hätte wie ich.

Er sagt, daß er die Unbefangenheit von früher nicht mehr herbeizaubern könne. Er sagt, daß er vor der Berührung von Kindern richtiggehend Angst habe. Es sei so eine Verunsicherung in ihm, weil er ständig besorgt sei, wie man ihm das oder das auslegen könnte.

Hauptsächlich deshalb hat er seine Tochter aus der geschiedenen Ehe auch noch nie besucht. Er hätte ja schon einmal hinfliegen können, wenn er gewollt hätte. Das Geld hätte er schon irgendwie zusammengebracht. Aber Friedrich sagt, er kann nicht. Er bringt es nicht fertig, sein Kind in den Arm zu nehmen und zu drücken und ihm Liebe zu zeigen. Er sagt, es ist so, als wenn er eine ganz starke Mauer um alles gezogen hätte, was vorgefallen ist. Er sagt, er kann es nicht vergessen, und wenn er nicht ständig daran denken und daran kaputt gehen will, dann muß er alles einbetonieren und wegdrücken und sich am besten überhaupt nicht einer Situation aussetzen, in der alles wieder aufbricht. Wenn er seine Tochter sehen würde, würde aber bestimmt alles wieder voll ins Bewußtsein kommen. Und das will er nicht. Er sagt, er kann es einfach nicht ertragen.

Außerdem hat er Angst, in seinem Kind könnte noch eine Erinnerung an die Zeit geblieben sein, als die Mutter und die Therapeutin dauernd diese Lügen aufgetischt und Fragen dazu gestellt haben. Und er hat Angst, daß die Mutter dem Kind trotz des Widerrufs der Verleumdung weiterhin diese Lügen erzählt und das Kind sie glaubt. Er sagt, er wüßte nicht, wie er damit umgehen würde. Manchmal stellt er sich vor, seine Tochter dann zu entführen und zusammen mit ihr irgendwo unterzutauchen, wo sie keiner findet. Manchmal hat er Angst, er würde die Mutter umbringen, wenn er erfahren müßte, daß sie dem Kind immer noch Lügen über ihn erzählt. Dann hätte seine Tochter nicht nur eine Lügnerin als Mutter, sondern auch noch einen Mörder als Vater.

Wir haben erst ein-, zweimal über alles gesprochen. Ich würde gern öfter darüber reden. Es wäre eine Hilfe und Erleichterung für mich. Außerdem fühle ich auch, daß es Friedrich gut tun würde. Aber er wehrt jede Gelegenheit sofort ab. Er sagt, er hat das weggedrückt, und jetzt ist eine andere Zeit, und vorbei ist vorbei.

Doch natürlich ist es nicht vorbei. Wir erleben es ja jeden Tag, wenn er diese Beklemmungen gegenüber meinen Kindern hat und kein eigenes Kind mehr will und ständig auf der Hut ist, weil er mir etwas Schlechtes zutraut. Ein anderer Punkt ist da nämlich auch seine Eifersucht. Ich merke immer wieder, daß er geradewegs darauf wartet, daß ich ihn betrügen oder sonst irgendwie verletzen könnte. Er ist nicht der eifersüchtige Typ, der mich kontrollieren oder überwachen oder unerwartet von der Arbeit nach Hause kommen würde, um mich womöglich in flagranti zu ertappen. Er ist eher ein Beobachter und einer, der sich insgeheim Gedanken macht und sich alles mögliche ausmalt, was sein könnte oder was das oder das bedeuten könnte. Und irgendwann, wenn ich überhaupt nicht damit rechne, kommt er dann mit seinen Beobachtungen raus und hält mir etwas vor und stellt mich zur Rede und kann mir dann meistens nicht glauben, daß alles ganz anders war, als er es sich gedacht hat. Da ist immer etwas in ihm, das mir unterstellt, gelogen zu haben.

Es gibt Stunden, da frage ich mich, warum ich Friedrich nicht verlasse. Ich fühle mich oft sehr verletzt durch sein Mißtrauen und seine grundlose Eifersucht. Seine Art mit meinen Kindern bedrückt mich oft schwer. Und ich hätte gern noch ein Baby.

Es wäre nicht einmal schwierig, mich von Friedrich zu trennen. Wir sind nicht verheiratet. Wir leben in meiner Wohnung zusammen. Es würde genügen, seine Siebensachen vor die Tür zu stellen. Es wäre auch nicht das erste Mal, daß ich eine solche Trennung verkraften müßte. Das habe ich schon mit dem Vater meiner Kinder erlebt und überlebt.

Aber da ist eine Hoffnung in mir, die ist riesengroß, und zwar die Hoffnung, daß Friedrich durch meine Liebe lernen könnte, seine Erfahrungen aus erster Ehe zu überwinden. Ich kann diese Hoffnung nicht aufgeben, weil ich mir auch die Liebe zu diesem Mann nicht aus der Seele reißen kann. Wenn ich ihn jetzt verlassen würde, wäre es immer eine Flucht. Und Weglaufen ist nun mal nicht mein Ding.

Trotzdem sitze ich an schlimmen Tagen da und kämpfe mit den Tränen und meiner Wut, weil ich weiß, wie unbeschwert glücklich Friedrich und ich miteinander sein könnten, hätte es diese erste Frau in seinem Leben nie gegeben. Im Grunde quäle ich mich heute mit dem Scherbenhaufen ab, den sie hinterlassen hat. Und sie ist die lachende Dritte.

Bei Trennung Mord

Wenn aus Liebe Haß wird und Eltern sich trennen, kann der Kampf um gemeinsame Kinder in tödliche Gewalt gegen diese austarten. Als häufigste Tatmotive müssen eine besitzergreifende, grenzverletzende Liebe zu den Kindern, ein falsch verstandener Beschützerinstinkt und der verzehrende Wunsch nach Rache des einen erwachsenen Partners an dem anderen angesehen werden.

Generell gilt, daß Väter oder Mütter, die ihre Kinder ermorden, diese nicht als eigenständige Persönlichkeiten, sondern als Besitz wahrnehmen. Sie sind nicht in der Lage zu erkennen, daß ihre Kinder keine von ihnen geschaffenen, rechtlosen Leibeigenen oder so etwas wie Haustiere sind, sondern trotz der emotionalen und materiellen Abhängigkeit von den Eltern in ihrem Innersten unabhängige Individuen bleiben. Die allgemeine elterliche Angewohnheit, ein Kind als »Blut von meinem Blut und Fleisch von meinem Fleisch« zu definieren und Ähnlichkeiten des Kindes mit sich selbst voll Entzücken zu bewundern, verleitet dazu, das Lebenssystem des Kindes zu mißachten.

Eltern, die die persönlichen Grenzen ihrer Kinder nicht anerkennen und als absolut unantastbar respektieren, erfassen nicht, daß elterliche Wahrnehmungen des Lebens nicht zwingend mit den Wahrnehmungen des Kindes übereinstimmen. Vor allem aber begreifen sie nicht, daß elterliches Recht keineswegs das Recht des Kindes brechen darf.

Tödlich bedrohlich wird die Selbstverständlichkeit, mit der ein Vater oder eine Mutter ein Kind als untrennbaren Teil seiner oder ihrer selbst empfindet, wenn Lebensmüdigkeit und Selbstmordgedanken als Versuch zur endgültigen Problembewältigung in den Bereich des Möglichen rücken. Für eine/n auf besitzergreifende Weise liebende/n Vater oder Mutter, der oder die das Leben als zerstört und nicht mehr lebenswert ansieht und im Freitod aus dem Leben scheiden will, ist es keine Frage, daß das Kind dies auch will. Die Gegenwehr des Kindes wird im Augenblick der Tat mit demselben Bewußtsein unterdrückt wie dies in anderen Situationen geschieht, in denen Eltern aus dem Schatz ihrer Lebenserfahrungen heraus zu wissen glauben, was richtig für das Kind ist. Der Mörder oder die Mörderin nimmt es quasi in den Tod mit und bildet sich ein, dem Kind damit einen Liebesdienst zu erweisen.

Im Zusammenhang mit Trennung oder Scheidung sind Väter oder Mütter zum Mord motiviert, wenn das Kind mit dem Partner weiterhin zusammenlebt, den man selbst nicht mehr lieben und ertragen kann. Das Kind diesem Partner ausgeliefert zu wissen aktiviert den Beschützerdrang des per Richterbeschluß aus dem Leben des Kindes ausgeklammerten Elternteils so massiv, daß eine »Erlösung des Kindes« nur mehr im Tod gegeben scheint.

Da der Ermordung von leiblichen Kindern fast immer der Selbstmord des Mörders oder der Mörderin folgt, kann man davon ausgehen, daß das im realen Leben unmöglich gewordene Zusammensein des Kindes mit dem Vater oder der Mutter, die sich selbst als die bessere Alternative ansehen, im Tode realisiert werden soll.

Ein nicht minder gefühlsüberfrachtetes Motiv zur Ermordung leiblicher Kinder durch Mutter oder Vater ist die Rache an dem jeweils anderen ehemaligen Lebenspartner. Der Drang, selbsterfahrenen Schmerz und selbsterfahrene Kränkung oder Demütigung mit einem noch schlimmeren, ganz und gar untröstlichen Schmerz und noch schlimmerer Kränkung oder Demütigung zu vergelten, gipfelt in rasender, unkontrollierbarer Wut und dem nur gewaltsam zu stillenden Wunsch, daß der oder die andere eine Wunde im Herzen davontragen solle, die nie verheilt. Nur der Tod als ewiger Racheakt erscheint in diesem Moment endgültig vernichtend genug. Getreu dem Motto »Wenn ich das Kind nicht haben kann, sollst du es auch nicht haben« werden die Kinder als Mittel zum Zweck der Rache eingesetzt, wobei etwa eine besonders grausame Tötungsart ein Vielfaches der Rache bewirken soll.

Da das eigene Leben in dem Augenblick jeden Sinn und Inhalt verliert, in dem man den Menschen tötet, den man vor Liebe und Besitzgier keinem anderen zu lassen vermag, folgt auch in diesen Fällen dem Mord an leiblichen Kindern fast immer der Selbstmord des Täters oder der Täterin:

Beispiel Österreich:
An einem Mittwoch im März 1995 will der geschiedene Chefarzt einer bekannten Wiener Nervenklinik seine beiden fünf und sechs Jahre alten Kinder besuchen, die zusammen mit der Mutter eine Wohnung im vierten Stock eines Mehrfamilienhauses bewohnen. Voller Vorfreude, mit ein paar Kleinigkeiten als Besuchsgeschenke für die Kinder in der Hand, steht der Vater vor der Haustür und klingelt. In diesem Moment wird über ihm ein Fenster aufgerissen. Er hört seine geschiedene Frau irgend etwas schreien. Da knallt schon sein kleiner Sohn neben ihm auf das Steinpflaster, bleibt leblos liegen. Noch ehe der Vater begreifen kann, was geschieht, schlägt auch sein Töchterchen vor seinen Füßen auf dem Boden auf, stirbt. Die Mutter springt Sekunden später ebenfalls in die Tiefe. Sie schlägt auf einem Auto auf, überlebt. Das Endzeichen an den Vater: Du kannst die Kinder haben, aber tot. Zusammen mit ihnen bleibe ich in einem anderen Leben, wo nichts uns mehr trennen kann.

Beispiel Deutschland 1995, nur wenige Tage vor der Verzweiflungstat in Wien:
Die Frau eines von ihr getrennt lebenden Kinderarztes erfährt, daß ihr Mann sich vor einen Zug geworfen hat. Von den beiden vier und drei Jahre alten Kindern des Paares fehlt jede Spur. Der Vater hatte sie bei der Mutter zu einem gemeinsamen Wochenende abgeholt und vor seinem Tod keinen Hinweis hinterlassen, was mit den Kindern geschehen sei. Als einziges Indiz fand die Polizei am Bahndamm der Todesstrecke eine Plastiktüte mit leeren Medikamentenschachteln eines in Überdosis tödlich wirkenden Betäubungsmittels. Vergeblich suchte die Polizei im Großeinsatz Rastplätze, Teiche

und Wälder nach den Kindern ab. Böse Ahnungen der Polizei. Verzweifelte Hoffnung der Mutter, die immer wieder beschrieb, welche Kleidungsstücke ihre Kinder getragen hatten, als sie verschwanden. Lange Zeit später dann der grausige Fund. Die Kinder waren ermordet worden, von ihrem eigenen Vater. Er hatte sie in einer metallsargähnlichen Kiste im Wasser versenkt. Nicht einmal tot sollte die Mutter die Kinder wiederhaben; darum hatte der Vater sein Geheimnis mit in den Tod genommen. Auch er hatte eine ewige Vereinigung mit seinen Kindern in einer anderen Lebensform gesucht, da ein dauerhaftes Miteinander im Leben unmöglich geworden war.

Todestag 19. März 1995, Todestag 22. März 1995 – das sinnlose Sterben von vier Kleinkindern, deren Eltern sich nichts mehr zu geben, sondern nur mehr alles zu nehmen hatten, stellt keine Einzeltragödie dar. Zwar erfassen die Statistiken des Statistischen Bundesamtes nicht, wieviel Prozent der Gesamtanzahl der entführten, mißhandelten, sexuell mißbrauchten, schwer körperverletzten und ermordeten Kinder aufgrund von Ehe- oder Partnerschaftskonflikten geschädigt wurden. Wer jedoch die Problematik auf den aktuellen Nachrichtenseiten der Printmedien mitverfolgt oder professionell mit Menschen arbeitet, die unter den Auswirkungen von Trennungskonflikten leiden, kann nicht umhin zu erkennen, daß Gewalt gegen Kinder in hohem Maße das Ergebnis gestörter oder zerbrochener Lebensgemeinschaften ist.

Was aber geht in Vätern und Müttern vor, die einer dem anderen das Liebste nehmen, was sie haben, ihre Kinder? Als Unbeteiligter steht man fassungslos vor einem solchen Werk der Vernichtung. Mit kühlem Verstand ist kaum nachzuvollziehen, wie es dazu kommen konnte. Schnell ist man damit bei der Hand, die Mutter oder den Vater als psychisch krank oder menschlich entartet abzutun. Für Außenstehende ist dies ja auch die bequemste und angenehmste Erklärung. Jemand, der krank ist und deshalb seine Kinder umbringt, ist ein Ausnahmefall, eine Randerscheinung einer ansonsten intakten Allgemeinheit. Man kann ihm mit Mitleid oder Abscheu begegnen, ihn bestrafen oder in Sicherheitsgewahrsam nehmen. Aber man muß sich keine Gedanken darüber machen, ob man selbst in Gefahr ist, eines Tages auch ein »Amokläufer« oder eine »Wahnsinnige« zu werden. Jemand, der selbst nicht krank ist, hat ja selbstverständlich andere Verhaltensmuster und Lösungen in vergleichbaren Lebenslagen parat – glaubt er.

In Wahrheit führen derartige Überlegungen jedoch in die falsche Richtung. Die meisten Väter und Mütter, die zu Tätern und Täterinnen werden, sind geistig ebenso vollkommen normal wie andere Gewalttäter auch. Genau wie bei diesen weist einzig ihre Persönlichkeitsstruktur Auffälligkeiten auf.

E. Lehmann von der Universität Düsseldorf beschreibt in einer 1995 in der ›Zeitschrift für Klinische Psychologie, Psychopathologie und Psychotherapie‹ veröffentlichten Untersuchung über ›Tötungsdelikte als irrationale Antworten auf existentielle Krisen am Beispiel von Trennungsdaten‹, daß fast alle Straftäter von Partnerschaftstötungsdelikten »hysterische und/oder soziopathische Eigenschaften aufweisen«. Einleuchtend sei daher, »daß diese Eigenschaften zu ungenügend überlegten, entweder persönlich-unsachlichen oder persönlich-kurzsichtigen Gewaltverbrechen« vorbestimmen.

Die hysterische, egoistische und sittlich unreife Person entscheide aus persönlicher Betroffenheit rücksichtslos-ichbezogen und vernunftwidrig, wenn sie ihre übertriebenen Persönlichkeitsinteressen aufgrund von Kränkungen und Demütigungen verletzt sieht. Die soziopathische Person, die voller Minderwertigkeitsgefühle und verletzlich ist, zugleich aber herrschsüchtig und extrem anspruchsvoll, handle aus Eigennutz. Um ihre eigenen Bedürfnisse zu befriedigen, verstoße sie skrupellos gegen die Rechte anderer und lasse dabei auch vorausschauende Folgen für sich selbst außer acht.

Anders als die meisten psychosozialen Experten sieht E. Lehmann anhand dieser Analyse es als eindeutig erwiesen an, daß bei der Tötung von Intimpartnern keine »Dynamik der Situation« die Tat erzwinge. Nach Lehmanns Analyse haben Menschen, die zu Täter/innen werden, ganz spezielle innere Weichenstellungen. Kommt zu diesen eine Situation hinzu, die ausschließlich wegen der inneren Weichenstellung als Auslöser empfunden wird, kann beides zusammen zu einer Gewalttat führen, es muß aber nicht zwangsläufig soweit kommen.

Auch Tötungsdelikte, die am ehemaligen Lebenspartner verübt werden, gehören quasi zur kriminalistischen Tagesordnung.

In der wohl meistbeachteten deutschsprachigen Untersuchung von Tötungsdelikten bei Intimpartnern stellte W. Rasch bereits 1964 fest, daß die Mehrheit aller Fälle von Geliebtentötungen von Männern verübt wird. In den von ihm überprüften Fallbeispielen waren die Täter durchschnittlich 30 bis 35 Jahre alt und stammten aus schwierigen häuslichen Verhältnissen. Es handelte sich um eher schüchterne, kontaktarme Männer mit starken Minderwertigkeitskomplexen, deren Partnerinnen zumeist aktiver und lebenslustiger waren.

Die Tat ereignete sich im allgemeinen innerhalb der ersten Monate nach Trennungsbeginn oder nach Bekanntwerden der Trennungsabsicht der Partnerin. In der Zwischenzeit engte sich das Erlebensbewußtsein des Täters so ausschließlich darauf ein, die Partnerin zurückzugewinnen, daß diese immer mehr zum Lebensmittelpunkt wurde. Leidenschaftliche Gefühle wie Eifersucht, Haß und die schmerzhaft empfundene Demütigung der Zurückweisung durch die Partnerin beeinflußten die Täter nachhaltig.

Die Tatsache, daß die meisten Frauen sich bereits einen anderen, »besseren« Mann gesucht hatten, entsprach der Vorstellung des Täters von seinem eigenen geringen Selbstwert und kränkte um so mehr, als er von seiner Frau bedingungslose Loyalität erwartet hatte. Erschwerend kam hinzu, daß die meisten Täter sich kaum verbal mit ihren Partnerinnen austauschen konnten und zugleich auch keine stabilen Freundesbeziehungen hatten, so daß kein Entladen des inneren Druckes innerhalb oder außerhalb der Partnerschaft möglich war. Subjektiv erlebten die Täter den Verlust der Partnerin daher so bedrohlich als Lebenskatastrophe, daß einige vor der Tat Selbstmordversuche begingen, um der Partnerin durch diesen Akt der Verzweiflung zu beweisen, daß ein Leben ohne sie nicht möglich sei.

Überwiegend kam es im Verlauf einer letzten, von den Tätern gesuchten Aussprache zur Tat. In diese gingen die Täter überwiegend mit den höchsten Wünschen und Erwartungen hinein. Zugleich aber waren sie innerlich auf eine Alles-oder-nichts-Lösung programmiert und vor diesem Hintergrund hochgradig gefährlich. Auslöser für die Tat waren meist heftige Wortgefechte, in denen das Opfer den Täter aufs höchste reizte und demütigte, und schließlich die Erkenntnis des Täters, daß keine Chance auf ein gemeinsames Leben mehr bestand. Als häufigste Tatwaffe wurde ein Messer verwendet.

Neuere Forschungsarbeiten zum Phänomen der Partnertötung – wie die aus dem Jahr 1990 von Manfred Röhrig in dem von Gerd Juettemann herausgegebenen Titel ›Komparative Kasuistik‹ oder Untersuchungen von Elisabeth Trube Becker über ›Gewalt gegen Frauen‹ – bestätigen die Ergebnisse der Rasch-Untersuchungen. Sie legen aber zugleich offen, daß die Erforschung der Bedingungen, die seelische Verletzungen entstehen lassen, aus denen heraus ein Mord an einem geliebten Partner vollendet oder versucht wird, bis heute noch in den Kinderschuhen steckt.

Ebenfalls unzureichend ist die Erfassung von Partnertötungsdelikten in verbindlichen Statistiken. Die einzige bis 1996 erhobene Statistik stammt aus dem Jahr 1985. Schon damals wurden rund 20 Prozent der jährlichen Mordopfer von ihren Ehepartnern oder nichtehelichen Lebensgefährten umgebracht. Zwei Jahre später in Hamburg ermittelte und nur durch Indiskretion öffentlich gewordene Zahlen zeigten, daß im Jahre 1987 jeder sechste bis siebte Mord eine sogenannte Trennungstat war (laut ›FAZ‹ vom 1.2.1995).

Durch die Bekanntgabe der alarmierenden Zahlen aufgeschreckt, richtete 1989 die CDU-Abgeordnete Ulla Schmidt eine parlamentarische Anfrage an das rheinlandpfälzische Innenministerium. Die zuständige Behörde antwortete (in der Landtagsdrucksache 11/3295), von einer gesonderten statistischen Erfassung alljährlich Tausender von Scheidungstoten sei wegen der Kosten des »unverhältnismäßig hohen Verwaltungsaufwandes« abgesehen worden.

Angesichts der Tatsache, daß bei der obligatorischen Pflichtmeldung von Tötungsdelikten und Selbstmorden an zentrale Stellen nur die Zusatznotiz »geschieden« oder »getrennt lebend« der Meldung selbst hinzuzufügen wäre, bleibt unverständlich, wodurch ein überhöhter Kostenaufwand für verwalterische Mehrleistungen zu erwarten wäre. Eher bleibt zu vermuten, daß die Verweigerung einer statistischen Erfassung von Scheidungstoten politisch begründet ist. Eine Aufdeckung des Ausmaßes von Verzweiflungstaten in Folge von Scheidungen würde möglicherweise die Eherechtsreform von 1977 endgültig ins Kreuzfeuer der Kritik stellen und eine Reform erzwingen. Wenn aber schon eine kleine Zusatzleistung zur Erstellung von Kriminalstatistiken an den Geldmitteln scheitert, wieviel mehr dann eine Kosten geradezu verschlingende Gesetzesreform.

Obwohl Mord und Totschlag sowie Selbstmorde im Scheidungs- und Trennungszusammenhang von Ehepaaren heute so eindeutig zum kriminalistischen Alltag gehören, daß damit befaßte Kripobeamte ganz selbstverständlich von »Scheidungsmorden« sprechen – obwohl aufgrund der Flut von Forschungsberichten psychosozialer Experten auch klar ist, warum der seelische Notstand von verzweifelten Eltern zur tödlichen Ausnahmesituation gegenüber einem Elternteil und gegenüber ihren Kindern eskalieren kann –, wird seit über zehn Jahren die gesellschaftlich bedeutsame Relevanz derartiger Untersuchungen hinter Kostenfaktoren verdrängt und verleugnet. Daß ein Fehlen entsprechender Zahlen mangelnde Einsicht in die Notwendigkeit eines gesellschaftlichen Handlungsbedarfs nach sich zieht, wird hingenommen. Der Mensch hinter den Zahlen von Statistiken und Kosten wird vergessen. Tötungsdelikte im Zusammenhang mit Scheidung oder Trennung zu hinterfragen, bringt meist einen gewaltigen gordischen Knoten individueller Probleme zum Vorschein. Sobald jeder Versuch der unmittelbar Beteiligten, diesen gordischen Knoten aufzulösen, fehlgeschlagen ist, ist der Moment nicht weit, in dem der Leidensdruck im Innern der Betroffenen zum Inferno explodiert.

Wer jemals unmittelbares Opfer eines monatelang, manchmal sogar Jahre dauernden Scheidungsprozesses wurde, den man/frau selbst nicht gewünscht und zu dem man/frau auch keinen Anlaß geboten hat, kann nachvollziehen, warum alle Lichter in einem Vater/einer Mutter ausgehen, der/die durch einen Richterspruch verwaist und seiner/ihrer Kinder beraubt wird.

Arthur Krajc aus Laatzen schrieb 1995 als persönlich betroffener Scheidungsvater in einem Leserbrief an die ›FAZ‹: »Wer erlebt hat, wie in einem solchen Verfahren selbst gröbstes Fehlverhalten der unterhaltsberechtigten Ex-Partnerin unberücksichtigt bleibt und nicht einmal den Unterhaltsanspruch mindert, wer erlebt hat, wie in Sorgerechtsverfahren der zumindest dort noch immer geltende Untersuchungsgrundsatz einfach außer acht gelassen wird und vorhandene Kinder einfachheitshalber selbst einer sich grob ehewidrig verhaltenden oder gar einen höchst amoralischen Lebenswandel führenden Mutter zugesprochen werden, der weiß, daß man im Verlauf eines solchen Verfahrens sehr leicht seiner klaren Sinne verlustig gehen kann und dann nicht mehr weiß, was man tut.«

IRIS: Ich verstehe nicht, warum er das gemacht hat

11 Jahre. Seit vier Jahren Scheidungswaise. Lebt bei ihrer Mutter und deren ebenfalls geschiedenem Freund
Vater: beging nach der Scheidung Selbstmord
Scheidungsgrund: außereheliche Beziehung der Mutter und Trennung auf ihren Wunsch
kein gemeinsames Sorgerecht

Ich krieg oft Wut, weil mein Vater tot ist. Ich verstehe nicht, warum er das gemacht hat.

Meine Mutter sagt, weil er arbeitslos geworden war. Meine Oma sagt, er hat es getan, weil er nicht mehr mit uns zusammensein konnte und deshalb keine Kraft mehr zum Leben hatte. Weil er meine Mutter zu sehr geliebt hat und mich. Der Freund meiner Mutter sagt, da hätte er sich auch umbringen müssen, weil er auch geschieden ist.

Aber der ist doof. Ich kann den echt nicht leiden. Der ist ein total bescheuerter Typ. Und dann sagt meine Mutter, der soll besser sein als mein Vater. Die hat meinen Vater gar nicht geliebt.

Ich denke oft, daß ich bloß träume. Daß ich eigentlich auf einem anderen Planeten bin. Daß ich bloß träume, daß ich auf der Erde bin. Und in Wirklichkeit bin ich ganz woanders, und meine richtigen Eltern warten, daß ich wach werde, weil wir was vorhaben oder so. Und ich kann nicht aufwachen, weil ich meine Schlaftabletten noch nicht genommen habe. Denn auf dem Planeten, wo ich bin, da muß man einschlafen, um wach zu werden. Da ist alles anders herum als bei uns.

Und manchmal denke ich, daß ich das jetzt machen muß, das mit den Schlaftabletten. Daß ich die jetzt nehmen muß. Damit ich aufwache und alles bloß geträumt war. Das ist irgendwie ganz echt. Als ob mir das einer sagt. Bis jetzt hab ich das noch nicht gemacht. Aber es macht mir angst.

Schach dem Scheidungsterror

Die seit Mitte der 90er Jahre dieses Jahrhunderts gewonnene Erkenntnis, daß Scheidungswaisen ohne Vater im Überlebenskampf schlechtere Karten haben als Kinder aus intakten Zweielternfamilien, schreckte weltweit die im Dornröschenschlaf liegenden Hüter der gesellschaftlichen Ordnung auf. Plötzlich arbeitet eine Phalanx kirchlicher und staatlicher Stellen ebenso Hand in Hand wie Sozialforscher und Juristen, um Konzepte gegen den rasant fortschreitenden Niedergang der Familie zu entwickeln. Zwar will außerhalb der Kirchen kaum jemand diagnostizieren, daß die Bibel doch recht hat und eine Ehe um jeden Preis bis zum Tode erhalten werden muß, doch niemand kann mehr wegdebattieren, daß die zerbrochene Liebe und nachfolgende Scheidung der Eltern zumindest angeknackste, meist sogar zeitlebens verletzte Seelen der Kinder hinterlassen.

Natürlich hatten Psychologen, Soziologen, Erzieher, Ärzte und auch die meisten Eltern längst vor dem Aufschrei der für die Gesellschaftsordnung Zuständigen erkannt, daß Kinder unter der Trennung ihrer Eltern leiden. Die in einer Flut von Ratgeberbüchern beschriebenen und millionenfach gelesenen Anleitungen, wie aus Scheidungswaisen glückliche Kinder werden, legen beredtes Zeugnis davon ab.

Aus dem Tiefschlaf des sicheren Rechtsempfindens, daß Elternrecht völlig selbstverständlich Kinderrecht breche, schreckte man weltweit erst auf, seit die Auswirkungen des gebrochenen Kinderrechts gesellschaftliche, vor allem finanzielle Folgen haben. Kinder, denen das Recht auf einen Elternteil entrissen wird, verschmerzen diesen Verlust nämlich nicht und schon gar nicht so stillschweigend, wie gerne vermutet.»Kinder brauchen die Einheit von Vater und Mutter. Diese Biologie ist tief verwurzelt«, sagte die Psychologin und Autorin Penelope Leach in einem ›Focus‹-Interview (14/1995) und traf damit genau den empfindlichen Nerv.

Anders als Frauen und Männer, die sich irgendwann als erwachsene Menschen ineinander verlieben und die bewußte Entscheidung treffen, künftig zusammenleben zu wollen, haben Kinder bezüglich ihrer leiblichen Eltern keine Wahl. Die »Biologie« von Kindern ist darauf programmiert, von genau der Sekunde Null der Menschwerdung an genau die Eltern zu lieben und mit diesen zusammensein zu wollen, die aus für Kinder unerfindlichen Gründen die ihnen vorbestimmten und bereits vorhandenen Eltern sind.

Insofern ist die Liebe von Kindern unabhängig von jedem Auswahlkriterium und unabhängig auch von allen rationalen Gründen, die objektiv gesehen dagegen sprechen könnten, speziell diese Eltern zu lieben. Ein Kind ist seiner Liebe zu Mutter und Vater ausgeliefert, da es ihm vorbestimmt ist, sie zu lieben. Und weil das so ist, geraten Kinder durch den Verlust dieser Einheit von Mutter-Vater-Kind in ein inneres Chaos.

Über die persönliche Tragik der Kinderschicksale hinaus wirken sich die chaotischen Folgen der elterlichen Kleinkriege auch auf die Gesellschaft insgesamt aus, da sie unter den Auswirkungen der seelischen Belastungen der Kinder zu leiden hat. Folgen wie Selbstmordgefährdung, erhöhte Gewaltbereitschaft, Schulversagen, Drogenkonsum, Teenager-Schwangerschaften, Vergewaltigung und sogar Mord von Kindern an Kindern beschwören ein zersetzendes Klima für die Gegenwart und bedrückende Aussichten für die Generationen der Zukunft herauf.

Wie so oft erweist sich Amerika als Vorreiter bei der Suche nach einem Rettungsprogramm für die Familien, doch auch in Deutschland werden die Stimmen der Warner und Mahner immer lauter. Selbstdisziplin und der Rat aus der guten, alten Zeit, »Drum prüfe, wer sich ewig bindet«, stehen auf der Liste der Scheidung vorbeugenden und Ehe erhaltenden Maßnahmen ganz oben.

In ihren Ausgaben vom 27. 2. 1995 behandelten sowohl die ›Time‹ als auch ›US News & World‹ die Frage, ob und wie eine Ehe erhalten werden könne und müsse. Unter anderem stellte der Sozialwissenschaftler David Olson von der Minnesota-Universität einen von ihm entwickelten Fragebogen für Heiratslustige vor, dessen Ergebnis erweise, ob das Paar zusammenpasse. Daß dieser Test durchaus geeignet ist, Scheidungen vorzubeugen, ist für David Olson eindeutig, denn wie er in ›Time‹ erklärte, waren »zehn Prozent der Testpersonen von dem Ergebnis so geschockt, daß sie ihre Beziehung lösten«.

Auch die US-Scheidungsanwältin Lynne Gold-Bikin entwickelte ein zukunftsträchtiges »Eherettungsprojekt«, dem sich mittlerweile zahlreiche ihrer Kollegen sowie Konzerne als Sponsoren angeschlossen haben. »Wir kennen die Probleme besser als jeder andere«, erklärte Lynne Gold-Bikin in ›Time‹. »Täglich erleben wir mit, wie Kinder hin- und hergezerrt werden. Schluß damit! Ich habe es satt mitzuerleben, daß die Erwachsenen nicht merken, was sie anrichten.«

Grundidee des Gold-Bikin-Projektes ist das Einüben dessen, »wie Ehe geht«, mit 16- bis 18jährigen Jugendlichen. Gemeinsam mit Kolleginnen und Kollegen besucht die Anwältin Schulen, um anhand von Rollenspielen Verhaltensmuster und Familienrecht zu definieren. Betroffen ist die Initiatorin davon, daß die Mehrheit der Jugendlichen nicht die geringste Ahnung hat, wie eine Beziehung aufrechterhalten werden kann. Innerhalb ihrer Ursprungsfamilien, so Lynne Gold-Bikin, werde ihnen derartiger Lernstoff fürs Leben nicht mehr vermittelt.

An Erwachsene wendet sich eine andere Methode, die als eine Art Selbsthilfekonzept von Ehe- und Scheidungserfahrenen in sogenannten »Pairs«- oder »Retrouvaille«-Seminaren angeboten wird. Wer gerade in einer Partnerschaftskrise steckt, kann sich in diesen Seminaren aussprechen und Rat am Beispiel der Erfahrungen anderer holen. Oftmals wird Müttern und Vätern hier erstmals bewußt, welche schwerwiegenden Auswirkungen ihr ganz persönlicher Erwachsenenkrieg auf die Kinder hat.

Ähnlich erfolgreich sind Sitzungen, die Familiengerichte für Scheidungskandidaten anordnen, damit diese sich mit bereits Geschiedenen austauschen und auch mit Kindern aus

Scheidungsfamilien sprechen. Das Erkennen von Fehlern, die andere bereits gemacht haben, kann verhindern, daß sie wiederholt werden.

In Deutschland stecken vergleichbare Bemühungen zur Rettung von Ehebeziehungen noch in den Kinderschuhen. Eine erste Parallele könnte jedoch in bezug auf den Einsatz von Scheidungsanwälten und Rettungsprojekten gesehen werden.

Die Erfahrung, daß scheidungswillige Eltern sich im Laufe des Scheidungsverfahrens oftmals in auffallender Weise zu verbitterten und verbissen-aggressiven Agitatoren gegeneinander entwickeln, wurde in wissenschaftlichen Studien am Material von Sachverständigengutachten, Anwaltsschriftsätzen und Richtersprüchen überprüft und als ein Ergebnis der juristischen Einteilung in gute und schlechte Eltern beziehungsweise Sieger und Verlierer bestätigt. Zusätzlich erkannte man, daß viele Eltern die eigentlichen Entscheidungen im Verlauf des Scheidungsverfahrens leichten Herzens ihren jeweiligen Anwälten überlassen und keine Verantwortung übernehmen. Dies hat zwangsläufig zur Folge, daß die Konflikte der Eltern auf Eis gelegt werden und sich nach der Scheidung in Rachsucht und Strafaktionen niederschlagen. Nicht zuletzt wurde klar, daß Scheidungsanwälte mittels ihrer streitbaren Parteinahme für den eigenen Klienten die Trennungskämpfe gegen den anderen Scheidungspartner oftmals erst richtig aufheizen und einvernehmliche Vereinbarungen zu Fall bringen, die die Partner bereits getroffen haben.

In den USA führten diese Erkenntnisse zu dem Einsatz »neutraler Vermittler« und in Deutschland seit 1982 zur Entwicklung der sogenannten »Mediation«, die 1992 ihren Niederschlag in der BAFM, der Bundesarbeitsgemeinschaft für Familienmediation, fand. Die aus psychosozialen und juristischen Berufsgruppen stammenden Mitarbeiter dieser Projekte arbeiten analog zu Moderatoren, indem sie die Auseinandersetzungen des Paares überwachen beziehungsweise nach der Scheidung gemeinsam mit den geschiedenen Eheleuten für beide Parteien gangbare Wege aus dem Beziehungsfrust aufzufinden versuchen. Eine solche Betreuung kann ebenso im vertrauten Wohnzimmer wie in einer neutralen Praxis erfolgen. Vorbedingung ist immer, daß alle Beteiligten freiwillig einer Betreuung zustimmen und sich zu Beginn der Arbeit verbindlich damit einverstanden erklären, ihre Differenzen in gegenseitigem Respekt auszutragen.

USA-Berichten über die Arbeit der »neutralen Vermittler« zufolge, dauert eine betreute Trennungsphase bis zu einem halben oder dreiviertel Jahr. Obwohl die Betreuung weder eine Psycho-, Paar- noch eine Familientherapie bietet, finden die zerstrittenen Partner auf dem Wege des wechselseitigen Offenlegens ihrer Probleme oftmals wieder zueinander und widerrufen die Trennungsabsicht. Für den Fall der endgültigen Trennung bereitet der »neutrale Vermittler« gemeinsam mit seinen Auftraggebern einen Vertrag vor, in dem sowohl die Aufteilung des Besitzes als auch eine gemeinschaftliche Regelung des Sorgerechts für die Kinder getroffen wird. Auf der Basis dieses Vertrages wird das Gericht die Scheidung rechtskräftig aussprechen.

Als wohl jüngste, bundesweit einmalige Rettungsaktion kann in Deutschland ein Väter-Projekt in Neukölln bei Berlin angesehen werden. Zwar wendet es sich ausschließlich an Männer, doch bietet es mit der professionellen Beratung derer, die sich mit ihrem Vater-sein-Wollen oder Nicht-Vater-sein-Können auseinandersetzen möchten, automatisch auch Hilfestellung bei fundamentalen Problemen mit den Müttern der Kinder. Umgang mit der Ex-Partnerin, Beziehung zum Kind nach und während der Trennung sowie die rechtliche Beratung von Noch-nicht-Vätern sind herausragende Schwerpunkte der Männerarbeit.

Die Mitarbeiter/innen des Projektes sind ausschließlich ausgebildete Fachkräfte aus dem Sozialbereich. Da trotz der Brisanz der Problematik auch für dieses engagierte Projekt kaum öffentliche Mittel fließen, kann das Team nur auf ABM-Basis finanziert werden. Dennoch werden sowohl Einzelgespräche als auch Selbsthilfegruppen angeboten. Ziel ist es, Männer davor zu bewahren, nur Wochenendväter zu werden und statt dessen auf dem Wege einer gütlichen Einigung mit der Mutter ein gemeinsames Sorgerecht als aktiver Vater zu erwirken.

Trotz aller vielversprechenden Hilfs- und Rettungsprojekte für Menschen, deren Drang nach Selbstverwirklichung die Enge einer Ehe zu sprengen droht oder bereits gesprengt hat, sehen Soziologen und Kinderschützer die wahren Ursachen des Scheiterns einer Ehe jedoch überwiegend in der Kinderfeindlichkeit der industriellen Hochleistungsgesellschaft.

Ihr Appell gilt in erster Instanz Arbeitgebern und Unternehmern, familienorientierte Mitarbeiterprogramme einzurichten, damit es erwerbstätigen Eltern möglich ist, ihre Arbeitszeiten unabhängig von Kindergartenplätzen und Schulzeiten einzuteilen. Wie abermals das Vorbild der USA zeigt, ist die Akzeptanz entsprechender Angebote groß. Seit es sogenannte »Vaterkurse« als berufliche Aufbaukurse für Männer gibt, die anstelle ihrer Frauen Erziehungsurlaub nahmen, zeigt sich klar, daß Männer ihre Vateraufgaben keineswegs lascher angehen als Frauen ihre Mutterrolle. Die notwendigen Investitionen der Unternehmen für dergleichen Angebote zahlen sich dadurch aus, daß Fehlzeiten und Kündigungen der Belegschaften zurückgehen.

In Deutschland entwickelt sich der Arbeitsmarkt nur zögerlich und vereinzelt in diese Richtung. Von Entwicklungen wie in den USA werden wir vermutlich noch in dreißig Jahren träumen. Ein Fortschritt wäre es schon, wenn es ein größeres Angebot an Teilzeitjobs, noch flexibleren Arbeitszeiten und öfter die Möglichkeit gäbe, sich zu zweit einen Arbeitsplatz zu teilen. Würden zusätzlich die Versprechungen der Staatsmänner und -frauen auf einen Kinderkrippen- und Kindergartenplatz für jedes Kind sowie ausreichend Hortplätze für Schulkinder erfüllt, wäre eine weitere Hürde auf dem Weg zur Familienfreundlichkeit genommen. Nur dann, so das Votum der Soziologen, könne ein gesellschaftliches Klima entstehen, in dem Kinder wieder ihren Platz hätten.

In den Augen von radikalen Frauenrechtlerinnen und deren Anhängerschar sind gesellschaftliche Defizite als Erklärung für den Niedergang der Familie nur Ausreden und Hilfsprogramme für Paare nur Kosmetik. Der wahre Schuldige an der Scheidungsmisere ist allein der unverbesserliche Patriarch, der längst enttarnte Faulenzer der Nation, der Mann und Vater. In seinem grenzenlosen Größenwahn habe er die Scheidungsquote noch immer nicht als Menetekel an der Wand verstanden. Auch sei er zu eitel, um die Verweigerung der Frauen als ausgebeuteter Opfer seines Männlichkeitskultes ernst zu nehmen. Wenn die Familie noch eine Chance haben solle, müsse jeder Mann endlich und notfalls unter Gewaltanwendung begreifen, daß die von ihm den Frauen aufgezwungene Gesellschaftsordnung nur ins Chaos führen könne.

Weniger radikal, doch nicht minder zielsicher sieht auch die englische Psychologin und Erfolgsautorin Penelope Leach, die mit dem Weltbestseller ›Die ersten Jahre deines Kindes‹ bekannt wurde und mit ihrem neuen Buch ›Kinder zuerst‹ erneut großes Aufsehen erregte, den Mann und Vater als Verursacher der prekären Familienentwicklung an. »Während die Frauen aus der häuslichen Szene in die Welt der Arbeit abwandern, wenden sich die Männer nicht etwa von ihrem geschrumpften Arbeitsgebiet vermehrt dem Haus zu«, schalt sie in einem ›Focus‹-Interview (5/1995). »Darum muß die Gesellschaft lernen, den Rollen- und Jobtausch zu egalisieren. Bis jetzt haben die Frauen sozusagen alles: den Job, den Haushalt, die Kinder. Und die Männer haben nichts, allemal, wenn sie arbeitslos sind.«

Selbstverständlich müsse sein, führte sie weiter aus, daß Eltern wieder mehr Zeit mit ihren Kindern verbringen. Doch da die Frauen nie wieder an den Herd zurückkehren würden, da sie dies weder wollten noch könnten, weil ihre Männer immer seltener genug für die ganze Familie verdienten, »müssen die Männer auch den häuslichen Teil mitmachen«. Im Moment fühle sich jedoch zu Hause keiner so recht für die Kinder und die Arbeit zuständig. Daher gäbe es »ein Vakuum, das sehr schlecht gefüllt wird mit der Kinderbetreuung durch Fremde«.

Noch einen Stichpunkt mehr bot das Erfolgsautorinnen-Team Cheryl Benard/Edit Schlaffer mit seiner ›Männer – Gebrauchsanweisung für Frauen‹ zum pragmatischeren Umgang mit den »Ausländern im Land der Emotionen«. »Männer«, schreiben sie, »glauben felsenfest und unerschütterlich an Eigennutzen, Kraft und Zielstrebigkeit. Ihre Utopie von der Gesellschaft ist die einer Gemeinschaft von Personen, die alle konsequent ihrem Eigennutzen nachgehen, wobei die Stärkeren sich durchsetzen, die Schwächeren sich abfinden und die Ausbeutung in Grenzen bleibt, weil allzu viele Konflikte den Ablauf des Betriebes stören.« Frauen müßten lernen, wie Männer funktionieren, und daraus Schlüsse ziehen. Schlüsse wie zum Beispiel der von den Autorinnen in ›Sagt uns, wo die Väter sind‹ als soziologische Grundwahrheit proklamierte, daß Väter spätestens nach dem ersten Lebensjahr ihres Kindes Fahnenflüchtige sind und »jede Mutter eine alleinerziehende Mutter ist«.

Im Gegensatz zu der verbreiteten Verklärung der Frau als friedliebende, bessere Alternative zu dem streitsüchtigen, kriegstreibenden Mann zeigt sich am Beispiel derartiger massiver weiblicher Schuldzuweisungen an den Mann, daß auch Frauen die fatale Eigenheit haben, sich Feindbilder zu schaffen, um gut von sich selbst denken zu können. Wer den modernen Amazonenkrieg aufmerksam mitverfolgt, muß sich fragen, ob das, was in schlimmen Zeiten die Juden waren beziehungsweise vielerorts die Asylanten, für Frauen von heute nun Männer sind.

Aber brauchen ihres eigenen Wertes vollkommen bewußte, mit eigenem Kopf denkende und entscheidende, mit eigenen Händen handelnde, auf eigenen Füßen sich fortbewegende Frauen wirklich einen Sündenbock für alles, was ihnen quer im Halse steckt? Wäre es nicht ehrlicher, aufrechter und würdiger, den persönlichen Anteil an der gegenwärtigen Familienkrise mit größter Selbstverständlichkeit auf die eigenen Schultern zu nehmen und dann Hand in Hand mit dem auch nicht schuldlosen Mann an der Bewältigung zu arbeiten?

Es kann einfach nicht sein, daß Familienkrisen vornehmlich deshalb entstehen, weil Männer nicht gern Hausmänner sind. Eine solche Behauptung geht an der Tatsache vorbei, daß sehr viele Frauen nicht gern Hausfrauen sind und noch mehr Frauen sich sogar schämen, Hausfrau zu sein. Und zwar sich deshalb dafür schämen, weil Hausfrauen nicht etwa von Männern, sondern speziell von erwerbstätigen Frauen abgewertet werden. Eine, die Nur-Hausfrau ist, wird von den meisten erwerbstätigen Frauen von oben herab angesehen. Erstens verdient »so eine« nichts und ist von ihrem Mann finanziell abhängig. Zweitens ist sie vermutlich bloß deshalb zu Hause geblieben, weil sie sowieso keinen Job bekommen hätte. Hat sie überhaupt eine Schulbildung und einen Beruf? So, wie die aussieht, würde sie doch niemals irgendwo eingestellt werden. Drittens verblödet angeblich jede Frau, wenn sie ständig nur Kindergeschrei und Nachbarschaftstratsch und als erweiterte Geräuschkulisse nur das Brummen von Staubsauger und Waschmaschine um die Ohren hat. Viertens kann eine, die so etwas wie Konkurrenzkampf höchstens aus Eifersucht auf die Geliebte ihres Mannes kennt, nicht mithalten, wenn andere vom Bürostreß oder von den Launen des Chefs reden. Schon gar nicht kann sie mithalten, wenn es um den letzten Modeschrei geht, nach dem sich jede erwerbstätige Frau selbstverständlich kleiden muß, weil sie es sich aus Karrieregründen nicht leisten kann, wie »das Mutti« mit bekleckerter Bluse, ausgewachsener Dauerwelle und schiefen Absätzen herumzulaufen. Fünftens ist eine Hausfrau nicht sexy. Die riecht statt nach französischem Parfum nach vollen Windeln und will nur ins Bett, weil sie müde ist. Wie frau einen Lover aufreißt und die heißesten Stellungen des Kamasutra auslotet, hat eine mit drei Kindern doch höchstens in einem vergangenen Leben gewußt.

Vor dem Hintergrund dieser und ähnlich klingender Vorurteile und übler Sprüche von Frau zu Frau erstaunt es nicht, daß immer weniger Frauen keine Lust haben, ihr Leben als Nur-Hausfrau und Mutter zu fristen. Aufregender, spannender scheint ja das Leben einer Erwerbstätigen zu sein. Vor allem aber zählt es mehr in der Öffentlichkeit. Mit einem Job, mit einer vollen Lohntüte, einem satten Gehalt bist du wer, kannst mitreden, zählst. Daß Kinder zu gebären und großzuziehen mehr ist als ein weiterer Leistungsbeweis in einer Wettbewerbsgesellschaft, gehört für viele Frauen in die Mottenkiste der verstaubten Lebensweisheiten. »Jetzt habe ich alles genossen, aus dem Vollen gelebt, jetzt fehlt mir nur noch ein Kind. Dann habe ich alles erlebt, was du als Frau erleben kannst«, sagte zum Beispiel Tanja, die ich in Regensburg kennenlernte. »Das Kinderzimmer, alles ist perfekt. Wenn das Kind da ist, haben wir schon eine Tagesmutter. Echt, ein Kind können wir uns jetzt locker leisten.«

Liebe, Zuwendung, Opferbereitschaft – davon kein Wort. Alles wird heute lieber mit Geld abgegolten als mit einem tatsächlichen, greifbaren Da-Sein für das Kind, wenn es Mutter oder Vater oder beide braucht. Da-Sein würde ja bedeuten, bei der eigenen Selbstverwirklichung Abstriche machen zu müssen. Und zwar Abstriche nicht allein auf seiten der Väter, sondern auch auf seiten der Mütter. Daß man für ein Kind vor allem Zeit braucht, will man nicht mehr wahrhaben. Statt dessen wird der Schrei nach mehr Freiheit für die Eltern und damit verbunden nach staatlichen Kinderbewahranstalten und außerfamiliärer professioneller Kinderbetreuung immer lauter.

Das Eingeständnis, aus der öffentlichen Anerkennung einer Erwerbstätigkeit außerhalb der häuslichen Szene mehr Befriedigung und Freude zu ziehen als aus der Erziehung der eigenen Kinder, scheint Frauen und Müttern als vermeintliches Armutszeugnis für ihre urweiblichen Qualitäten unaussprechlich zu sein. Dies ist ein Tabu, ein Archetypus der weiblichen Seele. Aller Emanzipation, allem Feminismus zum Trotz will keine Frau sich nachsagen lassen, eine der sprichwörtlichen Rabenmütter zu sein. Daß eine Mutter lieber an sich selber denkt als an ihre Kinder – welche Frau würde dies freiwillig und ohne Not von sich zugeben?

Die Vermutung aber, daß es so ist, liegt angesichts der Tatsache nahe, daß immer mehr Frauen lieber erwerbstätig und Single als Hausfrau und (verheiratete) Mutter sind. Ja, selbst die Tragödie, daß Ehebeziehungen trotz gemeinsamer Kinder des Paares weltweit immer öfter deshalb zerbrechen, weil Frauen es so wollen, legt Zunder an das schwelende Feuer des Verdachtes.

Ein Gedanke drängt sich auf. Führen Frauenrechtlerinnen etwa deshalb ihre Angriffe gegen den Mann mit so erbitterten, unter die Gürtellinie zielenden Mitteln? Stellt die Methode, den Mann und den Vater generell als Sündenbock und Versager abzustempeln, nichts als ein Verdunkelungsmanöver dar? Sollte die Forderung, daß Männer zugunsten ihrer Familien die alten Zöpfe des Patriarchats abschneiden und neue Väter werden sollen, denen nichts über Frau und Kinder geht, nur ein geschickter Vertuschungsversuch dafür sein, daß die Frau ihren eigenen Idealen und Ansprüchen selbst nicht gerecht wird?

Ein wahrhaft ketzerischer Gedanke. Denn sollte dies so zutreffen, brauchte die Welt nicht nur einen neuen Mann und neuen Vater – sie brauchte vor allem eine neue Frau und eine neue Mutter.

Familie im Visier – zum Abschuß freigegeben? Eine persönliche Bilanz

Die Idee zu diesem Buch wuchs in Jahren. Quasi vorbereitend schlug sie sich in meinen Büchern über nichteheliche Lebensgemeinschaften sowie über betrogene Liebe in zerbrochenen oder wiedererstarkten Lebensgemeinschaften, über Ehepaare, die es inmitten des Scheidungsbooms lebenslang miteinander schaffen, und nicht zuletzt über Gewalt gegen Frauen und Kinder außerhalb und innerhalb der Familie nieder.

Erstmals manifestierte sie sich in der Zeit meiner jugendlichen Sturm- und Drangphase und heftig expandierenden Emanzipationsversuchen von Elternhaus, Vaterfigur, Muttervorbild und nach ersten Kostproben vom Baum der Erkenntnis, daß es mit der Liebe so eine Sache ist.

Verliebt, verlobt, verheiratet – das ging in meinem Leben ruckzuck. Beide studierten wir noch, den Kopf voller Pläne, den Fuß im offenen Tor zur Welt. Damals hielten wir uns für jung, aber alt genug. Aus heutiger Sicht möchte ich sagen, wir waren halbe Kinder, unreif, unfertig, ahnungslos, daß und vor allem wie umstürzlerisch wir uns auf dem Weg zum Erwachsenwerden wandeln sollten und wie schwierig es sich gestalten würde, einander trotz Enttäuschungen, Wut, Verzweiflung, erbitterten Meinungskriegen und Ehrgeizgerangel nicht nur immer wieder mit liebevollen Augen neu zu erkennen und anzunehmen, sondern auch im lautesten Sturm mit gegenseitigem Respekt in der gemeinsamen Mitte des Lebens zu behalten.

Anfang der 70er Jahre, als wir heirateten, waren sowohl sexuelle als auch lebenslange Treue und die Staatsform Ehe längst keine Dogmen mehr. Zumal die Jugend, die wie jede Jugend den Ehrgeiz hatte, alles anders, neu und besser zu machen als die Eltern, ein »Nur-so-Zusammenleben« vorzog. Unter dem Eindruck der mit dem Siegeslauf der Anti-Baby-

Pille gekoppelten Emanzipation der Frau gehörte »ins Establishment, wer zweimal mit demselben pennt«.

Dennoch gab es eine andere innere Einstellung, eine andere Erwartungshaltung gegenüber Ehe und Familie als heute. Die meisten Menschen stammten noch aus lebenslangen Elternbeziehungen. Die Mehrheit von ihnen hatte Großfamilien erlebt. Das Zerbrechen von Ehen war zwar als Folge der Kriegsjahre und des beginnenden Wirtschaftswunders kein Grund zur allgemeinen Ächtung mehr, aber es war immer noch kein Alltagszustand.

Heute stammen in Stadtschulen, laut Mitteilungen der Lehrerverbände, mindestens 50 Prozent der Schüler aus geschiedenen Ehen. Ein großer Anteil von ihnen hat Eltern, die ebenfalls aus geschiedenen Ehen kommen. Großfamilien gibt es allenfalls noch auf dem Land. Wobei die Großeltern, für die die Ehe allein aus religiösen Gründen auf immer und ewig war, längst aussterben.

Daß das Vorbild der Scheidung der Eltern Schule macht und die Hemmschwelle vor einer Scheidung in demselben Verhältnis sinkt, wie die eigene Scheidungserfahrung steigt, ist wissenschaftlich nachgewiesen. So weiß man, daß Zweitehen schneller geschieden werden als Erstehen und daß Kinder aus geschiedenen Elternehen nicht nur unverhältnismäßig große Bindungsängste haben, sondern in ihren eigenen Partnerbeziehungen sehr schnell den Rückwärtsgang einschlagen und die Flucht aus der Beziehung als Problemlösung suchen.

Ich bin überzeugt, daß auch mein Mann und ich unsere Ehe ohne das Vorbild der lebenslangen Ehe unserer Eltern und Großeltern vermutlich nicht miteinander geschafft hätten.

In den ersten Nachkriegsjahren geboren, haben wir Eltern erlebt, denen das Leben viel abverlangt hat. Immer galt es durchzuhalten, erst im Krieg, dann im Wiederaufbau. In einem Alter, in dem die heutige Jugend die Schulbank drückt oder in Berufen tätig ist, die schwer und anstrengend sein mögen, aber doch Regelmäßigkeit und finanzielle Sicherheit bieten, oder man abends in die Disco geht und im Urlaub die Welt bereist – in einem solchen Alter nahmen unsere Väter für Groschenlohn jede Gelegenheitsarbeit an, sei es im Steinbruch, im Straßenbau, als Waldarbeiter, als Karrenschieber im Bergbau unter Tage, als Schwellenleger bei der Eisenbahn usw. Unsere Mütter hatten Schwerstarbeit im Haushalt zu leisten, da es keine Staubsauger, keine Waschmaschinen, keine Geschirrspüler, keine Fernheizung, keine Dampfbügeleisen, keine Kaffeemaschinen, keine vorzuprogrammierenden Herde, keine Mikrowelle und ähnliche Arbeitserleichterungen gab. Zusätzlich versorgten die meisten von ihnen alte Eltern und Schwiegereltern und einen Gemüsegarten. Viele von ihnen gingen nebenher auch noch einer Putzarbeit oder Arbeit als Büglerin oder Waschfrau nach. Wenn die Väter nach Feierabend kamen, waren die meisten von ihnen körperlich nicht nur müde, sondern absolut erschöpft, denn von einer Stulle Brot mit einer hauchdünnen Schicht Butter, einem hartgekochten Ei und bestenfalls einem Henkelmann Kartoffelsuppe in der kurzen Mittagspause hatte keiner viel anzusetzen.

Die Frauen und Mütter, die ich aus diesen Jahren kenne, erwarteten nicht, daß ihre Männer ihnen bei jeder Gelegenheit im Haushalt halfen. Und dies taten sie nicht etwa, weil sie resigniert hatten und dachten, der Pascha legt ja sowieso bloß die Füße hoch. Sie dachten auch nicht, daß Männer die Faulenzer der Nation seien. Sie erwarteten keine oder selten Mithilfe im Haushalt, weil sie wußten, was ihre Männer leisteten und die Arbeit des Mannes anerkannten. Wenn die Väter zu Hause mit anpackten, dann nur, weil eine Arbeit anlag, die die Möglichkeiten einer Frau überforderte. Im übrigen wußten beide, Väter wie Mütter, daß der jeweils andere alles tat und gab, was in seinen Kräften stand, und hatten Respekt vor dieser Leistung. Ansonsten hatten zumindest meine Eltern und die Eltern meiner Freundinnen und Freunde aus Kindertagen nach Feierabend einen Luxusartikel – sie hatten Zeit. Zeit zum Reden, zum Lesen und Vorlesen, zum Kuscheln, zum Freundeeinladen, zum Kartenspielen und manchmal sogar zusätzlich zur Zeit etwas Geld zum Tanzengehen.

Selten habe ich erlebt, daß meine Mutter ihren Haushalt zur Feierabendzeit meines Vaters noch nicht erledigt hatte. Statt dessen erinnere ich mich an Abendstunden, in denen sie Handarbeiten vor sich hatte, während mein Vater mit uns Kindern bastelte oder Schach spielte. Wir hatten keinen Fernseher, der jedes Gespräch ausschloß, und wir schämten uns auch noch nicht, miteinander die Lieder zu singen, die schon meine Großeltern auswendig singen konnten. Und wenn uns Kindern Gruselgeschichten vorgelesen oder öfter noch erzählt wurden, dann waren sie nicht von Stephen King.

Ohne diese Zeit verherrlichen zu wollen, waren es Jahre, in denen sich in mir die Vorstellung von Familie formte. Ich hatte Eltern, die sich nicht scheuten, ihre Differenzen in Hör- und Sichtweite von uns Kindern auszutragen. Daß sie sich stritten und einander schmollend oder zutiefst aufgebracht böse waren, erlebten wir ebenso natürlich mit wie die anderen Momente, in denen sie sich küßten oder einfach mal so umarmten oder einer dem anderen in die Augen sah und auf diese bestimmte Weise lächelte, die uns Kindern sagte, daß alles in Ordnung war.

Da unsere Großeltern sowohl bei meinem Mann als auch bei mir mit zur Familie gehörten, erlebten wir auch sie in den verschiedensten Lebensbereichen. Ich zum Beispiel erinnere mich an meine Großmutter, wie sie mir mit bis zu den Knien geschürztem Rock zeigte, wie man Charleston tanzt. Höre noch, wie sie mich einmal fragte, warum ich denn bloß so lange zur Schule ginge, ob ich meinem Mann später vielleicht die Kartoffeln auf französisch schälen wolle. Und ich entsinne mich, wie mein Großvater deswegen mit ihr schimpfte und sagte, Mädchen hätten genausoviel Hirn wie Jungen, und mir versprach, er werde den Hut vor mir ziehen, wenn ich an der Universität meinen Doktor gemacht habe. Leider starb er zu früh.

Das Glück dieser Familie habe ich als Kind so nicht definiert. Aber als ich selbst erwachsen wurde, erinnerte ich mich und konnte vieles in Beziehung setzen. Es half mir in mancher schweren Stunde, besser mit dem, was geschehen war, umzugehen. Es sagte mir: Das, was jetzt passiert, ist normal. Das haben deine Großeltern geschafft. Das haben deine Eltern geschafft. Das schaffst du auch.

Wir waren keine reichen Leute. Wir blickten auch nicht auf lange Ahnenreihen von Akademikern zurück. Wir waren das, was man so allgemein kleine Leute nennt. Und es gab so manchen Monat, wo wir beim Kaufmann um die Ecke »anschreiben« lassen mußten, weil das Geld schon Tage vor dem nächsten Ersten nicht mehr reichte. Aber es gab nie einen Zweifel daran, daß Reichtum in Köpfen sitzt und daß jeder Mensch das Recht darauf hat, diesen Reichtum zu nutzen.

Für meine Eltern hieß das, uns Kindern die bestmögliche Schulbildung und Berufsausbildung anzubieten. Es war nie eine Frage, gab nie eine Diskussion, daß Bildung auch mir als Mädchen zustand. Entscheidend waren meine Willenserklärung und dann mein Durchhaltevermögen. Ich wurde nicht zur Schule geschickt. Ich hätte mich ebensogut dagegen entscheiden können. Niemand wäre mir deswegen böse gewesen oder hätte mich weniger geliebt. Ich hatte die Wahl.

Als ich mich entschied, eine weiterführende Schule besuchen zu wollen, war dies zugleich die Entscheidung zum Leistungswillen, zum Durchhaltenwollen. »Du kannst hingehen, solange du es schaffst!« sagten meine Eltern. Mit diesem Satz ging ich zur Schule und später zur Universität. Ich bekam von meinen Eltern nie zu hören, daß sie sich das Geld für Schulbücher und Hefte oft genug absparen mußten. Andererseits bekamen sie nie zu hören, daß ich aufgeben wolle.

Daß auch eine andere Entscheidung möglich und lebenswert ist, lernte ich früh am Beispiel meiner nahezu gleichaltrigen Cousinen kennen, deren Eltern nichts dagegen einwandten, daß ihre Töchter das Ende einer kurzen Schulzeit kaum erwarten konnten und anschließend keine Lust hatten, eine Berufsausbildung abzuschließen, sondern bereitwillig ungelernte Fabriknäherinnen wurden, um bis zu ihrer baldig erwarteten Eheschließung schnelles Geld nach Hause zu bringen und dann endlich nicht mehr zur Arbeit gehen zu müssen.

»Warum soll ich zur Schule gehen, wenn ich sowieso heirate?« hörte ich von ihnen. »Die Lernerei ist nichts für mich. Das macht keinen Spaß. Ich will meine Jugend nicht verplempern und dauernd lernen. Ich will einen Mann und Kinder, eine schöne Wohnung, ein Auto, Geld zum Leben und Spaß. So lange pauken wie du und dann mit 30 mal das erste Geld verdienen – da wäre ich mir zu alt.«

Meine Cousinen und ich sprachen oft darüber, weil wir unsere so unterschiedlichen Lebensentscheidungen kaum verstehen konnten. So wie ich mich schwer damit tat, daß es Frauen gibt, die keine Lust haben, möglichst viel Lehrstoff in sich zu speichern, sondern ihre innere Bestimmung in einem Leben als Hausfrau, Mutter und Geliebte finden, so staunten meine Cousinen mich mit meinem »Bücherfimmel« an.

Zu akzeptieren, daß jede von uns eine vollkommen gleichwertige, gleichberechtigte, gleich sinnvolle Entscheidung getroffen hatte, fiel uns damals schwer.

Vermutlich war es dieser hautnah erlebte Kontrast, der mich veranlaßte, mich mit der Frauenbewegung und Emanzipation zu befassen und sie in nachtschwärmerischen Diskussionen mit meinen Studienkollegen/innen im Zeichen der späten 68er Jahre zu hinterfragen.

Wir alle hatten in den 60er Jahren als Jugendliche miterlebt, wie sich die Wirtschaft hochschaukelte, es allenthalben an Arbeitskräften mangelte und den Frauen das Erwerbsleben schmackhaft gemacht wurde, weil man ihre Arbeitskraft vor allem auf den minderwertigeren Arbeitsplätzen brauchte.

Um auf die Arbeitspotentiale der weiblichen Bevölkerung zurückgreifen zu können, war es für die Wirtschaft notwendig, daß mehr Mädchen auf ein Erwerbsleben vorbereitet wurden. Dazu gehörte, daß sie eine bessere Schulbildung erhielten. Folgerichtig wurde bald schon in den Schulen und von Parteimitgliedern aller Couleur der in späteren Jahren als haltlos widerlegte Gedanke propagiert, daß alle Kinder über dieselben geistigen Fähigkeiten verfügten und daher auch alle befähigt seien, eine gleichwertige Ausbildung zu erhalten. Wer dies nicht schaffte, wurde als faul verpönt. Um Eltern dazu zu bringen, die Kosten einer besseren Schulbildung auch für Mädchen als lohnend anzusehen, erklärte man die früher bei Hochzeiten übliche Mitgiftzahlung der Eltern an die Braut für altmodisch und strich heraus, daß eine gute Schul- und Berufsausbildung die beste Mitgift sei. Vor diesem finanziellen Hintergrund gelang es tatsächlich allmählich, immer mehr weibliche Arbeitskräfte heranzubilden.

Gleichzeitig kämpften Politikerinnen und andere öffentlich engagierte Frauen der Frauenbewegung vehementer denn je für die Gleichberechtigung der Geschlechter. Ohne diesen Einsatz engagierter Frauenrechtlerinnen würde zum Beispiel bis heute der Ehemann das Recht haben zu bestimmen, ob und in welchem beruflichen Ausmaß seine Frau erwerbstätig sein darf oder nicht. Der immense gesellschaftliche Wert der Frauenbewegung für die Gleichberechtigung der Frau ist unbestreitbar. Dennoch kann nicht übersehen werden, daß die auf das Erwerbsleben der Frau ausgerichtete Frauenbewegung viel Schatten auf all die Frauen warf, die nicht erwerbstätig sein wollten.

Eine der schwerwiegendsten gesellschaftlichen Auswirkungen der öffentlichen Kampagne für die Erwerbstätigkeit der Frau traf nämlich die bisher allgemein übliche Versorgungs- und Hausfrauenehe. Sie geriet in Verruf; und mit ihr die Ehefrau und mit dieser die Familie. Das böse Wort von der »Nur-Hausfrau«, dem dummen »Heimchen am Herd« und der Ehefrau, die sich schnell einen geangelt hat, weil sie es sonst zu nichts gebracht hätte, wurde speziell von den erwerbstätigen Frauen über den nichterwerbstätigen, ausschließlich im häuslichen Bereich arbeitenden Ehefrauen ausgeschüttet.

In demselben Verhältnis, wie Frauen sich über eigene Einkünfte und berufliche Positionen definierten und ihren menschlichen Wert mit dem Marktwert ihrer Arbeit gleichsetzten, fühlte sich die erwerbstätige Frau im Vergleich zur nichterwerbstätigen klüger, wertvoller, gleichberechtigter und dem Mann gegenüber stärker und selbstbewußter als eine der verächtlich gemachten »Nur-Hausfrauen«, für die es in diesem Sinn bis heute keinen Qualifikationsnachweis gibt.

Mit dem in dieser Zeit aufkommenden Slogan »Heiraten kann jede Dumme« wurde nachhaltig erreicht, daß die Ehe von Platz eins der Wunschliste für Mädchen unter »ferner liefen« geriet. Unter dem Druck der Tatsache, daß immer mehr Frauen außerhalb der Familie arbeiteten und immer weniger Lust und Zeit für häusliche Arbeit hatten, wurden immer mehr und bessere die Hausarbeit erleichternde Geräte erfunden. Waschmaschine, Staubsauger und ähnliches sind heute aus keinem Haushalt mehr wegzudenken. Leider lösten die Vereinfachung der Hausarbeit und die simple Bedienungsweise der neuen Geräte nicht nur verständliche Begeisterung aus, sondern setzten dem Slogan »Heiraten kann jede Dumme« den Punkt auf, indem die abwertende Bemerkung »das bißchen Haushalt« hinzukam. Bis Mitte der 70er Jahre war aus der einstmals ehrenhaften und erstrebenswerten Position der Ehefrau die wenig attraktive Rolle des auf der faulen Haut liegenden Dummchens geworden, das seinen Ehemann mittags mit dem Spruch begrüßt: »Liebling, ich habe noch nichts gekocht. Aber schau mal, wie ich daliege.«

Ein erster Gipfel von Scheidungen war die Folge des gesellschaftlichen Wandels. Familiäre Werte, traditionelle Aufgabenverteilungen und die ehemalige Rollenverteilung unter den Geschlechtern gerieten in Mißkredit. Vor allem die Aufgabenstellung der Frau als Mutter erhielt den Beigeschmack des Klammerns und Überbehütens im Sinne lächerlicher Affenliebe. Als wahre Mutter wurde die bejubelt, die Kinder in die Welt setzt, die sie loslassen kann.

Da Frauen und Mütter sich in ihrer gewandelten Lebensweise nur unzureichend auf überkommene Erziehungsmuster rückbesinnen konnten oder wollten, zugleich auch die außerfamiliäre Erwerbstätigkeit trotz Familie anstrebten, trat bezüglich Elternschaft eine große Unsicherheit ein. In ihrer Folge wurde die Kindererziehung mehr und mehr in professionelle Hände überantwortet. Erziehungsstile wie derjenige der antiautoritären Erziehung wurden hochgelobt und größtenteils mißverstanden. Das Loslassen der Kinder geriet zum Fallenlassen. Statt Erziehung wurde Selbstfindung angepriesen, das Nennen von Mutter und Vater beim Vornamen zum Beweis autoritätsfreier Freundschaft statt autoritärer Elternschaft. Und selbstverständlich wurden die Kinder Alleinerziehender zu denjenigen glorifiziert, die aus dem Erleben ihrer autonomen Mutter den wahren Wert der Frau zu erkennen fähig sind. Konsequenterweise schallt bis heute der Ruf nach mehr Klein- und Schulkinderverwahranstalten, nach mehr Erziehungspflichten für Erzieher/innen und Lehrer/innen, nach mehr Freizeitangeboten für Kinder und Jugendliche, nach mehr therapeutischen Einrichtungen für Kinder quer durch Deutschland.

Der Gipfelsturm der Frauenrechtlerinnen, die sich mittlerweile nach dem lateinischen Wort »femina« für Frau Feministinnen nannten, setzte Mitte bis Ende der 70er Jahre ein, als offenbar wurde, daß die Auflösung der traditionellen Familienstrukturen zu einem finanziellen Desaster geführt hatte, dessen Leidtragende vornehmlich geschiedene Frauen waren. Da ihre Erwerbstätigkeit in traditionell geringer bezahlten Fließband- oder Dienstleistungsberufen sie finanziell nicht sicherstellen konnte, war nach der Scheidung das Fiasko da. Ohne die Versorgungsleistung der Männer war die Verarmung der Frauen vorprogrammiert.

Mit leidenschaftlichen Plädoyers für bessere Bezahlung, höhere Aufstiegschancen, mehr Bildung, mehr außerfamiliäre Kindererziehung und vor allem eine Ersatzleistung des Ehemannes für die ihm zugute kommende Arbeitskraft der Ehefrau schlug das feministische Lager die Trommel zum Kampf gegen die Unterdrückung der Frau. Angesichts der auf ihn zurollenden Folgekosten der massiven Scheidungsraten schreckte auch der Staat auf, der bisher von dem Frauen benachteiligenden Lohngefüge profitiert hatte.

Mit einer von Anfang an umstrittenen Reform des Scheidungsrechts wälzte er ab 1977 die bisher dem Staat obliegenden finanziellen Versorgungspflichten des Sozialamtes und des Rentenversicherers auf die Schultern der von nun an in jedem Fall für ihre Ex-Frauen und Kinder unterhalts- und versorgungspflichtigen geschiedenen Männer ab.

In der Folgezeit der 80er Jahre setzte eine beispiellose Verächtlichmachung des Mannes durch Frauen ein, die sowohl bildungsmäßig wie auch wirtschaftlich immer mehr erstarkten und in maßloser Selbstüberhebung sich selbst zur generell besseren Alternative der Schöpfung deklarierten. Vor dem Hintergrund von Millionen zerstörten Familien, tiefster familiärer Verunsicherung, egoistisch geprägten Lebensweisen und Hunderttausenden auf der Strecke bleibenden Kindern, die mehr brauchen als professionelle Aufsicht und Belehrungen, mußte ein Schuldiger gefunden werden. Wer anders als der, der von Frauenrechtlerinnen traditionellerweise schon immer als der Schuldige entlarvt wurde, wenn es Frauen schlecht ging, konnte es sein? Wer anders als der Mann und Vater, der angeblich dank perfekter Drückebergerei und gefühlsmäßiger Unterentwicklung ständig durch familiäre Abwesenheit glänzt?

Daß auch die meisten Mütter durch Abwesenheit glänzen, konnte angesichts der hochgelobten, allseits zum Lebensziel jeder Frau, die auf sich hält, erklärten Erwerbstätigkeit kaum bestritten werden. Doch ehe das weibliche Gewissen zu schlagen beginnen konnte, war öffentlich die Erklärung schon da. Schließlich muß frau heutzutage Geld verdienen, weil die Faulenzer der Nation nicht einmal mehr genug Geld herbeischaffen können, um die hungrigen Mäuler der Familie zu stopfen. Schließlich – und das ist aus Sicht der Feministinnen eindeutig – hat uns die Mißwirtschaft der Männer ein Heer von Arbeitslosen beschert, die Umweltzerstörung eingebracht, den Wirtschaftsstandort Deutschland ins Abseits geschoben. Was alles nicht passiert wäre, hätte man weibliche Bosse in den Chefetagen, die »das bißchen Wirtschaft« schon schaukeln würden.

Mit dieser Diffamierung der Männer hat der berechtigte Schrei nach Gleichberechtigung der Geschlechter spätestens seit Mitte der 90er Jahre gesellschaftlich zersetzende, menschenverachtende Züge angenommen. Längst geht es den Vorkämpferinnen für die Rechte der Frauen nicht mehr um das, was die Frauenbewegung dazu brachte, die unter dem frauenfeindlichen Einfluß des Katholizismus angeblich gott-gewollte Vorherrschaft des Mannes zu brechen. Das, was heu-te auf dem gesellschaftpolitischen Schlachtfeld des Feminis-mus und zumal des Radikalfeminismus geschieht, bezeugt, wie beschämend sich die einst so richtige, wichtige Revoluti-on der Frau zur bloßen Antikampagne gegen Männer und da-mit in einen Zustand verkehrte, den ich mit dem historischen Schlagwort »Die Revolution frißt ihre Kinder« umschreiben will.

Viele Frauen, die sich als Vorkämpferinnen für die Rechte von Frauen bezeichnen, lehnen Männer aufgrund lesbischer Neigungen und damit einhergehender Männerverachtung generell ab. Die These, daß Männer am besten ohne Penis ge-boren würden, damit sie ihrer schlimmsten Tatwaffe beraubt wären, spricht Bände.

In Verkennung der Tatsache, daß Feministinnen Frauen, aber Frauen nicht zwingend Feministinnen sind und die glei-chen radikalen Ansichten und Ansprüche teilen, wird von Feministinnen das feministische Feindbild zum Feindbild al-ler Frauen erklärt. Welche Männerdomäne auch immer für Frauen geöffnet wurde, sie wird als nicht offen genug erklärt. Welches Gesetz, welche Chance, welche Leistung sich Frau-en erschloß, all das wird als unzureichend verpönt. Genug ist erst unter dem Motto »Frauen an die Macht«, denn einzig dar-um geht es: um Macht und Führungsanspruch. Und zwar um die Vormachtstellung und den gesellschaftlichen Führungs-anspruch der Frau, um eine Reanimierung eines prähistori-schen Matriarchats im Stil der kämpferischen althellenischen Amazonen, die Männer in einem beispiellosen Zuchthengst-verfahren zur Eizellenbefruchtung ausbeuteten, diese anson-sten aber aus ihrem Leben verbannten und bekriegten und ihre Kinder, vorzugsweise Mädchen, alleinerziehend großzo-gen, während Knaben – bis auf eine geringe, zu Zucht-zwecken am Leben erhaltene Anzahl – ermordet wurden.

War vor Jahren das Merkmal der Emanzipation, daß frau sich nicht mehr von einem Mann in den Mantel helfen und keine Autotür mehr aufhalten ließ, ist es heute en vogue, den

Mann als Schmarotzer abzutun, dessen Glanzleistung in der Ausbeutung von Frauen besteht.

Die Familie wird als Hort der männlichen Gewalt gegen Frauen und Kinder verschrien, und alle Männer und Väter werden in einen gemeinsamen Topf gewissenloser Triebtäter geworfen. Im selben Moment wird verschwiegen und vertuscht, daß Frauen auf diesem Gebiet auch keinen Heiligenschein haben, sondern kräftig bei der sexuellen Ausbeutung und körperlichen wie auch seelischen Mißhandlung von Kindern mitmischen. Das Zerbrechen von Ehen wird als bessere Lösung deklariert. Alleinerziehend zu sein ist zum Markenzeichen der erfolgreichen, selbstbewußten, aller Welt ihre Autonomie beweisenden Frau geworden. Daß diese Autonomie zum größten Teil auf einem gekonnten Abschröpfen des Mannes basiert, wird auf der gesetzlichen Grundlage des derzeit geltenden Ehescheidungsgesetzes als gerechtfertigt betont. Und da für Frauen sowieso das Beste gerade gut genug ist und Männer nach dem Glaubensbekenntnis der Feministinnen nun mal nichts Besseres zu bieten haben als Geld, dürfen sie froh sein, daß frau es überhaupt von solchen mißratenen Schöpfungsversuchen des mittlerweile als Göttin erkannten Schöpfergottes annimmt.

Angesichts der Massen von Scheidungswaisen, die vaterlos aufwachsen und diesen Verlust durch Aggressionen, Kriminalität und Selbstmord zu kompensieren versuchen, angesichts der Massen von Vätern, die durch die erfolgreichen, staatlich legalisierten Abzockermethoden von Müttern in den wirtschaftlichen und oft genug auch menschlichen Ruin getrieben werden, angesichts der Tatsache, daß wir »auf dem besten Wege (sind), zunehmend mehr schwer und schwerst gestörte Beziehungskrüppel mit nur noch pathogen zu nennenden seelischen Deformationen in die Erwachsenenwelt und damit in ein eigenes Beziehungsfeld zu entlassen« (Siegfried Willutzki), scheint es an der Zeit, daß die große Mehrheit der Frauen endlich das Wort ergreift. Und zwar die Mehrheit, die ihr Selbstwertgefühl als Frau nicht aus der Entwertung des Mannes zieht und es daher auch gar nicht nötig hat noch dulden will, von einer größenwahnsinnig gewordenen Minderheit in diese Richtung hin manipuliert zu werden.

Der Entschluß, dieses Buch zu schreiben, ist mein persönlicher Beitrag als Frau unter Frauen auf diesem Weg.

Frauen, so denke ich, sind nicht erst dann wertvolle Frauen, wenn sie bessere Männer geworden sind. Oder wenn sie diejenigen sind, die die Welt regieren und andere unterdrücken. Frauen sind nicht die bessere Alternative der Schöpfung. Frauen kommen auch nicht erst dann »überall hin«, wenn sie »böse Mädchen« werden und Männer zu Zuchthengsten und Zahlvätern versklaven. Frauen kommen nur dann »überall hin«, wenn sie die Urkraft des Weiblichen in sich erkennen, die zur Vollkommenheit die Urkraft des Männlichen braucht.

Frauen sind nicht wie Männer. Männer werden niemals sein wie Frauen. Sie sind einander ebenbürtig, einander gleichwertig. Aber sie sind anders. Und gerade in diesem Anderssein haben sie die Chance zur sinnvollen gegenseitigen Ergänzung.

Niemand wird erwarten, daß Frauen bildungsmäßig in die Steinzeit zurücksinken oder ihre Erwerbstätigkeit aufgeben und zu sanftmütigen Liebesdienerinnen von Männern mutieren. Die Forderung des Papstes als Oberhaupt der katholischen Kirche, Frauen zurück an den Herd zu schicken, ist so absurd wie weltfremd.

Doch kann auch niemand erwarten, daß Männer dies tun und anstelle der Frauen, die keine Hausfrauen mehr sein wollen, die Aufgabe des Hausmannes übernehmen. Die Idee feministischer Hardlinerinnen, »faule Haushalts-Paschas« gesetzlich bestrafen zu wollen, ist mindestens ebenso absurd wie die Idee des Papstes.

Keine noch so gehirnwäscheartige Polemik, mit der Männer zu Sündenböcken für alles erklärt werden, was Frauen als Mißstand wahrnehmen, kann Lügen zu Wahrheiten erheben. Und es ist eine Lüge zu behaupten, Männer und Väter hätten sich nicht oder nur in geringer Zahl vom dominierenden Familienoberhaupt zum Gleichberechtigung praktizierenden

Lebenspartner gewandelt. Spätestens dann, wenn Väter sich ihre Kinder und ihr Geld nicht mehr so einfach nehmen lassen wie bisher, wird frau sehen, wie viele es sind.

Manchmal stehen Weisheiten und Prophezeiungen in alten Märchen. Eines davon ist das ›Märchen vom Fischer und seiner Frau‹, aufgelesen und weitererzählt von den Brüdern Grimm.

In diesem Märchen sandte die Frau ihren Mann aus, Fische zu fangen. Er fing einen Wunderfisch. Weil dieser ihn um seine Freiheit bat, ging der Mann mit leeren Händen heim und wurde prompt von seiner Frau zurückgeschickt. Er sollte von dem Fisch zur Belohnung ein schönes Haus verlangen, sie sei es leid, ihr Lebtag in einem stinkenden »Pißpott« zu hausen. Der Mann gehorchte. Der Fisch gewährte. Die Spirale aus Wunsch und Erfüllung drehte sich weiter. Doch alles, was der Fisch dem Mann für seine Frau gewährte, genügte ihren Ansprüchen nicht. Immer machthungriger verlangte sie danach, Königin, Kaiserin, Päpstin zu werden. Mit ihrem letzten Wunsch wollte sie Gott werden. Und da saß sie dann in ihrem »Pißpott«, und wie sehr er auch stank, sie mußte ihn behalten.

Dank

Dank für ihre Unterstützung in persönlichen Beratungen und bei der Suche nach Informationsmaterialien sowie für die Bereitschaft, persönliche Forschungsergebnisse mit mir zu teilen, schulde ich in besonderem Maße Herrn Dr. Eberhard Ruh sowie dem Dialog-Bundesverband Kind und Krisenfamilie, Herrn Arthur Krajc und Herrn Dr. Erik Hienstorfer, sowie dem Bürgerbund faire Scheidung, Herrn Klaus Anders, sowie dem Verein Eltern für aktive Vaterschaft, Frau Rosemarie Daumüller, sowie der Arbeitsgruppe für alleinerziehende Mütter und Väter im Diakonischen Werk der EKD Stuttgart, Frau Marie-Rose Vorgrimler, sowie dem DRK Münster, Herrn Joachim von Baross, sowie Pro Familia in Frankfurt, Frau Monika Tack, sowie der Bundesarbeitsgemeinschaft Stieffamilien, Herrn Dr. Koeppel, München, Herrn Professor Fthenakis, München, Frau Hanna Permien sowie dem Deutschen Jugendinstitut München, dem Bundeskriminalamt in Wiesbaden, dem Institut für medizinische Dokumentation, Köln, dem Max-Planck-Institut, Hamburg, dem Bundesamt für Bevölkerungsforschung, Wiesbaden, sowie dem Statistischen Bundesamt, Wiesbaden.

Dank auch den 211 Vätern, 54 Müttern und 56 Kindern und Jugendlichen, die mir im Laufe der intensiven Recherche zu diesem Buch über ihr Leben während und nach der Scheidung erzählten, mir ihre Tagebücher öffneten, Briefe zur Verfügung stellten und keine Frage als zu nah ablehnten.

Literatur zum Thema

1. Bücher, Fachzeitschriften

Antwort der Bundesregierung auf die Kleine Anfrage der Abgeordneten Dr. Marlies Dobberthien, Margot v. Renesse, Hanna Wolf, weiterer Abgeordneter und der Fraktion der SPD. In: Drucksache 12/5052 vom 28.5.1993 in einem Schreiben des Bundesministeriums der Justiz vom 17. 5. 1993.

Balloff, Rainer: Kinder vor Gericht. München: Beck 1992.

Baumann, Peter: Scheidung – ein Finanzproblem? Regensburg: Walhalla und Praetoria 1994.

Beelmann, Wolfgang: Streßbelastung und Bewältigungsreaktionen bei der Auseinandersetzung mit einer Trennung von einem Ehepartner. Regensburg: Roderer 1994.

Benard, Cheryl und Edit Schlaffer: Sagt uns, wo die Väter sind. Reinbek: Rowohlt 1991.

–: Männer. Eine Gebrauchsanweisung für Frauen. Reinbek: rororo 1993.

–: Gewalt in guter Gesellschaft. In: Psychologie heute, 5/1993.

–: Mütter machen Männer. München: Heyne 1994.

Bergmann, A. und M. Ferid: Internationales Ehe- und Kindschaftsrecht. Frankfurt/Main: Verlag für Standesamtswesen 1990.

Berman, Claire: Eine Wunde im Herzen. Erwachsene Kinder geschiedener Eltern berichten. Düsseldorf: Econ 1993.

Bernstein, Anne C.: Deine, meine und unsere Kinder. Freiburg i. Brsg.: Herder 1990.

Betram, Hans: Die Familie in Westdeutschland. Leverkusen: Leske + Budrich 1991.

Bienemann, Georg, Marianne Hasebrink und Bruno W. Nikles: Handbuch des Kinder- und Jugendschutzes. Münster: Votum 1995.

Bitterman, Joan: Rettet die Männer. München: Nymphenburger 1991.

Bleibtreu–Ehrenberg, Gisela: Vaterschaft im Kulturvergleich. In: Psychosozial, IV/1994.

Bly, Robert: Eisenhans. Ein Buch über Männer. München: Kindler 1991.

Bode, Michael und Christian Wolf: Still-Leben mit Vater. Reinbek: rororo 1995.

Bohleber, Werner: Autorität und Freiheit heute. Sind die 68er schuld am Rechtsextremismus? In: Psychosozial, II/1994.

Brauns-Hermann, Christa, Bernd M. Busch und Hartmut Dinse: Verlorene Liebe – gemeinsame Kinder. Reinbek: rororo 1994.

Bundesverfassungsgericht zur elterlichen Verantwortung. In: Entscheidungssammlung, Bd. 24; FamRZ, 1982, 1182f.; FamRZ, 1983, 873; NJW, 1981, 218.

Busch, G., D. Hess–Diebäcker und M. Stein-Hilbers: Den Männern die

Hälfte der Familie, den Frauen mehr Chancen im Beruf. Weinheim: Deutscher Studien Verlag 1988.

Chomiak, J. und G. Schumacher: Tötung des Ehepartners. Medizinische Dissertation Düsseldorf 1975.

Dialog. Neues Forum zum Wohle des Kindes. Tätigkeitsbericht des Vorstandes 1992/93. Aachen 1993.

Dickmeis, F.: Verfehlt § 33 II FGG seinen Zweck? Kindeswohlorientierte Entscheidungen des Familiengerichts und ihr Vollzug. In: Neue Juristische Wochenschrift, 1992.

Die sozial-ökonomische Situation alleinstehender Frauen in Europa. In: Sonderhefte von Frauen Europas, 41/1992.

Dopffel, Peter: Kindschaftsrecht im Wandel. Tübingen: Mohr 1994.

Drewes, Theo: Alles, was man über Scheidung und Unterhalt wissen muß. Niedernhausen: Falken 1992.

Eckardt, Jörg: Gebrauchte Junggesellen. Scheidungserleben und biographische Verläufe. Leverkusen: Leske + Budrich 1993.

Eder, Renate: Meine Tochter will zu ihrem Vater. In: prisma, 8/1995.

Ehrhardt, Ute: Gute Mädchen kommen in den Himmel, böse überall hin. Frankfurt/M: Krüger 1994.

Ein Kind hat ein Recht auf beide Eltern. Erklärung des Zentralkomitees der deutschen Katholiken. ZdK-Dokumentation, 1993.

Ell, Ernst: Kinder als Opfer bei Polizei und vor Gericht (I). In: Zentralblatt für Jugendrecht, 1992.

Ernst, Heiko und Michael L. Moeller: Die große Einsamkeit zu zweit. In: Psychologie heute, 7/1989.

Felbinger, Helga: Nimm dir Zeit, nicht gleich den Nächsten. Ratgeber für Geschiedene. München: Piper 1994.

Fensterheim, Herbert und Jean Baer: Sag nicht Ja, wenn Du Nein sagen willst. München: Goldmann 1977.

Finger, P.: Staatlich legalisierte Kindesmißhandlung im Familienrecht. Erwiderung auf die Arbeit von Uwe Jörg Jopt im ›Zentralblatt für Jugendrecht‹ 1991. In: Zentralblatt für Jugendrecht, 1991.

Flanigan, Beverly: Nicht vergessen und doch vertrauen. Heilung für seelische Wunden. Reinbek: rororo 1994.

Friedl, Ingrid und Regine Maier-Aichen: Leben in Stieffamilien. Weinheim: Juventa 1991.

Fthenakis, Wassilios, R. Niesel und H.-R. Kunze: Ehescheidung. Konsequenzen für Eltern und Kinder. München: Urban und Schwarzenberg 1982.

Fthenakis, Wassilios: Kindliche Reaktionen auf Trennung und Scheidung. In: Familiendynamik, 2/1995.

Glass, Georg: Vorwurf: Kindesmißbrauch. Düsseldorf: Patmos 1994.

Gnann, Thomas: Scheidungsrecht. Köln: Bund–Verlag 1995.

Guggenbühl, Allan: Die unheimliche Faszination der Gewalt. München: dtv 1995.

Gutschmidt, Gunhild: Alleinerziehende Frauen zwischen Defizit und Chance? In: Alleinerziehende im Aufbruch – Wir sind mehr, als ihr glaubt. Dokumentation des Kongresses ›Alleinerziehende im Aufbruch‹. Hessische Landeszentrale für politische Bildung, 1990.

Gutschmidt, Gunhild: So schaffe ich es allein. Bonn: Verband alleinstehender Mütter und Väter, Bundesverband e.V. 1993.

–: Alleinerziehende Mütter: Vom Vater Staat zur Ordnung gerufen? In: Psychologie heute, 5/1995.

Hering, Sabine und Christian Rietschel: Weil ich ein Mädchen bin … Weiblichkeit und Männlichkeit aus Sicht der Kinder. In: Psychologie heute, 7/1995.

Hirblinger, Heiner: Pubertät und Schülerrevolte. Mainz: Matthias-Grünewald-Verlag 1992.

Hornstein, Harvey A.: Die Kümmerer. Von Männern, die Frauen retten wollen. Reinbek: Rowohlt 1993.

Jäckel, Karin: Monika B. Ich bin nicht mehr eure Tochter. München: Scherz 1994.

–: Alles Ehe oder was? München: Scherz 1995.

–: Trauen wir uns wieder? Beziehungskisten. München: Meisinger 1995.

–: Betrug in der Partnerschaft – Aus, Neubeginn oder Todsünde? München: Heyne 1989. (vergriffen)

Janda, Louis und Ellen MacCormack: Der zweite Versuch. Chancen und Fallen einer neuen Ehe. Frankfurt/Main: Fischer 1994.

Jopt, Uwe Jörg: Schlechte Schüler – faule Schüler? München: Kösel 1981.

–: Staatliches Wächteramt und Kindeswohl. In: Zentralblatt für Jugendrecht, 1990.

–: Staatlich legalisierte Kindesmißhandlung im Familienrecht. Wenn Elternrecht Kindeswohl bricht. In: Zentralblatt für Jugendrecht, 1991.

–: Im Namen des Kindes. Hamburg: Rasch und Röhring 1992.

–: Täter Staat. Gewalt gegen Kinder. In: ex, 7/1995.

Keen, Sam: Feuer im Bauch. Über das Mann-Sein. Hamburg: Kabel 1992.

Koeppel, Peter: Das deutsche Kindschaftsrecht kennt das Wort ›Liebe‹ nicht. In: Zeitschrift für das gesamte Familienrecht, 1992.

–: Die gemeinsame elterliche Sorge bei Scheidung im Lichte der EMRK und des UN-Zivilpaketes. In: Der Amtsvormund, 7/1993.

Kooiman Hosier, Helen: Kein Pardon für Geschiedene und Wiederverheiratete?! Kehl: Editions Trobisch 1990.

Krajc, Arthur: Rechtsbrecher als Richter. Veröffentlichung des Bürgerbunds gegen Scheidungsrecht e.V. 1988.

–: Zum Problem der psychologischen Begutachtung sexuellen Mißbrauchs von Kindern in Familienrechts- und Strafverfahren und seiner Behandlung durch Justiz und Gesetzgeber. Veröffentlichung des AK Elterliche Sorge und Kindeswohl, Hannover.

Krüll, Marianne: Frauenzeit - Männerzeit. In: Psychologie heute, 9/1995.

Kunigk, Fritz: Die Lebensgemeinschaft. Stuttgart: Kohlhammer 1978.

Kunz, Gabriele: Es gibt Momente, in denen ich verzweifelt bin. In: Psychologie heute, 5/1995.

Lange, Jürgen: Der Streit um das gemeinsame Sorgerecht ist eine Falle. In: PAPS, 1/1996.

Leach, Penelope: Die ersten Jahre deines Kindes. München: dtv 1995.

Lebensformen der Bevölkerung 1993. In: Wirtschaft und Statistik, 6/1995.

Lehmann, E.: Tötungsdelikte als irrationale Antworten auf existentielle Krisen am Beispiel von Trennungsdaten. In: Zeitschrift für Klinische Psychologie, Psychopathologie und Psychotherapie, 1995.

Leinhofer, Gerhard: Glückliche Kinder – trotz Trennung der Eltern. Landsberg: verlag moderne industrie 1987.

Lermer, Stephan und Hans Christian Meiser: Der verlassene Mann. Frankfurt/M: Krüger 1993.

Levend, Helga: Den Vätern das Recht, den Müttern die Sorge? In: Psychologie heute, 3/1995.

Männer – das faule Geschlecht? In: PAPS, 1/1996.

Maltzahn, Brigitt v.: Die Chancen der offenen Familie. München: Piper 1994.

Müller, Christine: Männerprotokolle. Buchverlag der Morgen 1985.

Napp-Peters, Anneke: Familien nach der Scheidung. München: Kunstmann 1995.

Niesel, Renate: Erleben und Bewältigung elterlicher Konflikte durch Kinder. In: Familiendynamik, 2/1995.

Nuber, Ursula: Das gemeinsame Sorgerecht – ein Modell für die Zukunft? In: Psychologie heute, 1/1996.

Olivier, Christiane: Jokastes Kinder. München: dtv 1994.

–: Die Söhne des Orest. Ein Plädoyer für Väter. Düsseldorf: Econ 1994. München: dtv 1997.

Paritätisches Bildungswerk, Bundesverband e.V.: Mediation – Ein Weg zur Gestaltung eines positiven Verhältnisses zwischen Müttern, Vätern und Kindern nach der Scheidung? 1995.

Permien, Hanna und Kerstin Frank: Schöne Mädchen – starke Jungen? Freiburg: Lambertus-Verlag 1995.

Pinl, Claudia: Das faule Geschlecht. Wie Männer es schaffen, Frauen für sich arbeiten zu lassen. München: dtv 1995.

Prelle, Wolfgang: Väter bei der Geburt unverzichtbar. In: PAPS, 8-9/1995.

Rentmeister, Cillie: Frauenwelten – Männerwelten. Leverkusen: Leske + Budrich 1985.

Rönn, C.: Das geschiedene Kind. Bergisch Gladbach: Lübbe 1987.

Rösner, Sigrid und Burkhard Schade: Der Verdacht auf sexuellen

Mißbrauch von Kindern in familiengerichtlichen Verfahren. In: Zeitschrift für das gesamte Familienrecht, 10/1993.

Rottmann, Verena S. und Holger Strohm: Scheidungsopfer Mann. München: Goldmann 1993.

Sauerborn, Werner: Vater Morgana? In: WSI-Mitteilungen, 11/1992. Sonderdruck.

–: Lamento oder Vorwärts? Vereinbarkeit als Männerthema. Die Frauenfrage als Männerfrage. In: Ausrufezeichen, 2/1993.

–: Väteraufbruch 2/94. Stuttgart: Väteraufbruch für Kinder e.V. 1994.

Scarpatetti-Lohr, Ilse: Scarpatettis Scheidungsratgeber. Berlin: Quintessenz 1995.

Schade, Burkhard und Anita Schmidt: Position und Verhalten von Rechtsanwälten in strittigen Sorgerechtsverfahren. In: FamRZ, 1991, S. 650ff.

Scheidungsratgeber von Frauen für Frauen. Reinbek: rororo 1994.

Schewe, Claudia: Warum wir dagegen sind. Verband Alleinstehender Mütter und Väter (VAMV). In: PAPS, 1/1996.

Schlessinger, Laura C.: 10 Dummheiten, mit denen Frauen ihr Leben ruinieren. Hamburg: Kabel 1994.

Schmidt, Andreas: Väter ohne Kinder. Reinbek: rororo 1994.

Schmidt, Renate, Sabine Berghahn und Andrea Fritzsche: Nach der Vereinigung Deutschlands: Frauen fordern ihr Recht. Vorträge über ›Rechtspolitische Entwicklungsprozesse von Frauenrechten in Deutschland‹ auf der Fachtagung der Friedrich-Ebert-Stiftung über ›Frauenforschung in West und Ost‹ 1990.

Schülein, Johann August: Zur Entwicklung der Elternrolle in modernen Gesellschaften. In: Psychosozial, IV/1994.

Sollwedel, Inge: Neue Männer für neue Frauen. Reinbek: rororo 1984.

Statistisches Bundesamt: Nichteheliche Lebensgemeinschaften 1972 bis 1993. Wiesbaden.

–: Im Blickpunkt: Familien heute. Wiesbaden 1995.

Steinbrecher, Sigrid: Die Vaterfalle. Reinbek: rororo 1994.

Stieffamilien. Erfahrungsberichte aus Stieffamilien. Selbsthilfegruppen Stieffamilien, Bundesarbeitsgemeinschaft Bad Soden.

Stöcker, H. A.: Die UNO-Kinderkonvention und das deutsche Familienrecht. In: Zeitschrift für das gesamte Familienrecht, 1992.

Stoltenberg, Annemarie und Rainer Meier: Mama hat 'nen neuen Freund. München: Knaur 1995.

Straus, M. A.: Ehefrauen und Kinder - Opfer der Gewalt. In: Kinderschutz aktuell, 4/1979.

Tannen, Deborah: Du kannst mich einfach nicht verstehen. Warum Männer und Frauen aneinander vorbeireden. München: Bertelsmann 1991.

Vilar, Esther: Der dressierte Mann - Das polygame Geschlecht - Das Ende der Dressur. München: dtv 1995.

Visher, Emily B. und John Visher. Stiefeltern, Stiefkinder und ihre Familien. Weinheim: Beltz 1995.

Weidenbach, Julia: Wie Kinder die Scheidung der Eltern erleben. In: Psychologie heute, 10/1995.

Weiler, Gerda: Ich brauche die Göttin. Mond-Buch. 1995.

Wendl-Kempmann, Gertrud und Philipp Wendl: Partnerkrisen und Scheidung. München: Beck 1986.

Wieck, Wilfried: Männer lassen lieben. Die Sucht nach der Frau. Stuttgart: Kreuz 1987.

–: Söhne wollen Väter. Wider die weibliche Umklammerung. Frankfurt/Main: Fischer 1995.

Wieseotte, Gerhard und Ursula Will: Vater für 30 Stunden. Mainz: Matthias-Grünewald-Verlag 1993.

Wiesner, Joachim: Vom Rechtsstaat zum Faustrecht-Staat. Eine empirische Studie zur sozialethischen und ordnungspolitischen Bedeutung des Scheidungs-, Scheidungsfolgen- und Sorgerechts. Münster: Regensberg 1985.

Willutzki, Siegfried: Lebenslange Unterhaltslast - ein unabwendbares Schicksal? In: Zentralblatt für Jugendrecht, 1984.

Wlodarek, Eva: Den richtigen Mann finden. Brigitte Ratgeber. München: Mosaik 1995.

Zillich, F.: Rechtsanwälte in streitigen Sorgerechtsverfahren - geldgierige, kontraproduktive Hemmschuhe? In: Zeitschrift für das gesamte Familienrecht, 1992.

Zimmer, Katharina: Wer sind unsere Kinder? München: Bertelsmann 1994.

2. Zeitungen und Zeitschriften

Begley, Sharon und Michael Odenwald: Warum Frauen anders denken als Männer. In: Focus, 14/1995.

Benard, Cheryl und Edit Schlaffer: Wenn die Kinder Fremde werden. In: Stern, 14/1995. Leserbriefe dazu in ›Stern‹ 16/1995.

Bittrich, Dietmar: Würden Sie Ihren Mann noch einmal heiraten? In: Für Sie, 10/1990.

Brinck, Christiane: Wo ist Vati? In: Focus, 5/1995.

–: Warum Väter zahlen. In: Focus, 14/1995.

Brüning, Nicola: Vater Staat als Intimspion. In: Focus, 36/1994.

–: Mit Gewalt zum Traumpaar. In: Focus, 31/1995. Leserbriefe dazu in ›Focus‹ 33/1995.

–: Wiedersehen vor Gericht. In: Focus, 2/1996.

Conzen, Christina: Daddy Come Home. In: Brigitte Dossier, 24/1995.

Depressionsbarometer. In: Focus, 52/1995.

Desselberger, Axel: Am falschen Ende gespart. In: Focus, 5/1996.

Die neuen starken Frauen. Warum wir unsere Männer verlassen. In: Bunte, 46/1989.

Die Sehnsucht nach Familie. In: Brigitte Dossier, 18/1993.

Duhm-Heitzmann: Glücklich geschieden. In: Cosmopolitan, 8/1995.

Dumme Väter. In: Cosmopolitan, 3/1995.

Familie in der Falle. In: Der Spiegel, 9/1995.

Ganz pervers. In: Der Spiegel, 12/1988.

Gerbert, Frank: Wahnsinniger Druck. Die Männerforscherinnen Benard und Schlaffer beklagen die Abrichtung der Söhne zu Härte. In: Focus, 40/1994.

- und Marika Schärtl: Leben nach der Scheidung. In: Focus, 39/1995.

Götz, Christiane: Papa hat keine Zeit. In: Focus, 25/1994.

Hagen, Angelika: Scheidung: Nur das Geld zählt noch. In: Berliner Morgenpost, Berlin-Brandenburg, 30.8.1995.

Hallmayer, Petra: Frauen, aufgepaßt! Die geheimen Aggressionen der Männer. In: Cosmopolitan, 7/1994.

Held, Monika: Ich will mein Kind zurück. In: Brigitte Dossier, 2/1996.

Herbert, Hanne: Ihr perfektes Nummernkonto ... Null ist einer zu wenig. Aber wie viele Männer sollte eine Frau gehabt haben? In: Cosmopolitan, 2/1996.

Hildner, Svenja: Was Männer aus Liebe tun. In: Für Sie, 8/1990.

Hinzpeter, Werner: Bis daß der Tod euch scheidet. In: Stern, 14/1995.

Hochreiter, Irmgard und Ines Krüger: Verlassene Männer. Und nichts dazugelernt. In: Stern, 47/1994.

Holzer, Kerstin: Neue Zerreißprobe – Justizministerin plant gemeinsames Sorgerecht als Regelfall. Die Frauenverbände laufen Sturm. In: Focus, 18/1995.

Ist die Ehe nur Sozialfolklore? In: Wochenpost vom 12. 4. 1995.

Jedes 5. Opfer wird vom Partner getötet. In: WAZ, Bonn/Münster, 28. 12. 1985.

Kirk, Gerhard M.: Wenn geschiedene Väter erzählen. Leidvolle Erfahrungsberichte wie aus der Gruselkammer. In: Badische Zeitung, Freiburg, 10/1991.

Kirsberg, Lena: Zahlen soll er! Er hat Sie gekränkt... Treffen Sie ihn an der empfindlichsten Stelle. In: Cosmopolitan, 11/1994.

Liebeskummer. Wie Männer darunter leiden. In: Für Sie, 20/1989.

Maltha, Silvio: Sollen faule Haushalts-Paschas bestraft werden? In: Bild und Funk, 5/1995.

Maltzahn, Brigitt v.: Das Recht des Kindes auf Vater und Mutter. In: Süddeutsche Zeitung, 293/1994.

Matyzent, Jörg H. S.: Leserbrief zu ›Eine moderne Form der Leibeigenschaft‹. In: Frankfurter Rundschau vom 5. 2. 1991.

Meschede, Eva: Der neue Wahnsinn Frauen-WG. In: Cosmopolitan, 10/1993.

Mortag, Christine und Til Schweiger: Durch das Kind weiß ich, was wirklich wichtig ist im Leben. In: Gala vom 25. 1. 1996.

Münch, Eva Marie v.: Neues Recht für Kinder. In: Die Zeit vom 5. 8. 1994.

Münch, R., K. Meier-Rust, N. Engel-Háklár und Th. Kreuder: Amerikas Kinder tragen die Kosten. In: Frankfurter Rundschau vom 10. 8. 1993.

Oschlies, Renate: Wenn Papa nicht zahlen will. In: Stern, 27/1995.

Partnerwahl: Warum gerade er? In: Brigitte Dossier, 10/1990.

Pitscheit, Claudia: Ehe ohne Risiko. In: Focus, 29/1994.

Psycho-Drama Scheidung. Verletzungen fürs Leben. In: Der Spiegel, 2/1992.

Raabe, Hans-Jürgen: Scheidung. Die Kinder leiden ein Leben lang. In: Bunte, 12/1989.

Reker, Stefan: Betteln fürs Baby. In: Focus, 37/1995.

Repplinger, Roger: An den Vätern ließ Frau Heiliger kein gutes Haar. Kritik an Referentin bei Podiumsdiskussion ›Gemeinsame elterliche Sorge‹. In: Stuttgarter Nachrichten vom 14. 11. 1994.

Riemer, Frauke: Wie viele Männer braucht eine Frau? In: Journal für die Frau, 19/1994.

Sauerborn, Werner: Diskriminierte Väter – im Patriarchat. In: taz, 22/1989.

Schärtl, Marika: k.o. durch Scheidung. In: Focus, 40/1994. Leserbriefe dazu in ›Focus‹ 42/1994.

–: Der Einpeitscher im Rosenkrieg. In: Focus, 41/1994.

–: Im Würgegriff der Ex-Frau. In: Focus, 47/1994.

Schaper, Andrea: Tatort Familie. In: Stern, 48/1994.

–: Bis daß der Tod euch scheidet. In: Stern, 44/1995.

Schatz aus zweiter Hand. In: Journal für die Frau, 19/1993.

Schnatmann, Günther: Büttel der Richter. Wie Psychologen in Sorgerechtsprozessen häufig zu seltsamen Ergebnissen kommen. In: Focus, 20/1994.

Schnitt, Petra: Hausfrauen - geliebt, gelobt, geächtet. In: Stern, 45/1994.

Schober, Siegfried: Das zweite Glück. In: Stern, 21/1994. Leserbriefe dazu in Stern 23/1994.

Seeling, Charlotte und Herlinde Koelbl: Uns kriegt man nicht kirre. In: Stern, 36/1995.

Thun, Thomas: Ich mach' ja nicht viel schmutzig. In: Stern, 36/1995.

Thurner-Fromm, Barbara: Familien-Nöte. In: Stuttgarter Zeitung vom 30 .3. 1995.

Väter – die neuen Sündenböcke. In: Focus, 10/1993. Leserbriefe dazu in ›Focus‹ 42/1993.

Viele Skinheads sind Söhne alleinerziehender Mütter. In: Hannoversche Allgemeine Zeitung vom 25. 3. 1987.

Vohwinkel, Susanne: Scheidung zu schnell? In: Cosmopolitan, 9/1994.

Warum immer mehr Frauen Schluß machen. In: Für Sie, 2/1990.

Weinberg, Caroline: Ist Ihr Traummann die richtige Nummer? In: Cosmopolitan, 3/1995.

Wenn Vater heimkommt, freut sich der Dackel. AP-Meldung 10/1994 aus einer Umfrage der Zeitschrift ›Eltern‹.

Wilde, Barbara: Die Lust an der Trennung. In: Quick, 2/1990.

–: Wieviel Vater braucht ein Kind? In: Quick, 13/1990.

Zimmer, Katharina: Angst vor Gefühlen. In: Brigitte, 26/1993.

Zipser, Armin: Keine Angst mehr vor den Frauen. In: Quick, 47/1989.